JN262540

両性平等時代の
法律常識

三谷忠之 編著

信山社
Shinzansha

はしがき

　男女雇用均等法や男女共同参画社会基本法が公布・施行され，男女の両性平等が叫ばれています。そこで，本書では，男女両性をめぐる具体的な事案を参考に，男女平等とはどのようなことなのかということについて，考えてみたいと思います。いずれの事案も実際に裁判所で争われたり，私が相談を受けたものがほとんどです。

　そして，具体的な事案を通じて，法律に関心をもっていただきたいと思っており，法律の入門書としてお読みいただけるように，文章もできるだけ分かりやすい表現にしています。資料的価値をも持たせるため，インターネットや新聞などの情報を挿入したり，長文の判決理由を引用したりもしています。

　法律に関心をもちはじめた人にとっては，より法律に関心を抱くきっかけとなり，ある程度法律を学んだ人にとっては，学んだ知識をきちんと整理していつでも引き出すことができるかを確認することができたと満足できれば，本書作成は意味があったことになります。

　また，法学部と無関係の読者は，判決理由として小さい活字で紹介している部分は，とりあえずは読まずに本文のみを読み進められて，とくに興味をひく場合にのみ，後日ゆっくりと判決理由を読まれたらよいのではないかと思います。判決理由を読まなくてもよいように，だいたいその前後に判決の要旨を紹介していると思いますので，必ず判決理由も読まなければ内容が理解できないというものではありません。本書を読まれて，

　　　　　　　　　　はしがき

法律をもっと学びたいと感じていただければ，幸いです。
　なお，引用判例の頁のあとに＊があるのは，判例索引のところに判例評釈があるのを指しています。勉学の参考にして下さい。
　　2005年3月15日
　　　　　　　　　　　　　　　　　　　　三谷忠之

目　次

第1話　飲みにきていた男性が開店資金をあげよう，と言ったので，親しくしたのに，お金をくれない
　　　——美人の悩み（自然債務） ……………………………1

第2話　不倫してみたい！
　　　——悩める夫婦の悩み（不法行為） ……………………11

第3話　父が死んだ後に，強制認知の確定判決を得た他人が相続権を主張してきた
　　　——相続人の悩み（死後認知） ……………………………23

第4話　認知は要求しません，というので，女性に500万円渡したのに，子が認知を求めてきた
　　　——火遊びした男の悩み（認知請求権の放棄） …………34

第5話　婚前交渉ではあるが，妊娠したと喜んでいたら，結婚式後婚姻届をだす前に夫（胎児の父親）が交通事故で死亡した
　　　——妊婦の悩み（胎児の権利能力） ………………………44

第6話　上司にセクハラを受けて会社を止めざるをえなくなった

目　次

　　　　——新入社員の悩み（使用者責任） ……………………55

第7話　ママにいわれて，彼女との婚約を破棄した
　　　　——マザコンの悩み（共同不法行為） ………………67

第8話　愛人に財産をみなやってしまえ
　　　　——残された家族の悩み（遺言） ………………………77

第9話　同性愛，彼女にはすでに彼女が
　　　　——女性にもてる女性の悩み（差止請求） ……………88

第10話　私を両側からひっぱらないで！私を取り合うなら離婚しないでよ
　　　　——もめる夫婦の子供の悩み（人身保護請求） ………98

第11話　夫が妻名義で契約をして，金を払えなくなり夫婦ともに訴えられたが，妻は契約のことも訴訟のことも知らなかった
　　　　——髪結い亭主をもつ妻の悩み（再審か追完か） ………108

第12話　妻が勝手に20万円の鍋セットを購入して，夫に支払請求がきた
　　　　——すぐに物を買う妻をもつ夫の悩み（日常家事債務）…117

第13話　サラ金から金を借りて彼氏と海外旅行して何が悪いのよ，自己破産すれば返済しなくていいのさ！
　　　　——どこででもお金を貸してもらえる女性の悩み（破産免責） ………………………………………………………130

目　次

第14話　人生いろいろ，夫婦もいろいろ，性生活もいろいろ
　　　　——離婚できない妻の悩み（離婚原因）……………………140

第15話　人生いろいろ，国籍もいろいろ，愛もいろいろ
　　　　——国際結婚を望んだ女性の悩み（離婚請求権）………156

第16話　人生いろいろ，金儲けもいろいろ，結婚もいろいろ
　　　　——外国人労働者の悩み（国際的偽装結婚）……………169

第17話　妻は他人です
　　　　——正妻の悩み（自賠責保険，借地，生命保険，年金，訴訟）………………………………………………………185

〈付　録〉　横山ノック知事わいせつ訴訟にみる民事訴訟法上の論点　………………………………………………225

事項索引

判例索引

──〈凡　例〉──

1　法令略語

会更	会社更生法	独禁法	私的独占の禁止及び公取引の確保に関する法律
家事	家事審判法		
公選	公職選挙法	不登	不動産登記法
自賠法	自動車損害賠償補償法	民執	民事執行法
借地借家	借地借家法	民訴	民事訴訟法
人訴	人事訴訟法	民調	民事調停法

2　文献略語

伊藤・研究	伊藤眞・債務者更生手続の研究(1984年11月25日，西神田編集室)
遠藤ほか編・民法1（4版）	遠藤浩＝川井健＝原島重義＝広中俊雄＝水本浩＝山本進一編集・民法(1)総則〔第4版〕(1996年12月10日，有斐閣)
遠藤ほか編・民法6（4版）	遠藤浩＝川井健＝原島重義＝広中俊雄＝水本浩＝山本進一編集・民法(6)契約各論〔第4版〕(1997年4月30日，有斐閣)
斎藤ほか編・注解民訴5（2版）	斎藤秀夫＝小室直人＝西村宏一＝林屋礼二編著・〔第2版〕注解民事訴訟法(5)(1991年12月5日，第一法規出版)
中野・解説	中野貞一郎・解説新民事訴訟法(1997年2月20日，有斐閣)
中村・新講義	中村英郎・新民事訴訟法講義(2000年6月20日，成文堂)
三谷・法理	三谷忠之・民事再審の法理(1988年9月28日，法律文化社)
三谷・民執講義	三谷忠之・民事執行法講義(2004年5月23日，成文堂)
三谷・民訴講義2版	三谷忠之・民事訴訟法講義〔第2版〕(2004年4月5日，成文堂)
三谷編・誘い	三谷忠之編著・民事執行・保全法への誘い

〈凡 例〉

(2002 年 3 月 21 日，八千代出版)

3 判例集
家月	家裁月報	民集	大審院民事判例集または最高裁判所民事判例集
下民	下級裁判所民事裁判例集		
高民	高等裁判所民事判例集		

4 雑誌略語
金判	金融・商事判例	判時	判例時報
金法	金融法務事情	判タ	判例タイムズ
ジュリ	ジュリスト	法セ	法学セミナー
新聞	法律新聞		

5 リンク集
警察庁	http://www.npa.go.jp/
厚生労働省	http://www.mhlw.go.jp/
国民生活センター	http://www.kokusen.go.jp/
在日本米国大使館	http://usembassy.gov/tj-main.html
裁判所	http://www.courts.go.jp/
参議院	http://www.sangiin.go.jp/
渋谷区	http://www.city.shibuya.tokyo.jp/
社会保険庁	http://www.sia.go.jp/
信託協会	http://www.shintaku-kyokai.or.jp/
総務省	http://www.soumu.go.jp/
内閣府	http://www.cao.go.jp/
日本公証人連合会	http://www.koshonin.gr.jp
日本生命保険相互会社	http://www.nissay.co.jp/
法務省	http://www.moj.go.jp/
法令データ提供システム	http://law.e-gov.go.jp/cgi-bin/idxselect.cgi/

第1話
飲みにきていた男性が開店資金をあげよう，と言ったので，親しくしたのに，お金をくれない
―― 美人の悩み

自然債務

1 自然債務（不完全債務）

約束は，法律に特別の定めがないかぎり，口頭ですることができます。そして，約束が履行されなければ，履行を求めることができるはずです。履行を求めることができるのであれば，相手方が任意に履行しないときには，裁判に訴えてでも強制的に履行させることができるはずですね。

しかし，じつは債務にもいろいろあります。債務の何がいろいろか。そう，裁判を起こして，強制執行できる場合もあれば，裁判を起こして判決はもらえるが，強制執行ができない場合もあれば，さらに，そもそも履行を訴訟で請求する（訴求する）ことさえ認められないものまであります。このように，訴求はできるが執行可能性を欠いているもの（責任なき債務）や訴求もできず執行可能性もないもの（狭義の自然債務）を総称して自然債務または不完全債務といいます。

```
自然債務（不完全債務）─┬─責任なき債務
                      └─狭義の自然債務
```

2 契約の無効・取消し

　今後ともよくでてくると思われますし，新聞などでも時々話題にのぼっていて皆さんもご存じでしょう。契約が公序良俗に反する場合には，履行の請求は無効として認められない，ということを。民法 90 条（公序良俗違反）が規定しているところですね。公序良俗に反する賭博行為によって勝ったお金を訴訟で請求しようとしても，請求を棄却されてしまいます。貸与される金銭が賭博の用に供されるものであることを知ってする金銭消費貸借契約も公序良俗に違反して無効です（最判昭和 47・4・25 判時 669 号 60 頁，最判昭和 61・9・4 判時 1215 号 47 頁*）し，賭博によって負担した債務の弁済にあてるための資金を貸す契約も，公序良俗に反して無効です（大判昭和 13・3・30 民集 17 巻 6 号 578 頁*）。賭博による債務の履行のために第三者振出しの小切手の交付を受けた所持人が，振出人との間で小切手金の支払いに関し和解契約を締結した場合においても，同金銭支払いの約定は，公序良俗に違反し無効です（最判昭和 46・4・9 民集 25 巻 3 号 264 頁*）。また，賭博債権の譲渡を異議なく承諾した債務者が同債権の譲受人に対して賭博契約の公序良俗違反による無効を主張することができるとする最判平成 9・11・11（根抵当権設定登記抹消登記手続請求本訴，貸金請求反訴事件，上告棄却。民集 51 巻 10 号 4077 頁*）もあります。

　しかし，酒を飲んだときにお金をあげるといったところで，これ自体が公序良俗に反するということはありません。お金をあげるという合意は，民法では，贈与契約という典型契約の一種なのです（民法 549 条以下）。なお，典型契約とは，民法に規定のある 13 種類の契約のことを意味しています。名前がつけられているために，有名契約ともいいます。それに対して，民法に規定がないものは，非典型契約または無名契約といいます。2 つ以上の典型契約の構成要

2 契約の無効・取消し

素からなる契約と、典型契約の構成要素と典型契約に属しない事項とからなる契約を混合契約または混成契約といいます。たとえば、洋服のあつらえは、注文どおりの洋服を仕立てるという請負契約とそれを販売・購入するという売買契約との混合契約です。

この贈与も、書面による必要はありません。双方の意思表示の一致だけで成立します。ただ、書面によらない贈与契約は、履行が終わっていない部分は、いずれの当事者も取り消すことができるのです（民法550条。なお、夫婦間の契約取消しに関する民法754条参照）。贈与の意思を明確にしておくためには、書面で合意しておくことが無難ではあります。この書面は、なにも契約時に作成しなくてもかまいません（大判大正5・9・22民録22輯1732頁）。

贈与契約が取り消されていないかぎりは、贈与契約の履行を求めて訴訟を起こして判決をもらうことができますし、強制執行もできるのです。それでは、書面によらない贈与契約はいつでも取り消すことができるでしょうか。贈与契約に基づく履行請求を認める判決が確定すると、たとえ書面によらない贈与契約であっても、取消しは認められません（民執35条2項。特別な場合については、「第2話」参照）。最判昭和36・12・12（不動産所有権移転登記手続等請求事件、上告棄却。民集15巻11号2778頁*）は、

> 「書面によらない贈与（死因贈与を含む）を請求原因とする訴訟が係属した場合に当事者が民法550条によるその取消権を行使することなくして事実審の口頭弁論が終結した結果、右贈与による権利の移転を認める判決があり同判決が確定したときは、訴訟法上既判力の効果として最早取消権を行使して贈与による権利の存否を争うことは許されなくなるものと解するを相当とする。」

と判示して、原審の名古屋高判昭和35・6・16（不動産所有権移転登記手続請求事件、控訴棄却・上告。高民13巻4号411頁）を是認しています。これは、民事訴訟法で、口頭弁論終結後の取消権行使の可否

として学ぶ既判力の遮断効にも関連する問題です（三谷・民訴講義2版177頁以下）。

いや、そもそも訴訟係属中であっても、適時（適切な時期）に取消しの主張をしなければならず（民訴156条。適時提出主義）、故意または重大な過失によって時機に後れて主張すると、その審理のために訴訟の完結が遅延することになるときには、民法で認められている権利でさえ、時機に後れた攻撃防御方法として却下され、つまりその点について審理してもらえず、権利が認められないことにもなりかねません（民訴157条1項）。ようするに、訴訟が提起されると、民法では規定されていないにもかかわらず、権利主張の時期が制限されてくることに注意する必要があるわけです。民法だけ学んでも、民事訴訟法を知らないと恥をかいたりする、というわけです。審理の計画が定められている場合には、さらに厳しくなります（民訴157条の2）。

ついでに、適切な時期に対して、「時機に後れて」という表現がでてきましたが、別に字を間違えたわけではありませんよ。「適切な時期」に主張しないからといって当然に「時機に後れて」と評価されることではないということであり、時機に後れるというのは、じつは英語の lose a chance の訳語なのです。詳しくは、民事訴訟法の講義で学んでください（三谷・民訴講義2版71頁以下参照）。

3 強制執行のできない場合

つぎに、判決をもらっても強制執行できない場合とは、どのような場合でしょうか。強制執行を前提とする訴訟は、給付訴訟といって、原告が勝訴すると、判決主文のなかで、相手方に給付を命じる判決（給付判決）が言い渡されます。たとえば、

「1，被告は原告に金100万円支払え。

3 強制執行のできない場合

　2，訴訟費用は被告の負担とする。
　3，この判決は，仮に執行することができる。」

といった内容で，このような給付判決でなければ強制執行ができないのです。このように，給付請求権の存在と範囲を公証した文書を債務名義（執行名義ともいい，民執22条が定めています。三谷・民執講義11頁以下）といい，これがなければ強制執行は認められないのです。もちろん，このような金銭給付判決があるとしても，事実上の問題として強制執行できない場合があります。相手方が行方不明で，財産もどこにあるか分からない場合や，そもそも財産をもっていない場合です。また，相手方が破産してしまうと，もちろん全額弁済を認められないこともあります。破産手続開始の決定時の債務者（破産者）の所有財産だけが債務弁済の引当てとなる財産なのです（破産法34条1項）。このような財産を責任財産といい，債務と責任が一致しないことも生じるわけです。限定承認をした場合も，責任を負うのは相続財産の範囲内のみです（民法922条以下）。限定承認の抗弁が認められた場合の判決主文は，たとえば，大判昭和7・6・2（貸金請求事件，一部上告棄却・一部破毀自判（請求認容）。民集11巻1099頁*）の場合には，

　　「上告人敏ハ被上告人ニ対シ金4,500円及之ニ対スル昭和2年5月25日以降完済迄年1割ニ相当スル金員ヲ同人カ松田亀之助ヨリ相続シタル財産ノ存スル限度ニ於テ支払フ可シ」

となっています。そして，この限定承認の存在および効力についての判断には，「既判力に準ずる効力」があるとされていて，最判昭和49・4・26（否認権行使による損害賠償請求事件，上告棄却。民集28巻3号503頁*）は，

　　「被上告人の債務につき債権者より相続人に対し給付の訴が提起され，右訴訟において該債務の存在とともに相続人の限定承認の事実も認められたときは，裁判所は，債務名義上相続人の限定責任を

明らかにするため，判決主文において，相続人に対し相続財産の限度で右債務の支払を命ずべきである。

　ところで右のように相続財産の限度で支払を命じた，いわゆる留保付判決が確定した後において，債権者が，右訴訟の第二審口頭弁論終結時以前に存在した限定承認と相容れない事実（たとえば民法921条の法定単純承認の事実）を主張して，右債権につき無留保の判決を得るため新たに訴を提起することは許されないものと解すべきである。けだし，前訴の訴訟物は，直接には，給付請求権即ち債権（相続債務）の存在及びその範囲であるが，限定承認の存在及び効力もこれに準ずるものとして審理判断されるのみならず，限定承認が認められたときは前述のように主文においてそのことが明示されるのであるから，限定承認の存在及び効力についての前訴の判断に関しては，既判力に準ずる効力があると考えるべきであるし，また民訴545条2項〔＝現行の民執35条2項〕によると，確定判決に対する請求異議の訴は，異議を主張することを要する口頭弁論の終結後に生じた原因に基づいてのみ提起することができるとされているが，その法意は，権利関係の安定，訴訟経済及び訴訟上の信義則等の観点から，判決の基礎となる口頭弁論において主張することのできた事由に基づいて判決の効力をその確定後に左右することは許されないとするにあると解すべきであり，右趣旨に照らすと，債権者が前訴において主張することのできた前述のごとき事実を主張して，前訴の確定判決が認めた限定承認の存在及び効力を争うことも同様に許されないものと考えられるからである。

　そして，右のことは，債権者の給付請求に対し相続人から限定承認の主張が提出され，これが認められて留保付判決がされた場合であると，債権者がみずから留保付で請求をし留保付判決がされた場合であるとによつて異なるところはないと解すべきである。」

と判示しています。しかし，じつは「既判力に類似する効力」というのは認めていません（最判昭和44・6・24判時569号48頁*）。これまた民事訴訟法で学ぶ問題でもあります（三谷・民訴講義2版181頁

③ 強制執行のできない場合

以下参照)。

　さらに、たとえば夫婦の同居義務（民法752条）の履行を求める訴訟も給付訴訟であり（大決昭和5・9・30民集9巻11号926頁*、東京地判大正4・12・13新聞1072号15頁）、給付判決が認められると、相手方が任意に同居しないかぎりは、強制執行ということになります（東京高決平成9・9・29判時1633号90頁は、不倫関係が発覚したため自宅を飛び出して別居した妻に対して、夫からの同居審判を認めています）。しかし、このような場合には、文化観念に反することを理由に強制執行はできないものと解されています。このように判決はもらえるが強制執行ができない事例としては、強制しては債務の本旨に従った履行（民法493条本文参照）が期待できないような芸術作品の作成義務の場合もあります。これらの場合には、結局は、本来の義務を強制的に履行させることができませんので、債務不履行を理由とする損害賠償請求で満足せざるをえないことになるのです（民法415条。三谷編・誘い13頁および175頁以下、三谷・民執講義13頁以下）。なお、最近は、内縁の場合を婚姻の予約または婚姻予約といい、単に将来婚姻することを約する婚約と区別しているようですが、婚約または婚姻予約破棄・不履行を理由とする損害賠償請求が認められた例は、たくさんあります（大民聯判大正4・1・26民録21輯49頁*、大判昭和6・2・20新聞3240号4頁*など）。しかし、これら判例で1つ注意するべき点を指摘しておきます。婚姻予約不履行による損害賠償責任は債務不履行責任であって、不法行為責任ではない、という点です。そして、大民聯判大正4・1・26の判例は、不法行為責任のみを追求していた当事者の請求は認められない、といっています。請求権競合に関連する問題で、後述します（「第7話」）が、覚えておいてください。いずれにせよ、結局はお金だけがすべてなんですね。

第1話　美人の悩み――自然債務

4　訴訟さえ認められない債務

それでは、訴訟さえ認められない債務とはどのようなものでしょうか。

(1)　当事者間において訴訟をしない契約（不起訴の契約）が有効になされている場合とか、仲裁契約（仲裁合意）を締結している場合（仲裁14条参照。最判昭和55・6・26判時979号53頁*など）などがあります。これらの場合には、訴えの利益がないとして却下されてしまうのです（詳しくは、三谷・民訴講義2版85頁以下参照）。

たとえば、東京地判昭和30・6・14（損害賠償請求訴訟事件、訴却下。下民6巻6号1115頁*）は、不起訴の契約があった場合に、権利保護の利益がないとして訴えを却下した事例です。

(2)　狭義の自然債務も、訴訟さえ認められません。しかし、これは、債務の履行を強制することはできないが、任意に履行されれば、有効な債務の履行とされるものである、といわれています。そのようなものとして挙げられているのは、法律の規定から生じるものとして、つぎのような債務です。

①　消滅時効の援用をされた債務（民法145条・508条参照）、

②　給付判決があったのちに訴えを取り下げた場合の判決で認められた債務（民訴262条2項参照）、

③　破産免責を受けた債務（破産法252条。「第13話」参照）、

④　宅建業法による免許を受けていない者に対する報酬債務（横浜地判昭和63・6・20判時1304号104頁*、大阪地判平成元・12・22判時1357号102頁*、東京地判平成5・7・27判時1495号109頁）

(3)　つぎに、契約の効果として、自然債務が発生するでしょうか。有名なカフェー丸玉事件で問題となりました。大判昭和10・4・25（貸金請求事件、破毀差戻。新聞3835号5頁*）は、それを認めた判決です。第一審と第二審はともに、女性の請求を認めましたが、大審

③ 強制執行のできない場合

院は，破毀差戻しの判決を言い渡しました。すなわち，審理のやり直しを命じたわけですが，

> 「案ずるに原判示に依れば上告人は大阪市南区道頓堀「カフェー」丸玉に於て女給を勤め居りし被上告人と遊興の上昭和8年1月頃より昵懇と為り其の歓心を買はんが為め将来同人をして独立して自活の途を立てしむべき資金として同年4月18日被上告人に対し金四百円を与ふべき旨諾約したりと云ふに在るも叙上判示の如くんば上告人が被上告人と昵懇と為りしと云ふは被上告人が女給を勤め居りし「カフェー」に於て比較的短期間同人と遊興したる関係に過ぎずして他に深き縁故あるに非ず然らば斯る環境裡に於て縦しや一時の興に乗じ被上告人の歓心を買はんが為め判示の如き相当多額なる金員の供与を諾約することあるも之を以て被上告人に裁判上の請求権を付与する趣旨に出でたるものと即断するは相当ならず寧ろ斯る事情の下に於ける諾約は諾約者が自ら進で之を履行するときは債務の弁済たることを失はざらむも要約者に於て之が履行を強要することを得ざる特殊の債務関係を生ずるものと解するを以て原審認定の事実に即するものと云ふべく原審の如く民法上の贈与が成立するものと判断せむが為には贈与意思の基本事情に付更に首肯するに足るべき格段の事由を審査判示することを要するものとす」

と判示したのです。

（4）ようし，これで金を払う必要がなけりゃ，次は不倫だ！　おいおい，ちょっとそう簡単に考えるなよ。この判決では，まだ事件の決着はついていないんだよ。第二審の判決が破棄されたのはいいが，もう1度審理しなおすために第二審に差し戻されて，まだ裁判所に事件が係属して，また何回裁判所に呼び出されるか分からないし，あとどれ程続くか分からんのだよ。たとえ第二審で勝訴しても，相手方はさらに上告するであろうし。ところで，このカフェー丸玉事件はどうなったと思いますか。差戻し後の判決である大阪地判昭和11・3・24（貸金請求控訴事件，控訴棄却。新聞3973号5頁）は，法

的に完全な契約の成立を認めて,女性の請求を認容したのです。そうれ,いわんこっちゃないでしょ。

5 返還請求

なお,自然債務は,任意に支払えば債務として有効ですから,支払ったあとは返還請求できないこともちろんです。交通事故の加害者が被害者に対し損害賠償として任意に交付した金員中には,自然債務として負担する額の履行分もあるとして,損害のなかったことを理由とする不当利得の成立を否定した東京地判平成2・8・21（損害賠償請求事件,一部認容・一部棄却・確定。判時1362号34頁*）も報告されています。

第 2 話

不倫してみたい！──悩める夫婦の悩み

不法行為

1　婚　　姻

　日本では一夫一婦制です（民法 732 条）。複数の配偶者をもつことはできません。重婚になる後婚の婚姻届けは受理されません（民法 740 条）し，たとえ受理されたとしても，無効ではありませんが，後婚は取り消されることがあります（民法 744 条 1 項。大判昭和 17・7・21 新聞 4787 号 15 頁）。

　いやいや，取り消されるどころか，重婚罪で 2 年以下の懲役に処せられます（刑法 184 条）。婚姻届けが同時に二重になされている状態になくても，妻との協議離婚届けを偽造して市町村役場に提出し，戸籍簿原本にその旨の不実の記載をさせたうえ，甲女との婚姻届けを提出し，その旨を戸籍簿原本に記載させたときでさえも，重婚罪が成立するのです。そのように解する名古屋高判昭和 36・11・8（有印私文書偽造同行使公正証書原本不実記載同行使重婚被告事件，控訴棄却・上告。高刑 14 巻 8 号 563 頁*）が現にあります。

　ところで，一般に結婚といったりしますが，正式に婚姻届けを出した場合以外に内縁関係の場合も含まれるでしょう。法律では婚姻といいまして，結婚式など関係なく，戸籍法の定めに従って，婚姻届けを出した場合のみをさしています。最判平成 7・3・24（扶助料請求却下決定取消請求事件，上告棄却。判時 1525 号 55 頁*）は，恩給法 72 条 1 項にいう「配偶者」は婚姻関係にある者に限ると解しています。

ただし，健康保険法1条2項1号などの社会保障関係の法律では，事実上の配偶者を含むことを明文で規定しています。大阪地判平成3・8・29（供託金還付請求権確認本訴請求，同反訴請求事件，本訴一部認容・一部棄却・反訴一部認容・一部棄却・控訴。判時1415号118頁*）は，国家公務員の死亡退職金の受給権者を内縁の妻とし，共済掛金還付金，埋葬料の受給権者を相続人としました。婚姻届けを出してはじめて，法律上は婚姻関係にあることになるのです（民法739条）。たとえ結婚式を挙げて同棲しているとしても，婚姻届けを出していなければ，法的には夫婦ではなく，相手方が死亡しても相続権はないのです。今のところ，婚姻届けを出していないかぎりは，相続権のある配偶者に該当しないからです（民法890条参照）。

なお，婚姻届けなどの手続については，法務省のホームページ（http://www.moj.go.jp/）のなかの「サービス」「行政手続の案内・様式のオンライン提供」に掲載されています〔accessed on February 19, 2003〕。書式などもありますので，参考にしてください。

2 不倫相手に対する慰謝料請求

外に女をつくれば，いきおい男は家庭を振り向かなくなるものです。妻子が怒るのも，無理はありません。さあどうするか。妻子がとる手段の1つは，不倫相手の女性を訴えることです。妻は，妻としての権利を夫の不倫の相手方が侵害した，という理由で不倫相手に対して慰謝料請求をすることが考えられます（民法710条）。また，未成年の子供は，父親の愛情，監護，教育を受ける権利を侵害されたとして，同じく慰謝料請求をすることが考えられます。なお，満20歳で成年となります（民法3条）が，2003年（平成15年）2月21日現在，「成年年齢の引下げ等に関する法律案」が衆議院で審議中であり，その第2条によれば，満18歳に引き下げられる予定です。

2 不倫相手に対する慰謝料請求

最判昭和54・3・30（慰藉料請求事件，一部上告棄却・一部破棄差戻。民集33巻2号303頁*）の事案は簡略化しますと，以下のとおりです。

1957年（昭和32年）　訴外A男は，ホステスをしていたY女と知り合い，当時，Y女はA男に妻子がいることを知りつつ，相互の「自然の愛情によって」肉体関係をもつにいたり，Y女はB女を出産し，A男はB女を認知

1964年（昭和39年）　妻X_1に同事実を知られ，A男は別居

1967年（昭和42年）　A男は，Y女と同棲を始め，妻X_1と別居後，A男は毎月数万円を妻子に送金し，Y女には同棲後も金員の提供なし

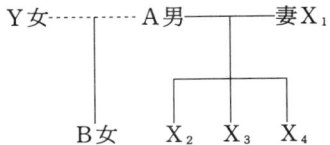

このような事実関係のもとに，妻X_1と未成年の子供X_2〜X_4は，Y女を被告として，慰謝料請求訴訟を提起しました。最高裁は，妻X_1の請求を認めましたが，子供たちの請求を認めませんでした。まず，妻X_1の請求については，

「夫婦の一方の配偶者と肉体関係を持つた第三者は，故意又は過失がある限り，右配偶者を誘惑するなどして肉体関係を持つに至らせたかどうか，両名の関係が自然の愛情によつて生じたかどうかにかかわらず，他方の配偶者の夫又は妻としての権利を侵害し，その行為は違法性を帯び，右他方の配偶者の被つた精神上の苦痛を慰謝すべき義務があるというべきである。」

と肯定判断しています。しかし，妻の言動いかんによっては，慰謝料請求を否定されることもあります。妻からの慰謝料請求を信義誠実の原則に反して権利の濫用であるとして否定した最判平成8・6・

18（損害賠償請求事件，上告棄却。家月48巻12号39頁*）もあります。

つぎに，子供たちの請求については，

「妻及び未成年の子のある男性と肉体関係を持つた女性が妻子のもとを去つた右男性と同棲するに至つた結果，その子が日常生活において父親から愛情を注がれ，その監護，教育を受けることができなくなつたとしても，その女性が害意をもつて父親の子に対する監護等を積極的に阻止するなど特段の事情のない限り，右女性の行為は未成年の子に対して不法行為を構成するものではないと解するのが相当である。けだし，父親がその未成年の子に対し愛情を注ぎ，監護，教育を行うことは，他の女性と同棲するかどうかにかかわりなく，父親自らの意思によつて行うことができるのであるから，他の女性と同棲の結果，未成年の子が事実上父親の愛情，監護，教育を受けることができず，そのため不利益を被つたとしても，そのことと右女性の行為との間には相当因果関係がないものといわなければならない。」

と判示し，本件では特段の事情も認められないとして否定判断をしたのです。この特段の事情は，子供たちがそのことを立証しなければなりません。

③ 配偶者からの請求

不貞をはたらいた者は，不倫相手から訴えられないなら安心だ，と思うでしょうが，そうは問屋がおろさないのです。

(1) 不貞行為は，ほんらいは不貞をはたらいた夫と相手方の女性との2人による共同不法行為なのです（民法719条）。夫婦がお互いに貞操義務を負うかどうかについては明文規定がありませんが，不貞行為は離婚原因となる（民法770条1項1号）ことから，相互に貞操義務（守操義務）があるものと解されています。したがって，不貞行為をした配偶者も，貞操義務に違反しているわけですから，他の

3 配偶者からの請求

　配偶者から慰謝料請求をされることもあるのです。じっさいには，そういうことはまれでしょうけれども，不貞行為の相手の男の子供を出産した場合に，夫から妻に対する慰謝料請求を認めた東京高判平成7・1・30（損害賠償請求控訴事件，原判決一部変更・一部控訴棄却・上告。判時 1551 号 73 頁②*）や，妻と不貞行為をした男の両名に対して，夫権侵害による共同不法行為に基づく損害賠償として夫に対し連帯して金 200 万円（請求金額は 300 万円）の慰謝料を支払うよう命じた東京高判昭和 51・10・19（離婚等請求控訴事件，変更。判タ 350 号 308 頁）もあります。前者の東京高判平成7・1・30 は，妻の不貞相手と目される男性も被告としていましたが，子供の父との確信が得られなかったため，その男性に対する請求を棄却した第一審判決を是認したのに対して，妻に対する 1000 万円の慰謝料請求については，300 万円の範囲で是認しました。

　ところで，前述のように，不貞はそもそも離婚原因です。両性の合意のみに基づいて婚姻は成立するのであり（憲法 24 条 1 項），離婚するにも協議離婚（合意による婚姻関係の解消）が原則なのです（民法 763 条）。しかし，不貞を反省し，もとの鞘に納まりたいとして，協議離婚を拒否しても，裁判離婚を求められると拒否できませんし，大阪地判昭和 62・11・16（離婚等請求（本訴），損害賠償請求（反訴）事件，本訴請求認容・反訴請求棄却・控訴。判タ 664 号 193 頁*）のように，不貞をはたらいた夫が交通事故により身体障害者（第一級）となり，自活能力を喪失した場合でさえ，妻からの離婚請求が認容される，というみじめなことにもなりかねないのです。

　場合によっては，離婚前でも，妻の所有家屋から追い出されて，住居を失うこともあります。不倫ではありませんが，婚姻破綻の原因行為をくり返した夫に対する家屋明渡請求を認めた徳島地判昭和 62・6・23（離婚等請求事件，一部認容・一部棄却・控訴。判タ 653 号 156 頁*）は，一般論として，夫婦共同生活の本拠である住居は夫婦の同

第2話 悩める夫婦の悩み──不法行為

居義務から原則として明渡しを請求できないと解していますが，婚姻関係破綻の原因は主として被告の夫にあり，本件明渡し請求の当否については，本件では例外に該当することを認めて，本件建物明渡しに仮執行宣言（民訴259条1項）もつけています。したがって，この判決が確定しなくても，すぐに強制執行ができるのです。また，せっかくの妻の父からの支援金贈与も撤回され，返還をよぎなくされることもあります。大阪地判平成元・4・20（貸金等請求事件，一部認容・一部棄却。判時1326号139頁*）はそのような事案で，信義則を適用して贈与の撤回を認めています。なお，このような履行済みの贈与について，別の構成から解除を肯定した最判昭和53・2・17（土地所有権持分移転登記等請求事件，上告棄却。判タ360号143頁*）は，贈与者の老後の面倒をみさせるなどのためになした贈与が，受贈者において，老齢に達した贈与者を扶養し，円満な養親子関係を維持し，その恩愛に背かないことを義務とする負担付贈与（民法553条）であると解して，その義務不履行を理由とする解除を認めた東京高判昭和52・7・13（土地所有権持分移転登記等請求控訴事件，控訴棄却・上告。下民28巻5～8号826頁*）を是認しています。

こうなれば，踏んだり蹴ったりだ，と自分のことを棚に上げて逆恨みして嘆く余裕さえありません。そういえば，世の中，優しくすればつけあがり，思い上がって逆恨み，挙げ句の果てに嫌がらせ，とくる手合いがまわりには多くいるもので。それはともかく，不貞行為を理由に離婚を請求されるのですから，そこには当然のことながら，離婚慰謝料を支払わされることになります。離婚ということになりますと，財産分与もしなければならず（民法768条），全体として性格不一致などを理由とする納得づくの協議離婚の場合をはるかに超える額を支払わされることになります。最判昭和46・7・23（慰藉料請求控訴事件，上告棄却。民集25巻5号805頁*）は，財産分与だけで慰謝されない場合には別に離婚慰謝料請求が可能であること

③ 配偶者からの請求

を認めていますし，なかには，同じく離婚原因である悪意の遺棄（民法770条1項2号）も加わり，不貞行為をした夫に対して離婚慰謝料として1000万円の支払い，財産分与として1億円および土地（時価約5000万円）の分与を命じた横浜地判昭和55・8・1（離婚等請求事件，一部認容・一部棄却・控訴。判時1001号94頁）まであります。この訴訟における原告の弁護士は，男性1名と女性29名とからなっていました。

(2) ついでに，離婚原因（民法770条）を参考に，法律用語の常識といきましょう。それは，「その他」と「その他の」との違いです。

この条文では「その他」ですから，じつは，離婚原因は，1号から4号，そして，5号の「婚姻を継続し難い重大な事由があるとき」を含めて5つあることになります。つまり，5号は，1号から4号と別の独立した離婚原因ということになります。

それに対して，もし「その他の」という表現が用いられているとすれば，その場合には，離婚原因は1個なのです。すなわち，1号から4号は，「婚姻を継続し難い重大な事由があるとき」という離婚原因の例示にすぎないのです。「婚姻を継続し難い重大な事由があるとき」の代表例として，1号から4号を例示しているのであって，「婚姻を継続し難い重大な事由があるとき」とは異なる別個独立の離婚原因ではないということなのです。したがって，前者だとしますと，民事訴訟法で学ぶ訴訟物論（三谷・民訴講義2版25頁以下参照）のうち，旧訴訟物理論によれば，訴訟の単位としての訴訟物（離婚請求権）は5つあることになり，後者だと，旧訴訟物理論でも離婚請求の訴訟物は1つということになります。いずれであっても，新訴訟物理論によれば，訴訟物は1つです。

もっとも，法律では，必ずしもこのような区別を意識して用いているとは限りませんので御注意を。

4 不倫相手からの請求

もとにもどって，さらにさらに，別の問題も生じえます。もしももしも妻が離婚に応じなければ，さあ今度は，不倫の相手方から，結婚を前提に肉体関係を結んだにもかかわらず，結婚をしないのですから，貞操侵害を理由として慰謝料請求されることがあります。事案によりけりですが，結婚の約束をしていない場合でも，最判昭和44・9・26（慰藉料請求事件・上告棄却。民集23巻9号1727頁*）は，女性からの慰謝料請求を認めており，

> 「女性が，情交関係を結んだ当時男性に妻のあることを知つていたとしても，その一事によつて，女性の男性に対する貞操等の侵害を理由とする慰謝料請求が，民法708条の法の精神に反して当然に許されないものと画一的に解すべきではない。すなわち，女性が，その情交関係を結んだ動機が主として男性の詐言を信じたことに原因している場合において，男性側の情交関係を結んだ動機その詐言の内容程度およびその内容についての女性の認識等諸般の事情を斟酌し，右情交関係を誘起した責任が主として男性にあり，女性の側におけるその動機に内在する不法の程度に比し，男性の側における違法性が著しく大きいものと評価できるときには，女性の男性に対する貞操等の侵害を理由とする慰謝料請求は許容されるべきであり，このように解しても民法708条に示された法の精神に反するものではないというべきである。」

と判示しています（名古屋高判昭和59・1・19判時1121号53頁もこの判例を引用）。判決文中の民法708条は，いわゆる不法原因給付の規定です。たまに新聞種となっていますが，裏口入学をさせるために，たとえば500万円を支払ったが，結局入学できなかった場合に，その500万円は返還請求できない，ということです（たとえば，東京地判昭和56・12・10判時1028号67頁*や東京高判平成6・3・15判タ876号204頁*）。なお，この最判昭和44・9・26の第一審判決は，民法708

条の法意から女性の請求を棄却していましたが、控訴審判決である東京高判昭和42・4・12（慰藉料請求事件，変更・上告。高民20巻2号191頁*）は、民法708条但書を類推適用しており、最高裁は、この高裁判決のほうを支持したのです。

5 不真正連帯債務

さて、ここまで不倫相手もくると、前述した共同不法行為（民法719条）について、逃げた男に対し、ある請求（求償という表現を用いると、勉強している諸君には次に何が来るか予想されることでしょう）をしてくることになるでしょう。まだあるのですよ。

ここでの共同不法行為は、夫と不倫相手である女性とが妻に対して不法行為をしたことであり、両者（夫と不倫相手である女性）が連帯して損害賠償責任を負うということです。前述の東京高判昭和51・10・19（離婚等請求控訴事件，変更。判タ350号308頁）の判決主文は、

> 「原判決を次のとおり変更する。
> 被控訴人と控訴人田中友子とを離婚する。
> 被控訴人，控訴人田中友子間の長女田中春子（昭和46年3月17日生れ）の親権者を田中友子と定める。
> 控訴人らは連帯して被控訴人に対し200万円を支払え。
> 被控訴人の控訴人らに対するその余の請求を棄却する。
> 訴訟費用は，第一，二審を通じてこれを10分し，その7を控訴人らの負担とし，その余を被控訴人の負担とする。」

となっています。一般に不真正連帯債務といわれます。たまたま、前述の事例では、妻が夫の不倫相手の女性だけを訴えたにすぎないのです。共同不法行為の場合には、通常は、不法行為をしたどの人物を相手にしても損害額の全額を請求できるのです。そうすると、

請求されなかった者は，自分にも責任のある行為について全然賠償責任を負わないのでしょうか。いや，そうではありません。不真正連帯債務においては，求償権はないとする考え方もありますが，通常は，夫と不倫相手の女性は，責任を半分づつ負うと考えていたほうが無難でしょう。つまり，不倫をした女性は，損害額全額を妻に賠償すれば，その半額は，夫に求償することが認められるのです。そうです。結局，不貞行為により妻の権利を侵害した責任は，やっぱりここでもとらされることになるのですよ。

6 その他の事例

しかも，通常は会社で働いているでしょうが，自己の会社での地位，不倫相手がだれかによって会社の信用を害したとして，辞職勧告や解雇されることまでありますよ。たとえば，東京地判昭和63・5・27（地位保全仮処分申請事件，申請却下・控訴。判時1279号151頁*）は，同乗のバスガイドと昭和60年7月22日および同年11月6日の2回，勤務時間後品川区五反田のホテルで情交関係を結んだことが就業規則上の「賭博その他著しく風紀を乱す行為をしたとき」に該当するとして通常解雇を有効とした事例です。懲戒解雇でなくてよかった，というべきでしょうか。さらに，人の弱みにつけ込む輩に恐喝されたりすることもあります。

また，夫婦・親子だけの間のことであれば，うまくいくと，家庭裁判所での非公開の調停または審判ですむことがありますし，人事関係事件では，原則として訴訟前に家事調停を経るべき調停前置主義が採用されています（家審18条）。しかし，訴訟になれば，憲法82条で保障されている公開の法廷での恥のさらしあいともなりかねないのです。たとえば，仙台地判昭和50・2・26（慰藉料請求併合事件，一部認容・一部棄却・確定。判時801号82頁）のように，お互いに配偶

6 その他の事例

者がいる場合には、夫からの妻と不倫関係にある妻の上司に対する慰謝料請求と、この上司の配偶者からの前記不倫妻に対する慰謝料請求という通常の給付訴訟が提起され公開法廷で併合審理される、という事態になるのです。もっとも、人事訴訟法22条1項では、一部非公開が認められてはいますが。

前述の昭和54年の最高裁判決に関連して、最判平成8・3・26(損害賠償請求事件、上告棄却。民集50巻4号993頁*)は、婚姻関係が破綻したあとかどうかで、第三者の他方配偶者に対する不法行為責任の有無を区別して、昭和54年判例は婚姻関係破綻前のものにすぎないことを明確にしています。しかし、これも、不倫をするのに必ずしも有利になるとは考えるべきではありません。なぜなら、結局は「破綻状態」かどうかの争いで裁判になり、数年を裁判に費やすことになるからです。しかも、事実上破綻していた夫婦関係にある妻からの、夫の不倫相手の女性に対する慰謝料請求を認めた東京高判昭和48・3・9(損害賠償請求控訴併合事件、被告の控訴に基づき変更・原告の控訴棄却・上告。判時703号37頁)が、この最高裁判決の前といえども、存在しているのです。また、すでに不和の状態にあった夫と情交関係をもち、同棲するに至った女性に対する妻からの慰謝料請求(100万円)を認めた東京地判昭和55・3・4(損害賠償請求事件、請求認容。判タ415号124頁)もあります。

ということで、最終的には、自己の家族を顧みないで不倫をした者が痛い目にあう確率が高いというお話しです。あなた、まだ「不倫してみたい!」なんて思いますか。男性が女性になりすまして「不倫したい」と出会い系サイトに投稿し、不倫希望の男性5人から「会員登録料」名目で計8万9000円をだまし取っていた事件もありました(asahi.com 2003.11.07 15:01「不倫したい男性だまし登録料 出会い系に女性装い投稿」)。この男性は、詐欺と組織的犯罪処罰法違反(犯罪収益の隠匿)の疑いで福岡県警によって送検されました。また、女性

を紹介するとだまして，保証金名目で計226万円をだまし取った男性2人が，警視庁によって詐欺容疑で逮捕されていますが，その1人は，「約2800人から約2億8000万円を振り込ませた」と供述しているとのことです（asahi.com 2003.11.06 01:00「『保証金払えば女性紹介する』詐欺容疑で男2人逮捕」）。

　ところで，不貞をして子供ができた場合，あとあといろいろと尾をひくものです。アメリカの黒人公民権運動指導者であるジェシー・ジャクソン牧師（59）も不倫で子供をつくっています（2001年1月19日朝日新聞（夕刊）東京本社第4版2面「「不倫で子供」と謝罪」）。聖人君子にも不倫は付き物なのですね。こちらは不倫ではないようですが，市川新之助歌舞伎俳優に関する「市川新之助さん：子どもがいることを公表　深夜に記者会見」という記事も，当時のhttp://www.mainichi.co.jpに掲載されていました〔accessed on February 13, 2003〕。

第3話

父が死んだ後に，強制認知の確定判決を得た他人が相続権を主張してきた——相続人の悩み

死後認知

1 認　　知

ふつう，「妻が婚姻中に懐胎した子は，夫の子と推定」（嫡出推定）されます（民法772条1項）から，認知が問題になることはありません。いわゆる嫡出子です。出生届けを出せば済みます。

しかし，不倫をして生まれた子供，すなわち，嫡出でない子（非嫡出子）は，認知が問題となります。このような嫡出でない子を自分の子である，と認めるのが認知なのです（民法779条「嫡出でない子は，その父又は母がこれを認知することができる。」）。

ここでは，「父又は母」とあります。これ覚えておいて下さいね。

2 任意認知と強制認知

ところで，認知には，任意認知と強制認知とがあります。

(1) 任意認知は，父または母が自分の意思で（任意に）自分の子であると認め，認知届けを出してはじめて成立します（民法781条1項，戸籍法60条）。

しかし，認知届けを出さない場合でも，認知の効力が認められる場合があります。妾の子を嫡出子として父が出生届出をした場合に

は，当該届出中には自己の子であることを認める意思表示を包含するゆえに，私生子認知の効力を生じる，と判示する大判大正15・10・11（預金返還請求事件，上告棄却。民集5巻10号703頁*）があります。その女性が妾でない場合でも，同様です（大判昭和11・4・14民集15巻10号769頁*）。さらに，婚姻届出前に母による出生届けのなされた子について父の認知がなされていない場合に，婚姻後出生した子につき父が二男として出生届けをしたときは，母による出生届けのなされた子を自己の長男として承認する意思を表示したものとみるべきですから，二男の出生届が受理された以上，その子を自己の子として認知することの効力が生じたものと解するのが相当であると解する大阪地岸和田支判昭和59・2・14（認知請求事件，主位的請求却下，予備的請求認容。下民35巻1〜4号61頁*）もあります。

文句がでないかぎりは（民法786条），自分の子でなくても，また何人でも，いやいや何百人でも認知をすることが可能なのです。認知者の妹による認知無効の主張が認められた事例として，大判大正15・12・20（身分関係確認請求事件，上告棄却。民集5巻12号869頁*）があります。ただし，認知の判決が確定した場合には，再審の訴えによらないかぎり，認知の無効を主張することはできません（最判昭和28・6・26民集7巻6号787頁*）。偽証に基づき確定した認知判決を検察官の再審請求により取り消した昭和天一坊事件の津地判昭和32・11・29（子の認知請求再審事件，取消自判。下民8巻11号2245頁）もあります。

また，遺言によっても認知をすることができます（民法781条2項，戸籍法64条）。

(2) 強制認知は，裁判による認知ともいわれます（民法787条，戸籍法63条）。つまり，子供本人，その直系卑属またはこれらの者の法定代理人が認知の訴えを提起して認知判決を得る場合です。

③ 死後認知

　そして，ここで問題となるのは，死後認知といわれるものです。これも強制認知ですが，認知を求められる父または母が死亡したのちに認知の訴えを提起して認知判決を得る場合です。この死後認知という制度は，じつは，婚姻届けを提出する前に，お国のために出征した軍人が戦地で死亡した場合の，結果的には婚外子になってしまう子について死後認知を認めることを動機として，昭和17年法律第7号により認められたものなのです。出征軍人ですから父だけでもよさそうであるにもかかわらず，父母の区別なく，死後認知が認められたのです。

　なお，認知については，調停前置主義が採用されています（家審17条・18条）ので，まず家事調停を行ない，調停が不調に終わった場合にはじめて認知の訴えを提起することができます。調停がうまくいけば，合意に相当する審判がなされ（家審23条），いわゆる審判認知（この審判は確定すると確定判決と同一の効力を有します。家審25条3項）で解決することもあります。この手続は非公開です。

④ 認知の訴え

　認知の訴えは，親が任意認知をしないために提起されます。人事訴訟手続法が廃止され，人事訴訟法が施行されましたが，認知の訴えは，地方裁判所でなく，家庭裁判所に提起することになりました。しかしながら，家庭裁判所ではありますが，原則公開で審理し判断されることになります（人訴22条）。そして，この訴えの原告は，すでに引用した民法787条本文が定めているとおりです。

　では，認知を求めるべき親が死んでいる場合には，いったい誰を相手（被告）に認知の訴えを提起することになるのでしょうか。被

第3話 相続人の悩み──死後認知

告については，人事訴訟法が定めています。親が生きている場合には，その親（父または母）であるのは当然ですが，死亡している場合には，検察官が被告となるのです（人訴42条1項）。検察官は公益代表ということで登場します。検察官については，法務省のホームページ（http://www.moj.go.jp/）のなかの「法務省紹介」「刑事局・検察庁フロントページ」「検察庁　検察官・検察事務官の職務」で知ることができます〔accessed on February 20, 2003〕。

そして，審理に際しては職権探知主義が採用されていて，当事者が申し出ていない証拠を調べたり，自白に反する事実を認定したりすることができ，客観的な真実の探求をめざしています（人訴19条・20条）。職権探知主義に対立する概念は，弁論主義といって，通常の民事訴訟では，この弁論主義が採用されています。これは，裁判の基礎となる事実および証拠の収集を当事者の権能・責任とする主義のことで，具体的には，主要事実（権利を発生・変更・消滅させる事実）はどちらかの当事者によって口頭弁論に提出されていなければ，裁判の基礎にできないこと，当事者が争わない事実または自白された事実はそのまま裁判の基礎としなければならず，それに反する事実を認定してはならないこと，証拠は原則として当事者が申し出たものしか調べられない，という3つのことをいいます（三谷・民訴講義2版61頁以下参照）。ようするに，通常の民事事件では，訴訟の対象となるのは当事者の自由処分可能なものであり，身分関係は自由処分が許されない，ということから認められている違いなのです。

しかし，公益代表でもある検察官が裁判に関与し，また職権探知主義が採用されて当事者の勝手な行為を認めない，としてもですよ，当事者の一方が死亡している場合に，認知の訴えにおいて当事者とはまったく関係のない裁判官や検察官がどの程度他人の親子関係の真実を明らかにできるでしょうか。肉体関係を結んでいる現場を見

4 認知の訴え

たという証人なんかは、たいていの場合は存在しないでしょう。証人としては、原告に都合のよい者だけが呼び出されるでしょうし、反対尋問はなく、裁判官の補充尋問もおそらく確認するだけで終わることになるでしょう。血液鑑定やDNA鑑定もむつかしいでしょう。結局、このような場合の認知訴訟では、父親と目される者が死亡しているとしますと、子（法定代理人としては、その母）が原告、検察官が被告となり、当事者はこの2者であって、父と目される者の妻や子供は認知訴訟の当事者ではないのです。したがって、知らぬ間に認知判決が確定してしまっていることがあります。そういうことから、突然に相続権を主張されてくる、ということになるわけです。死後認知ではなく、父親生存中の認知の訴えの場合ですが、血液鑑定などに父親が協力しないとしても、親子関係を肯定した東京高判昭和57・6・30（認知請求控訴事件、控訴棄却。判タ478号119頁*）まであります。

ただ、嫡出でない子は、嫡出子の相続分の半分です（民法900条4号）。この規定は憲法の平等原則に反しないとする最大決平成7・7・5（遺産分割審判に対する抗告棄却決定に対する特別抗告事件、抗告棄却（補足意見および反対意見がある）。民集49巻7号1789頁*）があります。

そして、遺産分割がすでに終わっていた場合には、遺産分割のやり直しではなく、相続分相当の金額を請求できるだけではあります（民法910条）が、兄弟姉妹の関係は続くことになります。なお、いつの時点の遺産評価額を基準とするかに関しては、東京高判昭和61・9・9（遺産分割後の価額支払請求控訴事件、控訴棄却・確定。家月39巻7号26頁*）は、具体的相続分算定の基準時は相続開始時とし、価額支払請求における価額の算定は請求時における時価と解しています。

第3話　相続人の悩み——死後認知

5　判例（最判平成元・11・10）

では，現実に訴訟となった事件を紹介してみましょう。最判平成元・11・10（親子関係不存在確認等請求再審事件，原判決一部破棄自判（訴え却下）。民集43巻10号1085頁*）の事案の概要はこうです（再審の訴えについては，三谷・法理および三谷・民訴講義2版287頁以下参照）。

X（原告，再審被告・上告人）は，亡甲・亡乙の長女として戸籍上に記載されていましたが，検察官Y（被告，再審被告・上告人）を被告として，Xと甲・乙間に親子関係がないことの確認と，Xが亡丙の子であることを認知する旨の判決を求めて福岡地方裁判所に認知の訴えを提起しました。

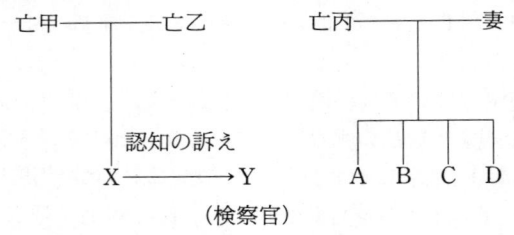

```
亡甲────┬────亡乙      亡丙────┬────妻
          │                        │
      認知の訴え                    │
      X────────→Y          A  B  C  D
          （検察官）
```

Y（検察官）は，この事件において，答弁書をもってXの生年月日，Xについての戸籍記載事項などは認めましたが，Xと甲・乙間の親子関係の存否，Xと丙との間の親子関係の存在などは不知と述べただけで，証拠調べの申立てもせず口頭弁論期日にも出頭しませんでした。そこで，福岡地裁は，証人2人（丙の友人と甲の弟）を取り調べたうえ，昭和56年2月26日，Xの請求を全部認容する判決を言い渡し，同判決は，検察官による控訴もなく昭和56年3月16日の経過とともに確定してしまったのです。

この訴訟の係属をまったく知らなかった丙の子供たち4名（再審原告・被上告人）は，Xと兄弟姉妹の身分関係に立ち，ともに被相続

5 判例（最判平成元・11・10）

人丙の相続人となって、身分関係および相続権が侵害されるから、といって再審の訴えを提起してきたのです。被告はXとYですが、再審被告とされた検察官は、福岡地方検察庁の検事正でした。第一審の福岡地裁は、当事者適格の点については、

> 「右事実によれば、再審原告らは、原判決の取消しについて固有の利益を有する第三者ということができるから、本件再審の訴えについて当事者適格を有することが明らかである」

として問題を肯定しましたが、再審事由の点については、

> 「人訴法は、認知を求める訴えの審理について、通常の民事訴訟の場合と異なり、裁判上の自白に関する法則を適用しないものとすると共に、請求の放棄・認諾及び和解を認めないものとし、また、検察官は弁論に立ち会い、意見を述べ、事実及び証拠方法を提出することができるものとしているほか、さらに、裁判所は、職権をもって証拠調をし、かつ、当事者が提出しない事実を斟酌することができるものとしている（同法32条1項、10条、5条、31条〔＝現行の人訴20条・23条〕参照）」

から、認知判決によって影響を受ける第三者の利益を保護するための手続的保障がはかられており、当時の民訴420条1項3号（＝現行民訴338条1項3号。代理権の欠缺）は、そういう手続的保障がない場合なのであり、両者を同一に論じえないとして、問題を否定的に解し、再審請求を棄却しました。

ところが、控訴審たる福岡高裁は、福岡地裁の判決の一部（認知関係部分）を取り消して、同部分を原審に差し戻し、一部（親子関係不存在確認部分）控訴棄却の判決を言い渡しました。認知関係部分について、本件再審の訴えの当事者適格（原告適格）を肯定し、しかも本件

> 「事実関係にてらすと、控訴人らは本件認知訴訟に参加して訴訟活動をなし得たのに責めに帰すべき事由なくその機会を奪われ、自己に効力の及ぶ確定判決をうけてしまったのであるから、実質的に

第3話　相続人の悩み——死後認知

裁判を受ける権利を奪われたという意味で民事訴訟法420条1項3号〔=現行民訴338条1項3号〕，425条〔=現行民訴342条3項〕の類推適用による再審事由があると認めるのが相当である」

と再審事由の存在も肯定しています。

しかし，最高裁は，再審の訴えに関する部分を破棄し，第一審判決も取り消して再審の訴えを却下する判決を言い渡したのであり，

「認知の訴えに関する判決の効力は認知を求められた父の子にも及ぶが（同法32条1項，18条1項〔=現行の人訴24条1項〕），父を相手方とする認知の訴えにおいて，その子が自己の責に帰することができない事由により訴訟に参加する機会を与えられなかつたとしても，その故に認知請求を認容する判決が違法となり，又はその子が当然に再審の訴えの原告適格を有するものと解すべき理由はなく，この理は，父が死亡したために検察官が右訴えの相手方となる場合においても変わるものではない」

との理由により，丙の子供たちはそもそも再審の訴えを提起できる正当な当事者（当事者適格者）ではない，と解したのでした。なお，判決文中の「同法」とは人事訴訟手続法のことであり，現在では人事訴訟法に相当します。それによれば，通常の場合の判決の効力は相対効といい，原則として訴訟当事者間でしか効力がありませんが，認知の訴えの判決の効力については，第三者にも判決の効力が及びます（人訴24条1項）。これを対世効といいます。

こうして，4名の子供たちは，認知訴訟が提起されていたことをまったく知らなかったにもかかわらず，認知判決の効力を受けて，認知を争うことができず，Xと兄弟となり，相続分が減ることになるのです。認知訴訟の当事者以外の第三者に判決の効力を及ぼさせる前提として，裁判所に職権探知を認め，公益代表の検察官を関与させたにもかかわらず，それぞれその職務を十分に果たさなかったと思われるのに。そんなばかな。いやいや，それが現実というもの

6 人事訴訟手続法33条

 このような判例が登場したなかで，平成10年1月1日から施行された新しい民事訴訟法の制定に伴い，人事訴訟手続法33条（利害関係人への通知）が追加されました。

 こうして，訴訟係属の通知がなされれば，相続人は，被告を勝訴させるため認知訴訟に補助参加することができ（民訴42条および民訴45条1項），親子関係の存在を争うことができるようになりました。

 しかし，現金な話です。なぜかって，一般的な形態である単純承認がなされて相続した妻の相続分には影響がないため，妻への通知は要求されていないのですよ。相続分は2分の1と決まっているとはいえ，妻には，なき夫の名誉を守ることすら認められていない，といえませんか。認知されても，残された妻たちの戸籍に記載されるわけでもなく，金さえもらえばいいじゃないか，というのが立法者の趣旨なら，これほど偏見にみちたものはないであろう，と思われますが，世の妻たる女性陣は，このことをいかがお考えでしょうか。「人事訴訟手続法第三十三条の規定による通知に関する規則」（平成8年12月17日最高裁判所規則第7号）は，

> 「人事訴訟手続法（明治三十一年法律第十三号）第三十三条の規定による通知は，次の各号にかかげる訴えの区分に応じ，それぞれ当該各号に定める者で訴訟記録上氏名及び住所又は居所が判明しているものにするものとする。」

として，その6号の子の認知の訴えについては，

> 「父が死亡した後に訴えの提起があった場合におけるその相続人（妻で子又はその代襲者とともに相続したものを除く。）」

と規定しています。しかも、父が死亡した場合だけが前提とされています。では、母に対する死後認知の訴えの場合はどうなのでしょうか？

多くは父親が外で働き、妻は内で家事という、昔ながらの図式に基づくものとしか思えないのですが、みなさんは、どう思われますか。なぜ死後認知規定の改正の場合と同じく、いずれも含まれるような文言（前述の「父又は母」）にしなかったのか、私には理解できませんね。手間も暇もかからないのに。なお、人事訴訟手続法33条は、人事訴訟法28条になりますが、通知についての人事訴訟規則16条は、まったく同じ規定です。

7　立法過程

ところで、法律の成立過程というか立法過程をみますと、いろいろと面白いことがあったりします。前述の人事訴訟手続法33条の通知に関してもそうなのです。ついでに紹介しておきましょう。じつは、平成2年に法務省民事局参事官室が公表した「民事訴訟手続に関する検討事項」の「第一七　その他」のところでは、

　「五　人事訴訟において判決の効力を受ける第三者の救済方法
　　1　人事訴訟において判決の効力を受ける第三者の救済方法について、改正すべき点があるか。
　　2　例えば、次のような考え方があるが、どうか。
　　(二)　訴訟の結果について利害関係を有する者は、補助参加の申出と同時に再審の訴えを提起して、第四二〇条第一項各号　に該当する事由を主張することができるものとするとの考え方」

も検討事項とされていました。とくに2の(一)です。検討の結果、その後に公表された法務省民事局参事官室・民事訴訟手続に関する改正要綱試案の「第一七　その他」の「四　人事訴訟において判決

7 立法過程

の効力を受ける第三者の救済方法」によれば，

> 「裁判所は，人事訴訟において，次の各号に掲げる訴えの区分に応じ，それぞれ当該各号に定める者で知れているものに対し，訴訟が係属したことを通知しなければならないものとする。」

とあります。すなわち，ここでは，裁判所の通知義務が明確にされていたのです。そして，（注）として，

> 「原案に代えて，人事訴訟において，訴訟の結果により権利を害される第三者がいる場合には，当事者は，その氏名及び住所又は居所を裁判所に届け出なければならないものとし，裁判所は，この第三者に対し，訴訟が係属したことを通知しなければならないものとするかどうかについて，なお検討する。」

というのがあり，さらにその検討の結果が現行法の内容となったのです。つまり，すぐに気がつくのは，裁判所の通知義務が消えてなくなっている，ということです。しかも，当事者に対する届け出義務も消えてしまい，たんに，訴訟記録上氏名および住所または居所が判明している者にするだけでよくなったのです。これ，みなさん，どう思います。ようするに，人事訴訟手続法33条は，「訓示規定であり，通知を欠いても，訴訟手続が違法になったり，判決に瑕疵を生ずるものではない」（中野・解説92頁）ということになるのですよ。義務にしておけば，義務違反で国家賠償請求訴訟を提起されるおそれがあり，それはたまらない，ということでしょう。しかも，職権探知主義だといいながら，関係者に通知もせずに判決をして，それが真実に反している，と思われる事態はいくらでもありそうですが，それも，他人ごとということでしょうか。職権探知主義に反する規定のように私には思われるのですが。

第4話

認知は要求しません，というので，女性に500万円渡したのに，子が認知を求めてきた──火遊びした男の悩み

認知請求権の放棄

1 はじめに

せっかく子供ができたのに，それは，外でつくった子供です。嫡出子と非嫡出子。非嫡出子は私生児です。戦前の民法では，私生子ともいい，認知されると庶子といいました。

これとは直接の関係はありませんが，よく内孫とか外孫とかいわれます。じつはこれ，家制度の名残といえます。嫁入り，これもそうですね。嫁として女が他家に入る。婚姻年齢は，男は18歳なのに，女は16歳です（民法731条）。

これもよく考えますと，やはり家制度の名残といえなくもないのであって，憲法の平等原則に反するものと考えられます（憲法14条）。女性は義務教育さえ終えればよく，まさに裸で嫁にくればよい。しかし，男性は働き手として高卒程度でなければ金銭的にも家庭を養っていけない。だからこそ，前記のような年齢差があるのである，というのは，うがった考えでしょうか。

さて，憲法論は別として，嫡出でない子ができた場合，男としては，認知もし，養育もするのがあたりまえだ，ということになるでしょう。しかしながら，現実は厳しい。一時の気まぐれとはいえ，認知しないとしても，このままほっておくこともできない。そこで，養育費として，いくばくかの金銭を与えてすべてを関係なかったこ

2　和　解

とにしたい。男としてはじつに都合のよい考えです。ところが世の中、いろいろな考えの持ち主がいます。女性にも、男はいらない、いるのは子供だけ、という考えの人がいます。子供の認知をしたくないような男にはなんの未練もないが、子供のためには何かしておきたい。そこで、とにかく子供の養育費をもらって、認知請求もしないようにしよう、と考えるわけです。男の利害と女の利害が一致して、金額の折り合いさえつくと、和解は簡単に成立します。

　もっとも、養育費について注意しておく点があります。それは、払うという養育費を途中で支払わなくなったり、遅れたりすることがあるという点です。その履行確保が非常に難しいため、民事執行法が改正されました（民執151条の2。三谷・民執講義148頁、法務省ホームページ（http://www.moj.go.jp/）のトピックス「答申（担保・執行法制の見直しに関する要綱）」参照）。

2　和　解

　和解は双方が譲り合うことによって成立します（民法695条）。
　ここでは、少し和解の話をまずしておきましょう。じつは、和解といっても、和解の種類にはいろいろあり、民法でいう和解以外にもあるのです。
　(1)　裁判上の和解（民訴267条）
　　①　訴訟上の和解（民訴89条）
　　　（訴訟中の和解、起訴後の和解）
　　②　訴訟前の和解（民訴275条）
　　　（訴え提起前の和解、即決和解、即日和解、起訴前の和解、訴訟防止の和解、起訴防止の和解）
　(2)　私法上の和解（民法695条・696条）
　　　（民法上の和解、裁判外の和解、示談）

第4話 火遊びした男の悩み──認知請求権の放棄

このように、大きく分けると、和解には2種類があります。しかし、ふつういう和解＝示談が成立しても、もし和解条項にある義務を履行しない場合には、その和解契約書を証拠にして給付訴訟を提起して判決をもらったりしなければ、義務の履行を強制できない不便さがあります。それに対して、裁判所で和解調書を作成してもらえば、これは確定判決と同一の効力が認められていて（民訴267条）、訴訟をあらためて起こさなくても、和解調書に基づいて強制執行が可能となります（民執22条7号）。

なお、離婚訴訟では「和諧」という表現が用いられていました（人事訴訟手続法13条）。「和解」ではなく「和諧」です。和解であれば、和解が調書に記載されると、和解の効果として訴訟は当然終了することになりますが、和諧は、そうではないし、人事訴訟では原則的に和解は認められておらず、裁判上の和解とはいえないのです（三谷・民訴講義2版194頁）。

その意味で、遠藤ほか編・民法6（4版）11頁〔加藤永一〕うしろから2行目で「Aは、裁判上の和解でBと離縁した」といっているのは間違いです。現に、同書掲載の最判昭和53・2・17の控訴審判決である東京高判昭和52・7・13（土地所有権持分移転登記等請求控訴事件、控訴棄却。下民28巻5〜8号826頁*）の判決理由中にも、

> 「昭和48年10月19日甲府地方裁判所に控訴人夫婦を相手とし離縁の訴を提起し、昭和50年1月22日協議離縁することで和諧するに至り、同年3月17日離縁の届出をして、控訴人夫婦との養親子関係を解消した。」

とあり、「和諧」という表現を用いています。

和諧であれば「裁判上の」という言葉はつけませんので、おそらく筆者の誤解というか認識不足であろうと思われます。ただし、この和諧の制度は、あまり実効性がなかったのでしょう。新しい人事訴訟法では廃止されています。

③ 子の認知請求権

しかし，男と女の間で和解が成立したからといって，そうは簡単にはいかないのが法の世界です。

最判昭和37・4・10（認知請求事件，上告棄却。民集16巻4号693頁*）の事案を簡略化しますと，Xが9才のときに，Xの母が法定代理人として，Y男と和解をし，Yは5000円相当の株券をXに交付する代りに，Xは認知請求しない，という内容でした。しかし，XがYを相手に，認知の訴えを提起したのです。最高裁は，

「子の父に対する認知請求権は，その身分法上の権利たる性質およびこれを認めた民法の法意に照し，放棄することができないものと解するのが相当である」

と判示して，認知請求を認めたのです。身分法上の権利（身分権）とは，一定の身分関係に基づいて親族法で認められている権利をいいます。子の認知請求権は，子であることに基づいて子が有する権利です。この身分権は，財産権と異なり，一身専属的なもの（一身専属権）が多く，他人が代わって権利行使をしたりすることができず，譲渡性や相続性がないのが原則であって，放棄も許されない，という性質を有しています。親権の放棄を考えると分かりやすいでしょう。また，認知請求権を認めた民法の法意というのは，認知請求権は認知請求権者の保護を目的として設けられていますので，容易に放棄を認めますと，強制的に放棄させたりする危険があり，その保護に欠けることになることから，放棄を認めない，ということになっているのです。そして，この判例は，例外を認める判断をしていません。つまり，通常の判例では，必ずといってよいほど，「特段の事情のない限り」という表現があり，たとえば上記の判旨は，

「子の父に対する認知請求権は，その身分法上の権利たる性質お

第4話　火遊びした男の悩み――認知請求権の放棄

　　　よびこれを認めた民法の法意に照し，特段の事情のない限り，放棄
　　することができないものと解するのが相当である」
となるはずです。しかし，この表現がないのですから，例外は認められず，常に認知請求権の放棄は認められない，ということになります。この認知請求権は，消滅時効にかかることはなく，父の死後3年を経過してはじめて認知請求ができなくなるだけなのです（民法787条但書）。もっとも，父の死亡の日から18年以上経過したのちに提起された認知の訴えが適法であるとされた事例として，京都地判平成8・10・31（認知請求事件，認容・確定。判時1601号141頁*）があります。この判決は，

　　「民法787条但書が，認知の訴えの出訴期間を父又は母の死亡の
　　日から3年以内と定めているのは，父又は母の死後も長期にわたっ
　　て身分関係を不安定な状態におくことによって身分関係に伴う法的
　　安定性を害することを避ける趣旨であると解され，右趣旨からする
　　と，出訴期間は，何らかの客観的な時点から起算すべきことになり，
　　前記一の認定のとおり，太郎は，昭和53年1月3日死亡し，同月
　　4日に右死亡の届出がなされ，同月7日に除籍されたものであるか
　　ら，太郎の死亡は，その頃，客観的に明らかになったと認められる。
　　　しかしながら，前記一の認定のとおり，原告は，父が「乙山太
　　郎」という氏名であることを知っていたものの（《証拠略》による
　　と，原告が父の氏名が「乙山太郎」であることを知ったのは十数年
　　前である。），平成7年4月から5月にかけて，弁護士を通じて大阪
　　府南部等に居住する「乙山太郎」の戸籍調査をしていることからし
　　ても，ただ単に太郎の所在あるいは生死が明らかではなかったので
　　はなく，自己の父である太郎を本籍等により特定することさえでき
　　なかったものである。したがって，原告としては，「乙山太郎」を
　　特定できていない以上，従前，太郎が所在不明であるとして公示送
　　達の方法により認知の訴えを提起したり，あるいは，失踪宣告を得
　　た上で検察官を相手方として死後認知の訴えを提起することもでき
　　なかったことになる。

③ 子の認知請求権

　確かに，原告が「乙山太郎」を特定できなかったのは，前記一の認定のとおり，母花子が原告に対し太郎のことを明らかにしなかったためであり，太郎の死亡が昭和53年に客観的に明らかになっている以上，前記出訴期間が規定されている趣旨からして，その判断に当たっては，右のような個別の事情を考慮することは相当ではないとも考えられる。しかしながら，原告にとっては，前記一の認定のとおり，太郎を特定しその死亡を知ったのは平成8年3月頃であり，それ以前においては他に認知の訴えを提起する手段がなく，且つ，右提起できなかった事情を全て原告の責に帰すべきものであるとするのも原告にとって酷に過ぎると解される。

　本件においては，右事情に加えて，太郎の親戚である丙川春子，丙山夏子及び乙野梅夫も本件認知が認められることを望んでおり，且つ，太郎は，死亡時に生活保護を受けており特に財産を有していなかったこと，原告が本件認知の訴えを提起した理由は，自己の娘の婚姻等に際して，原告の父が戸籍上空欄になっていることにより不利益を受けることがないようにとの親心によるものであること等の事情を総合勘案するならば，本件認知の訴えの出訴期間は，原告が太郎を特定しその死亡を知った平成8年3月頃から起算すべきであると解するのが相当であり，このように解したとしても，本件に限っては，右事情に鑑みるならば，身分関係の法的安定性を害するとまではいえず，よって，本件認知の訴えは適法である。」

と判示しています。本件での被告は，京都地方検察庁検事正でした。また，最判昭和57・3・19（認知請求事件，破棄差戻。民集36巻3号432頁*）は，父の死亡の日から3年1か月を経過した後に死亡の事実が判明した事案ですが，

　「原審が確定したところによれば(1)　訴外堀内由美子（以下「由美子」という。）と，訴外林邦広（以下「邦広」という。）とは，昭和49年3月中旬から内縁関係にあつたものであるところ，邦広は昭和50年11月初めに出奔して行方不明となつたが，由美子は，昭和51年2月10日上告人を出産したので，同年2月23日，

第4話　火遊びした男の悩み——認知請求権の放棄

自己が保管していた邦広の署名，捺印のある婚姻届とみずから邦広名義で作成した上告人の出生届とを京都市左京区役所に提出し，その結果，上告人が戸籍上邦広と由美子との間の嫡出子として記載された，（2）　その後，由美子は，邦広の親族の了解を得て協議離婚届出をし，更に，上告人につき母の氏を称する旨の届出をしたことにより，上告人は由美子の戸籍に入籍されることとなつた，（3）ところが，昭和53年12月初め頃，新潟県警東署からの身許照会により，邦広が昭和50年11月1日頃に死亡したことが確認されたところから，前記婚姻届，出生届，協議離婚届等上告人に関するすべての届出の無効を理由とした戸籍訂正許可の審判に基づいて戸籍が訂正された結果，上告人と邦広とは戸籍上父子関係が存在しないこととなつた，（4）　由美子は，上告人の法定代理人として，昭和54年5月24日本件訴えを提起した，というのである。

　原審は，右事実関係に基づいて，本件訴えは，邦広の死亡後3年を経過して提起されたもので，民法787条但書の出訴期間を徒過した不適法な訴えであるとの理由で，これを却下した。

　しかしながら，前記事実関係によれば，邦広の死亡の事実が由美子らに判明したのは，その死亡の日から既に3年1か月を経過したのちであり，その間，上告人は戸籍上邦広，由美子夫婦間の嫡出子としての身分を取得していたのであるから，上告人又は由美子が邦広の死亡の日から3年以内に認知の訴えを提起しなかつたことはやむをえなかつたものということができ，しかも，仮に右認知の訴えを提起したとしてもその目的を達することができなかつたことに帰するところ，このような場合にも，民法787条但書所定の出訴期間を徒過したものとしてもはや認知請求を許さないとすることは，認知請求権者に酷に失するものというべきである。右出訴期間を定めた法の目的が身分関係の法的安定と認知請求権者の利益保護との衡量調整にあることに鑑みると，本件の前記事実関係のもとにおいては，他に特段の事情が認められない限り，右出訴期間は，邦広の死亡が客観的に明らかになつた昭和53年12月初め頃から起算することが許されるものと解するのが相当である。そして，本件訴えが昭

③ 子の認知請求権

　和54年5月24日に提起されたものであることは前記のとおりである。しかるに，原判決が他に特段の事情を認めるべき事実を確定しないで本件訴えにつき出訴期間を徒過した不適法なものとしてこれを却下したのは，同条但書の解釈適用を誤つたものというべく，その誤りは判決に影響を及ぼすことが明らかであつて，論旨は結局理由があるから，原判決は破棄を免れない。そして，本件については，更に審理を尽くす必要があるから，これを原審に差し戻すのが相当である。」

と判示して，認知請求が可能であることを認めており，認知の訴えを却下した原判決を破棄し，事件を原審へ差し戻しました。なお，本件での被告は，検事総長でした。検察官は，検事総長（最高検察庁の長で，全国の検察庁の職員を指揮監督する検察官），次長検事（最高検察庁に属し，検事総長を補佐し，検事総長に事故のあるとき又は検事総長が欠けたときにその職務を行う検察官），検事長（高等検察庁の長であり，全国8つの高等検察庁に1人ずつ配置。その高等検察庁の庁務を掌理し，その庁ならびにその管内にある地方検察庁および区検察庁の職員を指揮監督する検察官），検事（最高検察庁，高等検察庁および地方検察庁などに配置され，捜査・公判および裁判の執行の指揮監督などの職務を行う検察官），副検事（区検察庁に配置され，捜査・公判および裁判の執行の指揮監督などの職務を行う検察官）に分かれています（検察庁法3条）。検事のうち，地方検察庁の庁務を掌理し，その庁およびその管内の区検察庁の職員を指揮監督する地方検察庁の長である検事を検事正といいます（検察庁法9条）。

　判決文中の特段の事情は，原則に対する例外ですから，相手方がその事情を挙証しなければならず，相手方が挙証責任（立証責任，証明責任ともいいます）を負っています。

第4話　火遊びした男の悩み——認知請求権の放棄

④　子の意思に反した認知請求

　認知請求権の放棄が認められる，との立場にたつとしても，もう少し検討する必要があります。認知の訴えを提起できるのは，明文規定により，「子，その直系卑属又はこれらの者の法定代理人」だけです（民法787条本文）。子が認知の訴えを提起しないのに，子の直系卑属が独自に認知の訴えを提起することができるでしょうか。子の直系卑属の場合には，子が生存しているかぎり認められないと解するのが通説なのです。また，子が認知請求をしたくないにもかかわらず，法定代理人（たとえば子の母）が子の意思に反してでも認知の訴えを提起することが可能なのか，という疑問もわいてきます。もしそれぞれが独自に認知の訴えを提起することが可能というのであれば，すべての者と和解をしなければ，認知請求を阻止することができません。最判昭和43・8・27（認知請求事件，上告棄却。民集22巻8号1733頁*）は，子の意思に反する認知の訴えの提起を認めていますが，法定代理人としての固有の資格（訴訟代位といい，訴訟の当事者です）ではなく，法定代理人たる資格（訴訟代理人であり，当事者は子）で提起するのであるといっています。これは，通説でもあります。なお，通説・判例に対して，意思能力のある子の明示の反対がある場合にのみ，個人の尊厳を旨とする解釈原則上，認知の訴えを不適法とすればよい，との説もあります。親権者たる母が，子を代理して認知請求の訴えを提起することが，子自身の意思に反し，かつ，当該親権者の財産上の利得の手段としてなされたものであって，子の利益のためになされたものでないときには，親権の濫用と解すべきであるとして，母による認知の訴えを却下した青森地弘前支判昭和38・6・27（認知請求事件，却下。家月16巻1号117頁*）があります。どこにでも，自分の子より，自己の利害のみを考える親がいるものです。

5　胎児認知

　胎児を認知することもできますが，母親の承諾が必要です（民法783条1項）。

　なお，胎児認知を悪用して，日本国籍を取得した事例もありました（2003.07.07 mainichi.co.jp「胎児認知：子供を不正に日本国籍にしていた中国人を逮捕」）。

　それでは，もしまだ胎児のうちに和解をすればどうでしょうか。権利能力（権利または義務の帰属主体となりうる能力）は，まだ生まれていない胎児にはないのが原則であり（民法3条1項），和解の当事者にもなりえないのです。

　したがって，胎児の代理人として母親が和解をしても，少なくとも子供との関係では無効であり，常に後日，子供から認知の訴えを提起されるおそれがあるわけです。

　さて，胎児がでてきましたが，胎児でも権利能力を有する場合があります。次に，それを話題にしてみましょう。

第5話

婚前交渉ではあるが，妊娠したと喜んでいたら，結婚式後婚姻届をだす前に夫（胎児の父親）が交通事故で死亡した——妊婦の悩み

胎児の権利能力

1 損害賠償責任

人を故意または過失により死亡させた場合，民法では不法行為といって，常識ででも分かるように，損害賠償責任を負うことになります（民法709条）。そして，損害賠償を認められるためには，被害者が，加害者に故意または過失があったこと（主観的要件といいます）を証明しなければなりません。しかし，この故意とか過失とかは内心の認識（たとえば，自動車でひき殺す意図があったかどうか）であり，外部からは分かりにくいものです。そこで，とくに交通事故のように，動く危険物である自動車によること，だれでも加害者になり被害者になりうることなどをも考慮して，昭和30年に自動車損害賠償保障法が制定され，自動車事故による人身事故の場合には，被害者保護のため，被害者が上述の故意・過失を証明する必要はなく，加害者のほうで，「被害者又は運転者以外の第三者に故意又は過失があったこと」を証明しなければ，損害賠償責任を免れないことにしたのです（自賠法3条）。

この場合，よく民法709条の「故意・過失の立証責任を転換した」といわれたりして，民法709条に対応する規定のようにいわれますが，じつは，すでに立証責任を転換している民法715条の使用

① 損害賠償責任

者責任規定に対応するものなのです。

この民法715条の規定は、最近では暴力団の組長の責任を追及するための規定としても注目を浴びていますが、詳しくは民法の講義で聞いていただくことにして、判例を簡単に紹介しておきましょう。宇都宮地栃木支判平成8・1・23（損害賠償請求併合事件，一部認容・一部棄却・確定。判時1569号91頁），那覇地判平成8・10・23（損害賠償請求事件，一部認容・一部棄却・控訴。判時1605号114頁）および千葉地判平成9・9・30（損害賠償等請求事件，一部認容・一部棄却・確定。判時1659号77頁）は，組長の使用者責任を肯定し，福岡高那覇支判平成9・12・9（損害賠償請求控訴，同附帯控訴請求事件，原判決一部取消自判（一部認容・一部棄却）・上告。判時1636号68頁*）は使用者責任を否定して共同不法行為責任（民法719条）を認めており，佐賀地判平成6・3・25（損害賠償請求事件，一部認容・一部棄却・控訴。判タ860号207頁）も共同不法行為責任を認めています。そして，原告側が選択的に主張していた使用者責任を否定して共同不法行為責任を認めた前述の福岡高那覇支判平成9・12・9を是認する上告審判決である最判平成12・12・19が報告されています（2000年12月19日火曜日朝日新聞（夕刊）東京本社第4版19面「抗争中，高校生を人違い殺人　暴力団トップに責任　最高裁認定」）。

しかし，その後も，たとえば，さいたま地判平成13・12・21（損害賠償請求事件，一部認容・一部棄却・控訴。判時1774号17頁）は，暴力団の構成員が暴行を加えて被害者を死亡させた場合において，その構成員の不法行為責任のほか，当該暴力団の組長代行の代理監督者責任および当時勾留中であった組長本人の使用者責任を認めています。このようななか，第159回国会（通常国会）において，「暴力団員による不当な行為の防止等に関する法律の一部を改正する法律案」が成立し，一定の場合に組長の責任を認める「暴力団員による不当な行為の防止等に関する法律」（いわゆる暴対法）15条の2

以下が新設されました。

　なお，使用者責任と国家賠償責任との関連で1つだけ指摘しておきます。使用者が民法715条の使用者責任を負うにもかかわらず，加害者である被用者も民法709条の不法行為責任を負うというのが通説・判例ですが，国家賠償法を適用する場合は，被用者である公務員は対外的責任を負わないとされている，ということです。

2　胎児の損害賠償請求権

　損害の分け方に，財産的損害と非財産的損害というものがあります。

　財産的損害には，現実損害である積極的損害と得べかりし利益（逸失利益）の損害である消極的損害とがあります。非財産的損害は，精神的損害が中心ですが，名誉・信用の毀損による損害を含みます。また，精神的損害は，精神的苦痛であり，それを慰謝するものが慰謝料と呼ばれるものです。つまり，他人の生命を侵害した場合に，被害者の親族には財産的損害がない場合でも，慰謝料請求が認められているのです（民法711条）。

　胎児は，被害者の子に該当しそうです。しかし，権利の帰属主体となりうるためには，出生していなければなりません（民法1条の3）。ところが，民法721条は，胎児も権利能力を有する場合があることを規定しています。

　ところがところが，胎児である間はこの損害賠償請求権を行使することを認めたものではない，と一般的に解されているのです。そして，胎児には法定代理人もいないと解されています。つまり，胎児の権利能力は，出生を停止条件として発生するものと解されているからです。停止条件に対して解除条件というものがあります。これらの条件がどういうものかといいますと，東洋大学法学部に入学

すれば100万円やろうという場合には、入学すれば、というのが停止条件（100万円贈与の効力を発生させる条件）です。つまり、100万円はそれまでおあずけということになります。それに対して、留年すれば毎月の仕送りを止めるという場合には、留年すれば、というのが解除条件（仕送りを消滅させる条件）なのです。結局、胎児であるあいだは、権利行使をすることができず、出生してはじめて、損害賠償請求権を発生させる事故があった時点に遡って損害賠償を請求できることになります。たとえば、損害額が100万円だとしますと、100万円と事故の日から支払いまで法定利率の年5分（民法404条）による利息を請求できることになるわけです。

3 胎児の権利能力

胎児の権利能力に関する判例である大判昭和7・10・6（損害賠償請求事件、上告棄却。民集11巻20号2023頁*）を紹介しましょう。

大正14年4月　　　　結婚式後、A男とX₁女が同棲開始、妊娠
大正15年3月15日　Aが電車事故にあい、17日に事故が原因で死亡
　同　　年3月20日　訴外Bは、Aの父母とその他の親族およびX₁からAの死亡による損害賠償請求に関して権限を授与されて、Y電鉄会社から1000円を受領し、Y電鉄会社に対して以後なんらの請求をしない旨の和解契約を締結
　同　　年4月17日　X₁が、Aの子X₂男を出産。そして、X₁の私生子として出生届け提出。

しかし、その後、X₁は事実上妻として扶養を受けるべき地位にあったのに扶養を受けられず、X₂は嫡出子としてAの養育を受けられず、かつ、一生私生子として苦痛をこうむる、として、Y電鉄

第5話　妊婦の悩み——胎児の権利能力

会社に対して損害賠償請求訴訟を提起しました。

大審院は、まずX_1の請求については和解契約によって消滅したものとして否定的に判断しています。そして、X_2の請求については、

「X_2ハ右Ｂカ被上告人ト和解ノ交渉ヲ為シタル際未タ出生セスX_1ノ胎内ニ在リタルモノニシテ民法ハ胎児ハ損害賠償請求権ニ付キ既ニ生レタルモノト看做シタルモ右ハ胎児カ不法行為ノアリタル後生キテ生レタル場合ニ不法行為ニ因ル損害賠償請求権ノ取得ニ付キテハ出生ノ時ニ遡リテ権利能力アリタルモノト看做サルヘシト云フニ止マリ胎児ニ対シ此ノ請求権ヲ出生前ニ於テ処分シ得ヘキ能力ヲ与ヘントスルノ主旨ニアラサルノミナラス仮令此ノ如キ能力ヲ有シタルモノトスルモ我民法上出生以前ニ其ノ処分行為ヲ代行スヘキ機関ニ関スル規定ナキヲ以テ前示Ｂノ交渉ハ之ヲ以テX_2ヲ代理シテ為シタル有効ナル処分ト認ムルニ由ナク又仮ニ原判決ノ趣旨ニシテＢカ親族ノX_1等ヲ代理シ又ハ自ラ将来出生スヘキX_2ノ為ニ叙上ノ和解契約ヲ為シタルコトヲ認メタルニアリト解スルモ被上告人ハX_2ノ出生後同人ノ為ニＢカ為シタル処置ニ付キX_2ニ於テ契約ノ利益ヲ享受スル意思ノ表示セラレタル事実ヲ主張セス原審モ亦此ノ如キ事実ヲ認定セサリシモノナルヲ以テＢノ為シタル前記和解契約ハ上告人X_2ニ対シテハ何等ノ効力ナキモノト云ハサルヘカラス仍テ上告人X_2カＡノ死亡ニ因リ損害賠償請求権ヲ取得シ得ヘキ地位ニ在リタルヤ否ニ付キ審究スルニ上告人X_1ハＡノ内縁ノ妻ニシテ且Ａハ本件事故ニ因リ死亡シX_2ヲ私生子トシテ認知シタルモノニアラサレハX_2ハ遂ニＡノ子トシテノ地位ヲ取得スルニ由ナカリシ者ナルヲ以テ同人ノ身分ハ民法第711条列挙ノ何レノ場合ニモ該当セサルカ故ニ同条ニ基ク上告人X_2ノ慰藉料請求ハ之ヲ是認シ得サルモノナリト雖上告人ノ主張スル如クX_1ニシテ果シテＡノ内縁ノ妻トシテ同人ト同棲シタル者ニシテ上告人X_2ハ其ノ間ニ生マレタル者ナリトセハX_2ハ少クモＡノ収入ニ依リ生計ヲ維持スルヲ得可カリシ者ニシテX_2ハＡノ死亡ニ因リ如上ノ利益ヲ喪失シタルモノト

3 胎児の権利能力

云フヲ得可シ而シテ民法第709条ニ依ル損害賠償ハ厳密ナル意味ニ於テハ権利ト云フヲ得サルモ法律上保護セラルヘキ利益ニ該ルモノノ侵害アリ其ノ侵害ニ対シ不法行為ニ基ク救済ヲ与フルヲ正当トスヘキ場合ニ於テハ之ヲ請求スルヲ得ルモノニシテ（大正14年11月28日言渡当院同年（オ）第625号判決参照）X_2 カ A ノ生存ニ因リ有シタル右利益ハ民法第709条ニ依リ保護ヲ受ク可キ利益ナリト認ムルヲ相当トスルノミナラス他人ヲ侵害シタル場合ニ於テ其ノ者ニ妻子或ハ之ト同視スヘキ関係ニ在ル者ノ存シ如上行為ノ結果之等ノ者ノ利益ヲ侵害スヘキコトアルハ当然之ヲ予想スヘキモノナルヲ以テ本件ニ於テ被上告人ハ其ノ被用者カAヲ傷害シタルカ為上告人X_2 ノ利益ヲ侵害シタルニ因リ上告人ノ被ル可キ損害ヲ賠償スヘキ義務アルコト多言ヲ要セスシテ明ナルカ故ニ若被上告人ニシテAノ死亡ニ付キ其ノ責ヲ負フ可キモノトセハ原審カ少クトモ財産上ノ利益ノ損失ニ関スル上告人X_2 ノ請求ハ之ヲ容認ス可カリシモノト謂ハサル可カラス然ラハ原審カ上告人X_1 ノ請求竝慰藉料3000円ニ対スルX_2 ノ請求ヲ排斥シタルハ正当ニシテ右説示ニ反スル上告人ノ所論ハ之ヲ採用スヘカラサルモノナリト雖原審カ上告人X_2 ノ 2,635円34銭ノ請求ヲ棄却シタルハ失当タルヲ免レサルヲ以テ原判決ハ此ノ部分ニ付キ破毀セラル可キモノトス」

と判示し，和解の効力を認めず，未認知の子は民法711条の近親者に該当しないので慰謝料請求は認められないが，扶養料相当の損害は認められる（民法709条），と解したのです。本件事故当時は，死後認知の制度はなかったので（「第3話」参照），X_2 はAの子供とは認められず，民法711条による救済は否定せざるをえなかったゆえに，大審院は民法709条による救済を認めようとしたようです。なお，台湾青年独立連盟所属の中国人に対する退去強制についての判決である東京地判昭和44・11・8（損害賠償請求訴訟事件，請求認容・控訴。判時573号26頁*）は，内縁の妻および未認知の子から，その夫（父）に対する生命侵害以外の不法行為による慰謝料請求を認め

ましたが，東京高判昭和46・3・30（損害賠償請求控訴事件，取消自判（請求棄却）・上告。判時624号3頁*）によって取り消されました。

4 停止条件説

ところで，胎児の権利能力については，大審院は，停止条件説を採用しており，胎児中には権利行使ができず（法定代理人の規定もない），出生してはじめて権利能力を取得する，と解しています。しかし，このように解しますと，胎児の権利保護には大いに欠けるところがあります。民法721条の規定が画餅と同じになりうるのです。損害賠償請求なのですから，加害者が任意に請求に応じなければ，強制執行ができるはずです。ところが，将来強制執行が事実上できず，救済を得られないことがありえます。加害者が自己の財産を処分したりして所有財産がなくなれば，事実上強制執行ができません。差し押さえるものがないからです。このような事態を想定して，民事保全法は，仮差押えの制度を設けているのです（民保20条。三谷編・誘い209頁以下〔佐藤優希〕，三谷・民執講義239頁以下参照）。

また，唯一の証人の余命がいくばくもないような場合には，後日訴訟を起こして証人尋問しようにも，その時点で死亡しておれば尋問ができません。そのような場合のために証拠保全の制度があります（民訴234条。三谷・民訴講義2版18頁以下）が，それも利用できません。

さらに，私には将来の給付の訴え（民訴135条）が可能であるとは思えませんが，それが可能であるとの説（遠藤ほか編・民法1（4版）37頁〔篠原弘志〕）によっても，法定代理人の問題を解決しなければ訴えの提起ができません。将来の給付の訴えの代表的な判例で

④ 停止条件説

ある大阪国際空港公害訴訟の最大判昭和 56・12・16（大阪国際空港夜間飛行禁止等請求事件，一部破棄自判（訴え却下）・一部破棄自判（取消自判（請求棄却））・一部破棄自判（取消自判（訴え却下））・一部破棄差戻・一部上告棄却（反対意見，補足意見，意見がある）。民集 35 巻 10 号 1369 頁*）の多数意見は，

> 「民訴法 226 条〔=現行民訴 135 条〕はあらかじめ請求する必要があることを条件として将来の給付の訴えを許容しているが，同条は，およそ将来に生ずる可能性のある給付請求権のすべてについて前記の要件のもとに将来の給付の訴えを認めたものではなく，主として，いわゆる期限付請求権や条件付請求権のように，既に権利発生の基礎をなす事実上及び法律上の関係が存在し，ただ，これに基づく具体的な給付義務の成立が将来における一定の時期の到来や債権者において立証を必要としないか又は容易に立証しうる別の一定の事実の発生にかかつているにすぎず，将来具体的な給付義務が成立したときに改めて訴訟により右請求権成立のすべての要件の存在を立証することを必要としないと考えられるようなものについて，例外として将来の給付の訴えによる請求を可能ならしめたにすぎないものと解される。このような規定の趣旨に照らすと，継続的不法行為に基づき将来発生すべき損害賠償請求権についても，例えば不動産の不法占有者に対して明渡義務の履行完了までの賃料相当額の損害金の支払を訴求する場合のように，右請求権の基礎となるべき事実関係及び法律関係が既に存在し，その継続が予測されるとともに，右請求権の成否及びその内容につき債務者に有利な影響を生ずるような将来における事情の変動としては，債務者による占有の廃止，新たな占有権原の取得等のあらかじめ明確に予測しうる事由に限られ，しかもこれについては請求異議の訴えによりその発生を証明してのみ執行を阻止しうるという負担を債務者に課しても格別不当とはいえない点において前記の期限付債権等と同視しうるような場合には，これにつき将来の給付の訴えを許しても格別支障があるとはいえない。しかし，たとえ同一態様の行為が将来も継続されることが予測

第5話 妊婦の悩み——胎児の権利能力

される場合であつても，それが現在と同様に不法行為を構成するか否か及び賠償すべき損害の範囲いかん等が流動性をもつ今後の複雑な事実関係の展開とそれらに対する法的評価に左右されるなど，損害賠償請求権の成否及びその額をあらかじめ一義的に明確に認定することができず，具体的に請求権が成立したとされる時点においてはじめてこれを認定することができるとともに，その場合における権利の成立要件の具備については当然に債権者においてこれを立証すべく，事情の変動を専ら債務者の立証すべき新たな権利成立阻却事由の発生としてとらえてその負担を債務者に課するのは不当であると考えられるようなものについては，前記の不動産の継続的不法占有の場合とはとうてい同一に論ずることはできず，かかる将来の損害賠償請求権については，冒頭に説示したとおり，本来例外的にのみ認められる将来の給付の訴えにおける請求権としての適格を有するものとすることはできないと解するのが相当である。

　本件についてこれをみるのに，将来の侵害行為が違法性を帯びるか否か及びこれによつて被上告人らの受けるべき損害の有無，程度は，被上告人ら空港周辺住民につき発生する被害を防止，軽減するため今後上告人により実施される諸方策の内容，実施状況，被上告人らのそれぞれにつき生ずべき種々の生活事情の変動等の複雑多様な因子によつて左右されるべき性質のものであり，しかも，これらの損害は，利益衡量上被害者において受忍すべきものとされる限度を超える場合にのみ賠償の対象となるものと解されるのであるから，明確な具体的基準によつて賠償されるべき損害の変動状況を把握することは困難といわなければならないのであつて，このような損害賠償請求権は，それが具体的に成立したとされる時点の事実関係に基づきその成立の有無及び内容を判断すべく，かつまた，その成立要件の具備については請求者においてその立証の責任を負うべき性質のものといわざるをえないのである。したがつて，別紙当事者目録記載の番号1ないし239の被上告人ら（原判決別紙二の第一ないし第四表記載の被上告人らないしその訴訟承継人ら）の損害賠償請求のうち原審口頭弁論終結後に生ずべき損害（この損害の賠償の請

4 停止条件説

求に関する弁護士費用を含む。）の賠償を求める部分は，権利保護の要件を欠くものというべきであつて，原判決が右口頭弁論終結ののちであることが記録上明らかな昭和50年6月1日以降についての上記被上告人らの損害賠償請求を認容したのは，訴訟要件に関する法令の解釈を誤つたものであり，右違法が判決に影響を及ぼすものであることは明らかである。それゆえ，論旨は理由があり，その余の論旨について判断するまでもなく，原判決中右将来の損害の賠償請求を認容した部分は破棄を免れず，第一審判決中右認容された請求に関する部分はこれを取り消して本訴請求中右請求にかかる訴えを却下すべきである。」

と判示しています。

このように，停止条件説は胎児の救済にはほど遠い印象を受けますが，みなさんどうでしょうか。なお，胎児の法定代理人ですが，胎児の認知には母親の承諾を要求している民法783条1項の規定を参考にすると，母親を法定代理人として取り扱うことが可能でしょうし，法定代理人がない場合の特別代理人の規定（民訴35条）の類推適用も考えてよいようにも思われます。もっとも，わが国でも代理母が出現していますので，代理母の胎児の場合にはどうなるのか，という新たな問題が発生しています（2001年5月19日朝日新聞東京本社第14版1面「「代理母」国内で出産　東日本の産婦人科　姉妹間，要望受け　厚労省は禁止方針　ほかにも試み」，2001年6月1日朝日新聞(夕刊)東京本社第4版2面「代理母法規制　前倒しの意向　坂口厚労相」，2001年8月14日朝日新聞(夕刊)東京本社第4版14面「代理母に「双子ならいらぬ」依頼の米夫婦連絡絶つ」，2001年8月16日朝日新聞東京本社第14版26面第2社会面「代理母双子に960万円」）。

なお，最判昭和37・4・27（親子関係存在確認請求事件，上告棄却。民集16巻7号1247頁*）は，

「なお，附言するに，母とその非嫡出子との間の親子関係は，原則として，母の認知を俟たず，分娩の事実により当然発生すると解

するのが相当であるから，被上告人が上告人を認知した事実を確定することなく，その分娩の事実を認定したのみで，その間に親子関係の存在を認めた原判決は正当である。」

と判示していることにも注意をする必要があります。すなわち，分娩により当然に母子関係があることになりますので，代理母が法律上の母になりかねないからです。もちろん，近い将来には，法改正がなされるかもしれません。これに対して，父親については，認知によってはじめて発生するものであり，非嫡出子は，認知によらないで父子関係存在確認の訴えを提起することはできないとされています（最判平成2・7・19家月43巻4号33頁*）。代理母の関係では，「生殖医療に同意の夫，血縁なくても「父」法務省方針」(asahi.com 2003.06.19)，「向井亜紀さん，代理出産で訴え」(mainichi.co.jp 2003.10.04)，「米国で「代理出産」の子，出生届受理せず　法務省」(asahi.com 2003.10.23)，「代理出産児に日本国籍　法務省「胎児中に認知」と新解釈」(asahi.com 2003.11.11)のような報道がありました。

でも1つだけ，いい方法がありそうですが，どうでしょうか。それというのは，胎児のために，つまり，第三者のためにする契約を加害者と母親とですることです（民法537条）。

ただ，これをしても，胎児の損害賠償請求権を放棄するとかではありませんので，加害者側にとっては，胎児が生まれたのちに本人からやはり損害賠償を請求される危険がつきまとうことになります。

第6話

上司にセクハラを受けて会社を止めざるをえなくなった——新入社員の悩み

使用者責任

1 はじめに

 いつの世でも，自己の地位を利用して人を悩ませる手合いがいるものです。そこで，ここでは，最近よく見かけるセクハラ事件を話題にしてみましょう。たとえば，こんなものもセクハラというか，女性差別の一種です。新人が入ってくると，まずは歓迎コンパなり懇親会を。新人が女性であると，必ず嬉しそうに鼻の下をのばす奴がいるものです。ある新人歓迎会での話し。女性と男性が新入りとして歓迎されました。しかし，ある男，その女性だけに向かって猫なで声みたいな声をだして，「……ちゃん，こっちこっち！」だってさ。呼ばれた女性，すぐに飛んでいく。同じ部署だから気を使ってか。この男，喜んで酒を注がせて話していたが，またある女性。この女性も呼ばれた口であるが，「先に失礼させていただきます」と，ちゃぁんと職場の先輩に挨拶をしたにもかかわらず，一度は呼びながら，先に帰ると分かると，掌（てのひら）をかえしたように，「さっさと帰れ！」だってさ。こんな手合いとは，お友達になりたくないですね。でも，どこにでもいますね，そういうのは。大学教授である，と偉そうに自慢げに話す，そう，まさにそんな大学教授にも。

第6話 新入社員の悩み――使用者責任

2 アカデミック・ハラスメント

　1999年5月25日の各新聞で，セクハラに対する過去最高の賠償額750万円を命じた判決のことが報道されています。その張本人はというと，東北大学大学院国際文化研究科の40代の助教授です。立派な国立大学の助教授であり，国家公務員です。被害者は20代の元助手で，修士課程在学中の修士論文指導に関連しての性的嫌がらせでした。この助教授，控訴はしたものの，2000年1月7日，懲戒免職処分となることが決まったようです（2000年1月8日朝日新聞東京本社第14版33面第3社会面）。さらに控訴審では，控訴審の弁護士費用も含めて，2000年10月7日に，900万円の支払いを命じられています。

　ついでにといってはなんですが，最近の大学教員のセクハラ関係の新聞報道を紹介しておきましょう。教育現場での嫌がらせを，アカデミック・ハラスメント（academic harassment）略してアカハラといいます。ストーカー法政大学教授に対する損害賠償請求一部認容判決（2001年4月20日朝日新聞東京本社第14版38面第2社会面「学生にストーカー　250万円賠償　元教授に命令」），京大文学部教授セクハラで懲戒処分（2001年6月20日朝日新聞東京本社第14版34面第2社会面「京大教授　言葉でセクハラ　停職処分3カ月「断ると研究者の将来ないぞ」」），千葉大学医学部セクハラ教授に対する損害賠償請求訴訟判決（2001年7月31日朝日新聞東京本社第13版37面第3社会面「千葉大医学部セクハラ　元指導教官に慰謝料命じる」），高知大学教授セクハラで懲戒免職処分（2001年8月23日朝日新聞東京本社第14版34面第2社会面「教え子にセクハラ　高知大教授を懲戒免職処分」），日大教授セクハラ訴訟一部認容判決（2001年12月1日朝日新聞東京本社第14版37面第3社会面「わいせつ認定180万円支払え　日大と教授に判決」），セクハラ防止のガイドラインづくりに携わった

2 アカデミック・ハラスメント

金城学院大学現代文化学部教授諭旨免職処分（2001年12月27日朝日新聞東京本社第14版30面第2社会面「セクハラ教授諭旨免」），コンパで「王様ゲーム」をして，いやがる女子学生にキスをするなどした一橋大学教授（40代）減給10分の1（3か月），そして，同じコンパで女子学生と抱き合い，別のコンパではカーディガンを脱がせていた30代の一橋大学助教授戒告処分（2002年7月19日金曜日朝日新聞東京本社第14版35面社会面「一橋大教授らが学生にセクハラ2人，減給など処分」），大学外で女子学生の体に触ったり性的関係を強要したりした40代の愛媛大学教授懲戒免職処分（2002年7月20日土曜日朝日新聞東京本社第14版37面第3社会面「学生にセクハラ教授を懲戒免職　愛媛大」），1対1の食事に誘って食後の散歩中にキスをした50代の東京芸術大学音楽学部助教授減給10分の1（3か月）の懲戒処分（2002年7月23日火曜日朝日新聞東京本社第14版29面第3社会面「セクハラ助教授，減給」）などです。

ところで，セクハラとは，sexual harassment のことです。アメリカで，セクハラも問題となった映画に1994年作の「ディスクロージャー（Disclosure）」がありました。筋肉マンではなく，筋肉ウーマンのデミ・ムーア（Demi Moore）さんがでていました。ところが，これは，上司役のムーアさんが部下の男性に対してセクハラをしながら，部下にセクハラされたとして部下を訴えたものです。ビデオもDVDもでていますよ。ところで，ムーアさんは，1962年11月11日，アメリカ・ニューメキシコ州ロズウェル生まれ，「ダイ・ハード（Die Hard）」シリーズで有名な俳優のブルース・ウィリス（Bruce Willis）さんと1987年に結婚し3人の子供をもうけましたが，1998年に離婚しています。

第 6 話　新入社員の悩み──使用者責任

3　セクシャルハラスメントに対する指針

　1998 年に男女雇用均等法（正確な法律名は，「雇用の分野における男女の均等な機会及び待遇の確保等に関する法律」（昭和 47 年法律第 113 号）。以下，男女雇用均等法と略します）の関係で，「事業主が職場における性的な言動に起因する問題に関して雇用管理上配慮すべき事項についての指針」（平成 10 年労働省告示第 20 号）が発表されました。しかし，おかしなものです。何がって，これらで保護の対象とされているのは，女性労働者のみなのです（ただし，改正予定です）。男性労働者は被害を受けないのか。今の世の中，男が上で女が下と考えること自体が未だに男尊女卑の思想から抜けきれていないことを示しているでしょう。前述の映画を知ってか知らずか，まさに独断と偏見にみちた指針であり，女性を未だに庇護されるべき存在としかみていないのです。ちなみに，前述のムーアさんは，1997 年の「G.I.ジェーン（G.I. Jane）」では，男性偵察部隊員との性の違いを越えた信頼関係を築いていく米海軍大尉を演じています。
　まず，男女雇用均等法 21 条 1 項自体が，

> 「事業主は，職場において行われる性的な言動に対するその雇用する女性労働者の対応により当該女性労働者がその労働条件につき不利益を受け，又は当該性的な言動により当該女性労働者の就業環境が害されることのないよう雇用管理上必要な配慮をしなければならない。」

と女性労働者のみを対象としており，それを受けて作成された指針ですから，当然といえば当然ですが，前述の指針の「はじめに」の部分では，

> 「雇用の分野における男女の均等な機会及び待遇の確保を図るためには，職場において行われる性的な言動に対する女性労働者の対応により当該女性労働者がその労働条件につき不利益を受け，又は

3 セクシャルハラスメントに対する指針

当該性的な言動により女性労働者の就業環境が害されること(以下「職場におけるセクシュアルハラスメント」という。)がないようにすることが必要である。」

と記述しており、やはり、女性労働者のみが被害対象とされているにすぎません。加害者側は、男女雇用均等法21条1項の主語が「事業主」といっているにすぎませんので、文理解釈上は男でも女でもありえます。その指針では、職場におけるセクシュアルハラスメントの内容について、

「(1) 職場におけるセクシュアルハラスメントには、職場において行われる性的な言動に対する女性労働者の対応により当該女性労働者がその労働条件につき不利益を受けるもの(以下「対価型セクシュアルハラスメント」という。)と、当該性的な言動により女性労働者の就業環境が害されるもの(以下「環境型セクシュアルハラスメント」という。)がある。

(2) 「職場」とは、事業主が雇用する労働者が業務を遂行する場所を指し、当該労働者が通常就業している場所以外の場所であっても、当該労働者が業務を遂行する場所については、「職場」に含まれる。例えば、取引先の事務所、取引先と打合せをするための飲食店、顧客の自宅等であっても、当該労働者が業務を遂行する場所であればこれに該当する。

(3) 「性的な言動」とは、性的な内容の発言及び性的な行動を指し、この「性的な内容の発言」には、性的な事実関係を尋ねること、性的な内容の情報を意図的に流布すること等が、「性的な行動」には、性的な関係を強要すること、必要なく身体に触ること、わいせつな図画を配布すること等が、それぞれ含まれる。

(4) 「対価型セクシュアルハラスメント」とは、職場において行われる女性労働者の意に反する性的な言動に対する女性労働者の対応により、当該女性労働者が解雇、降格、減給等の不利益を受けることであって、その状況は多様であるが、典型的な例として、次のようなものがある。

① 事務所内において事業主が女性労働者に対して性的な関係を要求したが，拒否されたため，当該女性労働者を解雇すること。
② 出張中の車中において上司が女性労働者の腰，胸等に触ったが，抵抗されたため，当該女性労働者について不利益な配置転換をすること。
③ 営業所内において事業主が日頃から女性労働者に係る性的な事柄について公然と発言していたが，抗議されたため，当該女性労働者を降格すること。
(5) 「環境型セクシュアルハラスメント」とは，職場において行われる女性労働者の意に反する性的な言動により女性労働者の就業環境が不快なものとなったため，能力の発揮に重大な悪影響が生じる等当該女性労働者が就業する上で看過できない程度の支障が生じることであって，その状況は多様であるが，典型的な例として，次のようなものがある。
① 事務所内において事業主が女性労働者の腰，胸等に度々触ったため，当該女性労働者が苦痛に感じてその就業意欲が低下していること。
② 同僚が取引先において女性労働者に係る性的な内容の情報を意図的かつ継続的に流布したため，当該女性労働者が苦痛に感じて仕事が手につかないこと。
③ 女性労働者が抗議をしているにもかかわらず，事務所内にヌードポスターを掲示しているため，当該女性労働者が苦痛に感じて業務に専念できないこと。」
と規定しています（厚生労働省のホームページ（http://www.mhlw.go.jp/）のなかの「厚生労働省のあらまし　主な制度紹介」「雇用均等・児童家庭局　雇用における男女の均等な機会と待遇の確保のために」〔accessed on February 22, 2003〕）。

4 使用者の責任

 職場に関連してのことですので、加害者が従業員であれば、使用者責任（民法715条）も問題となって、会社も責任を負わされることにもなります。前述の日大教授セクハラ訴訟一部認容判決では、日本大学の使用者責任も肯定されています。

 そして、加害者が代表者であれば、法人の不法行為責任が生じることになります（商法261条3項・78条2項で民法44条1項が準用されています）。

5 最初のセクハラ訴訟判決

 ところで、男性が被害者になった場合は保護されないのでしょうか。男女雇用均等法でも前述の指針でも女性労働者のみを前提としていますので、男性労働者は救済されないように思われるかもしれません。しかし、前述の法改正や指針ができる前でも女性労働者はセクハラに対する救済を得ていたのですから、規定上は男性労働者のことに触れていないとしても、救済されるはずです。不法行為関係の適用法規については前述しましたが、それでは労働者にはどういう権利があり事業主らにはどういう義務があるのか、1つ判例をみてみましょう。

 最初の本格的なセクハラ訴訟判決である福岡地判平成4・4・16（損害賠償請求事件、一部認容・一部棄却・確定。判時1426号49頁*）では、直接のセクハラ加害者は男性編集長で、被害者はその部下の女性です（いわゆる対価型ではなく、環境型セクハラの事案）。部下が不倫をしている、実体験を踏まえたポルノ小説を書いたなどといった編集長の言動に関して、

　　「原告の人格を損なってその感情を害し、原告にとって働きやす

第6話　新入社員の悩み——使用者責任

　　い職場環境のなかで働く利益を害するものであるから，同被告は原
　　告に対して民法709条の不法行為責任を負うものと解する」

と判示しており，原告には人格権があり，働きやすい職場環境のな
かで働く利益があるとしています。そして，編集長の行為は会社の
事業の執行について行なわれたものとして使用者責任も認めたので
す。また，使用者の義務として，

　　「使用者は，被用者との関係において社会通念上伴う義務とし
　　て，被用者が労務に服する過程で生命及び健康を害しないよう職場
　　環境等につき配慮すべき注意義務を負うが，そのほかにも，労務遂
　　行に関連して被用者の人格的尊厳を侵しその労務提供に重大な支障
　　を来す事由が発生することを防ぎ，又はこれに適切に対処して，職
　　場が被用者にとって働きやすい環境を保つよう配慮する注意義務も
　　ある」

と判示しています。この義務違反については，債務不履行責任（現
に本件では，民法415条に基づく損害賠償請求を予備的請求として主張
していました）を認めることも考えられますが，本件では，不法行
為の使用者責任を認めています。この事件では，367万円（慰謝料
300万円，弁護士費用67万円）の請求に対して165万円（慰謝料150
万円，弁護士費用15万円）の一部認容判決が言い渡されました。

　この判決理由で述べられていることは，別に女性労働者に対する
ものに限られないでしょうから，安心せよ，男性労働者よ。男女雇
用均等法や指針で明記されていなくとも，この判例と同じ理由づけ
によって救済されるはずです。もっとも，福岡セクハラ訴訟は女性
労働者が被害者の事案で，男性労働者を被害者とする事案とは異な
りますので，「所論引用の判例は，事案を異にし，本件に適切でな
い」なんてやられたら，目もあてらせませんが。

　ところでみなさん，すでにアメリカの連邦最高裁判所では，男性
同性愛者によるセクハラも肯定されているんです（中窪裕也「アメ

リカにおけるセクシュアル・ハラスメント法理の新展開？使用者の責任に関する連邦最高裁判決の意義」ジュリ1147号10頁以下参照）。しかも，性同一性障害（2002年3月29日金曜日朝日新聞東京本社第13版37面第3社会面「女性競艇選手，晴れて「男」に　千夏→大将に　登録名を変更　性同一性障害公表し再出発」）も認知される時代なのです。ただし，日本の最高裁は，性同一性障害者の戸籍の性別変更を認めないことは憲法違反ではないとしています（2003.06.02　00：10 mainichi.co.jp「性同一性障害　戸籍の性別の訂正認めず　最高裁」）。もっとも，性同一性障害（gender identity disorder）による戸籍訂正を認める法案が国会に提出され（2003年6月10日朝日新聞（夕刊）東京本社第4版1面「性同一性障害，戸籍の性変更　自民了承，法案提出へ」），2003年7月10日に「性同一性障害者の性別の取扱いの特例に関する法律案」が可決・成立するに至りました（2003年7月11日朝日新聞東京本社第14版38面第2社会面「戸籍上の性別を心の性に変更可　性同一性障害法成立」）。同法は，2003年7月16日水曜日官報（号外第162号）で公布されました。施行日は，2004年（平成16年）7月16日です。

6　配達証明付き内容証明郵便

　いずれにせよ，泣き寝入りはよそう，ということで，ちょっと会社との交渉の仕方について参考までに以下に示しておきましょう。会社の上層部にも現実を知らせるためです。加害者の昇格を阻止し，その上司である部長（取締役）も監督不行届きで左遷させられるかもしれません。

　しかし，ここで1つ注意をしておく必要があります。腹立ちまぎれに手紙を出したりすると，逆に思わぬ痛手を被ることにもなりかねないのです。手紙を書くということは，証拠を残すということで

第6話 新入社員の悩み——使用者責任

もあるわけです。もちろん，相手方が何をしてきたか，ということを自己確認しながら書くわけですが，手紙の内容・表現しだいでは，たとえこちらに正当な権利があるとしても，逆にこちらが恐喝罪に問われたりすることになるのです。テレビでも，よくそういうドラマがあるでしょ。表現には，くれぐれも注意しなければならないのです。自信がなければ，弁護士あるいは司法書士に頼んでもよいでしょう。しかし，信頼できる人を通して紹介してもらいましょう。教え子にセクハラをする大学教授を支持する信用のできない大学教授もおれば，資格試験を通っただけで，人格ともすぐれた人物がどこにでもいるわけではありませんので。

たいていは紛争になれば内容証明郵便が問題となります。内容証明郵便については，郵便規則109条以下が定めています。郵便規則は，総務省のホームページ（http://www.soumu.go.jp/）のなかの「共通情報」「所管法令」のところでみることができます〔accessed on February 22, 2003〕。

用紙はなんでもよいのですが，縦書きであれば，1行20字以内，1枚26行以内，横書きであれば，1行13字以内，1枚40行以内または1行26字以内，1枚20行以内という制限があり，同じものを3通作成する必要があるわけです。内容証明郵便は，文書の内容と差し出した日付けを証明してくれるだけです。だけです，というのは，ほかにも必要のあるものがある，ということを暗示しています。たとえ，この郵便物が郵送されても，相手方に確実に配達されたかどうかまでは証明するものではないんですね。そこで，一般的には，さらに配達証明付きで郵送を依頼することになるのです。これまた，費用はいりますが。なお，電子郵便とする郵便物にかかる内容証明の取扱いに関しては，「特定コンピュータ発信型電子郵便物に係る内容証明の取扱いに関する省令」（平成12年12月28日郵政省令第91号）の定めによります（郵便規則115条の2）。

なお，内容証明郵便物を郵便局で保管しておく保存期間は5年です（郵便規則114条の2）。

7　話し合い（裁判・和解）

さて，こうして会社に連絡して，会社側あるいは本人が接触してくれば，あとは話し合いというわけですが，相手方が1か月くらいしても応じてこなければ，裁判を覚悟しなければなりません。最悪の場合には，自分の名前も公表されることを覚悟して，報道機関を巻き込むことも最終的には考えざるをえません。

そして，相手方の顧問弁護士が接触してきたとしても，驚くことはありません。自分の意思はハッキリと表明すればよいのです。こういう場合，職場復帰は諦めているのですから，セクハラを認めるというのであれば，あとは慰謝料金額と謝罪をどうするかです。話合いでは，譲るべきは譲るべきであり，我を通すようなことはやめておきましょうね。たとえば，会社との和解ではなく，加害者個人との和解という形をとるようなことも考慮するべきですね。これは，もはや使用者責任ではありません。でも，解決方法の1つではあります。このほうが，相手方も応じやすいかもしれません。この場合の和解契約の当事者は，被害者と直接の加害行為者とであり，会社は当事者ではありません。会社も喜ぶでしょう。別に会社を喜ばせる必要はないわけですが，和解の1つの方法であります。謝罪も和解書面に記載することもよし，口頭での陳謝でもよし。顔も見たくなければ，顧問弁護士との交渉のみでけり。相手がセクハラを認めたからといって，欲張りは考えず，臨機応変に対応しましょう。それが和解というものです。

〔追記〕　男女共同参画社会基本法に関しては，内閣府のホームページ

(http://www.cao.go.jp/)のなかにある男女共同参画(http://www8.cao.go.jp/danjyo/index.html)を参照してください。

　従来の男女共同参画室は，2001年1月の省庁再編で，内閣府の男女共同参画局に格上げされ，男女共同参画審議会も4つの「重要政策会議」の1つとして「男女共同参画会議」に衣替えする予定(2000年12月12日朝日新聞東京本社4面経済面より)でしたが，そのようになっています。男女共同参画会議も，内閣府のホームページのなかにあり，その直接のアドレスは，http://www8.cao.go.jp/danjyo/danjo-kaigi/index.html です。2001年5月24日，副大臣会議で，全省庁に副大臣を本部長とする男女共同参画会議設置を決定しています(2001年5月24日朝日新聞(夕刊)東京本社第4版2面「男女参画会議，各省に」)。

第7話

ママにいわれて，彼女との婚約を破棄した
── マザコンの悩み

共同不法行為

1　判例（徳島地判昭和57・6・21）

ほんと世の中，乳離れしない子，子離れしない親がいるものです。こんどはそのような親子の顚末の話しです。さっそく判例に現われた事案を紹介しましょう。徳島地判昭和57・6・21（損害賠償請求事件，一部認容・一部棄却。判時1065号170頁）の事案です。

訴えられたのは，Y_1男と実母Y_2の2人です。Y_1男は，昭和51年に某大学を卒業してA株式会社に勤務していたが，母Y_2と2人暮らしでした。一方，X女は，昭和53年に某大学を卒業し，社会福祉法人Bに勤務していたところ，仲人の紹介で昭和55年1月13日に，Y_1男と見合いをして数回交際し，双方とも縁談に乗り気となり，同年2月3日に親兄弟列席のうえ正式の見合いをなし，同月27日には結納をかわして婚約しました。そして，その後は性的交渉，同棲はありませんでしたが，交際を重ねて将来の生活設計や新婚旅行などについて話し合い，同年5月5日に結婚式を行なうことになりました。

その間，Y_1男は，X女に対したびたびY方において食事の用意や掃除をするように求めたり，Y_1男の親族や知人に対してX女を結婚相手として紹介したり，同年4月19日には，X女の嫁入り道具として，Y_1男の勉強机が欲しいとして，翌日にX女とともに家具屋まででかけて，これを購入させました。さらに，同月27日に

は、Y_1男は、母Y_2とともに、X女に対してX女の嫁入り道具の内容明細を問うて説明を受けましたが、その際、予定されていなかったズボンプレッサーを購入持参するように指示し、テレビと自動車は、X女が予定していた小型テレビと普通乗用自動車ではなく、26インチ大型テレビと軽自動車を持参するよう求めたので、そのとおりにX女は購入しておきました。

そして、X女は、嫁入り道具やその他の衣類などを買い整え、Y_1男とともに結婚写真の前写しをなし、同年3月31日には勤務先を退職し、貸し衣裳の選定、新婚旅行のためのパスポートの申請、披露宴の順序、席順の決定、招待状の発送などをし、同年4月29日に道具入れすることが約束されました。

ところが、道具入れの日の前日である4月28日朝、仲人を通じて、Y_1男と母Y_2は理由を告げずに、電話1本で婚約破棄を告げ、そのままとなり、X女がY_1男および母Y_2を共同被告として本件損害賠償請求訴訟を提起したのです。被告が複数の通常共同訴訟です（民訴38条）。

このような事実関係で、まず、Y_1男に不法行為責任が肯定されました。すなわち、徳島地裁は、

> 「原告と被告太郎との間には単に将来において夫婦たらんとする合意が存したと言うにはとどまらず、その合意は婚約成立に基づく慣習上の儀式の他親戚、知人への紹介、結婚披露宴への招待状の発送などという一種の身分の公示行為をすら伴つて、各当事者に実質的、形式的な婚姻意思の成立したことを客観的に認めしめるに十分なものがあり、仮に同被告が実際には右婚姻を危惧し、次第に原告に対する愛情を喪失しつつあつたとしても、原告がこれを過失により察知しなかつたものとしても、或いは又原告と同被告との間に同棲、性的交際その他の事実婚類似の関係が何も存在しなかつたとしても、右の程度の婚約については、その不履行（破棄）自体が、通常、相手方のよつて取得した生活上の利益に対する不法行為を構成

1 判例（徳島地判昭和57・6・21）

すると解するのが相当である。」
と判示して、Y₁男の不法行為責任を認めたのです。これに対して、最判昭和38・12・20（婚姻予約不履行に基づく損害賠償請求事件，上告棄却。民集17巻12号1708頁*）は、婚約の成立にはある程度の客観性，公示性ある合意に限定するのが相当であるとの主張を排斥して、債務不履行責任を認め、

> 「原判決は、挙示の証拠により、「控訴人（被上告人）および被控訴人（上告人）は、いずれも田川郡川崎町に居住し、同じく田川高等学校に通学しているうちに相思相愛の仲となり、同校を卒業後昭和28年3月22日頃田川市西区所在松葉屋旅館において互に将来夫婦となることを約して肉体関係を結んだこと（両名共当時成年に達していた）、その後間もなく被控訴人は明治大学商学部夜間部に進学し、控訴人は田川郡川崎町の自宅にあつて、互に被控訴人が卒業し就職した暁に夫婦として一家を構える日の来るのを待望しながら日々を送り、その間に互に慕情を書綴つた文通を交していたので、控訴人はその後他から申込のあつた縁談も断り、一途に被控訴人に想を寄せ、被控訴人も亦休暇で川崎町に帰省するとその大半を控訴人方で過し、控訴人と情交を重ねていた。そして控訴人及び被控訴人の両親は、本人同志が互に将来婚姻の約束をしていることを知つており、被控訴人が大学卒業後就職すれば婚姻させてもよいとの考えで当事者間の右の関係を黙認していたし、近隣の者も亦控訴人と被控訴人が将来夫婦となるであろうことを噂していたのである。ところが被控訴人が昭和32年頃から東京において訴外米山公己と懇意になり、遂に同女と情交を結び、同女と右の関係を続けながら一方では控訴人に対し屢々米山との関係を生ずるに至つたことを詫びると共に学資の一部送金方を懇請した手紙を出していたので、事の真相を知らない控訴人としては、被控訴人と米山との関係を清算して貰い度いばかりに昭和32年夏頃から被控訴人が右大学を卒業する昭和33年頃まで数回に亘り合計金6万円を被控訴人宛送金したのである。しかるに被控訴人は、昭和33年3月大学を卒業するや

第7話 マザコンの悩み――共同不法行為

同年4月米山と結婚同棲し，控訴人に対し文通を断ち，被控訴人の住所を秘していた。一方，控訴人は被控訴人を諦めきれず，漸く一年後被控訴人の住所が判明したので昭和34年4月上京し，被控訴人に会つて被控訴人の愛情を取戻すべく申入れたが，被控訴人は遠曲にこれを断り，遂にその頃控訴人と夫婦となる意思のないことを明示した。」旨の事実を認定し，右認定事実により，「本件当事者は，当初肉体関係を結ぶに当つて，真面目に婚姻予約を締結していたことを認めることができる。」旨判示したものであつて，たとえ当時上告人は高等学校卒業直後であり，なお学業を継続しなければならない状態にあつたとしても，原判決の右判示は肯認できなくはないから，原判決に所論の経験則違反の違法があるということができない。そして，以上の事実関係の下においては，たとえ当事者間において結納を取交し，仮祝言の挙行等の事実がなくても，上告人において被上告人に対し，上告人の右婚姻予約不履行により被上告人の蒙つた精神上の苦痛による損害を賠償すべき義務があるとする原判決は相当であるから，原判決に所論の法令解釈適用の誤りはない。」

と判示しています。なお，明治憲法下においても，すでに大判昭和6・2・20（損害賠償請求事件，上告棄却。新聞3240号4頁*）は，結納の授受などの儀式がなくても婚約は成立することを認めており，

「所謂婚姻ノ予約ナルモノハ結納ノ取交セ其ノ他慣習上ノ儀式ヲ挙ケ因テ以テ男女間ニ将来婚姻ヲ為サンコトヲ約シタル場合ニ限定セラルヘキモノニ非スシテ男女カ誠心誠意ヲ以テ将来ニ夫婦タルヘキ予期ノ下ニ此ノ契約ヲ為シ全然此ノ契約ナキ自由ナル男女ト一種ノ身分上ノ差異ヲ生スルニ至リタルトキハ尚婚姻ノ予約アリト為スニ妨ケナキモノトス」

と判示しています。

ところで，同じ事実関係から債務不履行による損害賠償請求権と不法行為による損害賠償請求権とが発生するような場合を請求権競合といいます。請求権競合の場合には，裁判所がいずれの法的構成

1 判例（徳島地判昭和57・6・21）

をとるか分からないことが多いでしょう。たとえば、第一審が債務不履行責任を認め、控訴審が国家賠償責任を認めた事案もあります（東京高判平成7・2・28判タ890号226頁）。そこで、訴訟を提起する場合には、「不法行為または債務不履行に基づく損害賠償として……の支払いを求める」という選択的併合の形をとるか、主位的請求として不法行為による損害賠償を求め、これが認められなければ予備的請求として債務不履行による損害賠償を求めるという予備的請求の併合の形をとることになります。これらは従来から認められている訴訟の提起方法ですが、債務不履行と不法行為とでは、いろいろと実体法上違いがあります。すなわち、不法行為による損害賠償請求権については、相殺禁止（民法509条。不法行為債権を自働債権とし不法行為債権以外の債権を受働債権とする相殺は許されます（最判昭和42・11・30民集21巻9号2477頁*）が、双方の過失に基づく交通事故による物的損害に基づく損害賠償請求債権相互間の相殺も許されません（最判昭和49・6・28民集28巻5号666頁*））、裁量による過失相殺可能（民法722条2項）、消滅時効3年（民法724条）であり、弁護士費用は一定の範囲内で不法行為と相当因果関係のある損害と認められる（最判昭和44・2・27民集23巻2号441頁*）のに対して、債務不履行による損害賠償請求権については、相殺可能（民法509条）、必要的過失相殺（民法418条。最判昭和43・12・24民集22巻13号3454頁*によれば、この過失相殺は当事者の主張がなくても職権ですることができますが、債権者に過失があった事実は債務者が立証責任を負います）、消滅時効10年（民法167条1項）であり、民法419条により、とくにに金銭債務の不履行による損害賠償については、弁護士費用その他の取立費用を請求することはできない（最判昭和48・10・11判時723号44頁*）という大きな違いがあるため、選択的併合ではなく予備的請求の併合の形をとるべきである、という主張もあります（中村・新講義120頁以下、三谷・民訴講義2版207頁以下）。

2 被告の主張

さて、Y₁男および母Y₂は、原告X女には常識がなく、家庭的な躾ができておらず、ルーズで、責任感に乏しいことが婚約後に判明したのみならず、その体形が細すぎて劣等であって、Y₁男が次第にX女に対する愛情を喪失したことを婚約破棄の正当事由であると主張しましたが、これは、

> 「結納のとりかわしがなされた後も同被告による婚約破棄の意思表示がなされるまさにその前日まで、同被告の真意が如何ともあれ、嫁入道具として持参すべき物品に関する要求を提出したり、その他、……婚姻意思の成立していることを誰もが認めるであろうような態度で振る舞つた者が、相手方の性格一般をあげつらつたり、いわんやその容姿に関する不満をことあげしても、これをもつて婚約破棄の正当事由となし得るものとは到底解し得られない。それゆえ、被告らの右主張事実は、仮にそれが存在するものとしても、これによつて前掲不法行為の成立が阻却されるものとは解せられない。」

と厳しい口調で排斥されました。

3 共同不法行為

つぎに、母Y₂のY₁男との共同不法行為（民法719条）の関係です。

この関係で前述の判決が認定した事実は、以下のようです。

Y₁男は、結納をかわして交際中、X女が約束の時間に遅れることがあり、身なりにも概して無頓着・料理が上手ではないなどと不満を抱き、特にX女の体つきが細いことを気にして婚姻に次第に気が進まなくなったが、X女には告げず、母Y₂には打ち明けたうえ、なお決断するに至らず悶々としていました。

3 共同不法行為

　母Y_2は，同年3月下旬頃からすでにX女に好感を抱いておらず，X女の欠点をあれこれ指摘して婚姻反対の意思をY_1男に伝えていました。

　同年4月26日の夜，Y_1男と母Y_2は，自宅に親戚の者数名と仲人を集めて話し合い，親戚の者と仲人は被告の気持ち次第という態度をとり，Y_1男は，日程の切迫感に追われて非常に悩みながらも，やはり結婚するつもりである旨の決意を披瀝したが，母Y_2は強く反対し，Y_1男と母Y_2の間において見解の相違のあるまま話し合いは終了。

　翌日の4月27日，嫁入り道具の説明を受けた際，Y_1男と母Y_2は，X女に対して，料理が下手だとか，家庭の躾が悪いとか，体が細いとか代わるがわる苦情を呈したため，X女が泣き出したとき，それをみたY_1男は，これからは2人で力を合わせてやっていこうなどと言ってX女を慰め，割り切れない気持ちながらも5月5日の結婚式を中止する決断まではつかなかったのです。

　翌日の4月28日朝，仲人が不安を抱き，Y_1男に電話し，結婚することに変わりはないか，嫌なら今から断わってもよいと申し向けたところ，にわかに，今からでも断わることができるなら断わってほしい旨明言するにいたり，さらに，Y_1男と母Y_2は，仲人宅に出向いて，こもごも，本件婚約を解消したいからその旨をX女に伝えてくれるよう断言し，仲人は直ちに電話をしてその旨を伝えたのです。

　もっとも，婚約破棄後，6月ごろ，Y_1男は，X女との仲の取りなしを知人に依頼してX女より拒否されています。

　以上のような事実を認定して，

> 「右事実によると，被告らは結納交付後ともに本件婚姻につき消極的態度に変じたものであるところ，被告花枝の右態度が強硬であつたのに対し，被告太郎のそれは同花枝の働きかけを受けながらも

第7話 マザコンの悩み──共同不法行為

むしろ優柔不断なものであつて、婚約破棄の意思表示を敢てした当の4月28日朝に至るまでの間は結婚式を実際にとりやめるまでの決意には至つておらず、仮に被告花枝が同太郎に対し婚約の履行をすすめなかつたまでも、かくまで反対の意思を強調することがなかつたならば、同被告において、なおいくらかの逡巡を呈しつつも、本件婚約を破棄することなく婚姻していたものというべきである。かかる場合被告花枝の右各行為、すなわち被告太郎に対する婚姻反対の働きかけ、原告の欠点の指摘、4月28日の丙村〔仲人です──三谷〕への電話並びに被告太郎と同行したうえの婚約解消の依頼等の各行為は一体となつて被告太郎の婚約破棄の決意を誘発せしめ、右決意の形成に寄与したものというのが相当であり、ひつきょうこれらは被告太郎による婚約破棄と相当因果関係を有するものと解すべきである。

それ故被告らは共同不法行為者として原告に対し右婚約破棄によつて生じた損害について賠償の義務を負うものである。」

と判示して、共同不法行為を認めました。そして、その認定慰謝料額は400万円ですが、この点に関しましては、

「右のように、被告らは、原告と太郎との婚約を、その結婚式の直前、披露宴の招待状の発送も行なわれ、新婚旅行の準備もととのい、ともに婚礼写真の前写しも行ない、もとより原告において嫁入道具として持参すべき物品について被告ら自らあれこれと要求を呈してこれをのませていたのに、右の嫁入道具が運び込まれるまさにその前日において、かねて原告の容姿等について抱いていた不満感に抗しきれず、他人を介し、電話一本で断定的に破棄したものである。その又前夜には原告に対し、被告太郎が真意はいざ知らず、これからは二人で力を合わせてやつて行こうなどと言つて、婚姻に対する期待感を抱かせていた。その他前認定の各事実を考慮すると、両者の間に性的交渉がなかつたこと、婚約成立までの日数が短かかつたこと等に配慮しても、本件婚約破棄による原告の精神的損害を慰藉するためには400万円が相当であるから、被告らには右金員の

3 共同不法行為

支払義務がある。被告らは原告が婚約破棄後被告太郎の勤務先などで被告らの悪口をふれ回つた旨主張するが、これは被告らの不法行為後の事実であつて、本件慰藉料の額を定めるにつき斟酌すべき事実ではなく、被告らがこれを原因として別個の請求をしたものとも解せられない。」

と判示しています。なお、原告が被告Y_1男の勤務先などで被告らの悪口をふれ回ったことについては、X女による別の不法行為となり、少なくともY_1男に対しては、損害賠償責任を負わされることになる可能性があります。

さらに判決は、嫁入り道具の7割に相当する額を損害と認めていますが、この点については、なぜ7割なのか疑問が呈されています。しかも、その嫁入り道具は誰が所有することになるのかな。そうなんですよ、X女は、7割相当の損害金とともに道具も所有できるのです。その他、本件では、見合い関係費用（否定）、のし入れ費用（一部認容）、写真関係費用（一部認容）、道具見せと道具入れ関係費用（一部認容）、新婚旅行関係費用（一部認容）、祝儀返し費用（否定）、退職の際の手土産代（否定）、近親者に対する手土産代（一部認容）、買物のための交通費（否定）、嫁入り道具の保管料（否定）、勤務先退職による逸失利益（一部認容）なども請求していました。判決の別表にあります「購入物品等」によりますと、じつに180項目もあります。よくまあこれだけ関係費用を洗い出したものだなあ、という感じですが。よっぽど腹が立っていたのでしょう。

なお、原告X女がY_1男から結納100万円を受け取っていますが、この点については、

「本件婚約破棄については被告らに何等正当な事由がなかつたので、原告には右結納返還債務は発生していない。」

と判示しています（民法557条1項参照）。

本件以外でも、有責当事者に50万円の慰謝料の支払いを命じた

事例として，東京高判昭和48・4・26（慰謝料請求控訴事件，原判決一部取消自判（請求棄却）・一部控訴棄却・上告。判時706号29頁），200万円の慰謝料の支払いを命じた事例として，東京地判昭和44・10・6（損害賠償請求事件，一部認容・一部棄却。判時580号68頁）があります。

4 家制度存続

　戦後，家制度が廃止されたといっても，結婚式場では，あいもかわらず「……家，……家御披露宴会場」などと書かれ，祝辞などでも必ず「……家，……家のみなさんおめでとうございます。ばんざい！ばんざい！ばんざい！」ときますね。現役の裁判官でも平気でそう発言していますが，なんとなく，えっ！裁判官が？，という印象です。ああ憲法24条はどこへ行く，といいたくなります。

第8話

愛人に財産をみなやってしまえ
―― 残された家族の悩み

遺　言

1　遺言書の検認

　男でも女でも，ついかっとなって，思わぬことをしてしまうもの。こんどは，遺言に関して男がやりそうな意地悪な話しを。

　夫・父が死んだら遺言書がでてきた。しかし，その中身を見て驚いた。おい，ちょっと待て。発見した遺言書をかってに開封したんじゃないでしょうね。まずは，家庭裁判所に遺言書を提出して，その検認を封印のある遺言書であれば，これまた家庭裁判所で開封しなければならないのですよ（民法1004条3項）。

　そういうことです。家庭裁判所への提出をしないで遺言を執行したり，または，家庭裁判所以外で開封すると，行政罰として5万円以下の過料に処せられるのですよ（民法1005条）。

　そして，もしも，もしもですよ，遺言書を書き換えたり，破り捨てたり，隠してしまったりすると，たいへんなことになりますよ。相続人から廃除されてしまうことになるのです（民法891条5号）。

　なにごとも，焦りは禁物です。ただし，相続に関する不当な利益を目的としない遺言書の破棄隠匿行為は相続欠格事由に該当しないと解する最判平成9・1・28（相続権不存在確認等，所有権移転登記抹消登記手続請求事件，上告棄却。民集51巻1号184頁*）は，

　　　「相続人が相続に関する被相続人の遺言書を破棄又は隠匿した場合において，相続人の右行為が相続に関して不当な利益を目的とす

るものでなかったときは，右相続人は，民法891条5号所定の相続欠格者には当たらないものと解するのが相当である。けだし，同条五号の趣旨は遺言に関し著しく不当な干渉行為をした相続人に対して相続人となる資格を失わせるという民事上の制裁を課そうとするところにあるが（最高裁昭和55年(オ)第596号同56年4月3日第二小法廷判決・民集35巻3号431頁参照），遺言書の破棄又は隠匿行為が相続に関して不当な利益を目的とするものでなかったときは，これを遺言に関する著しく不当な干渉行為ということはできず，このような行為をした者に相続人となる資格を失わせるという厳しい制裁を課することは，同条5号の趣旨に沿わないからである。」
と判示しています。

② 遺言の種類

それでは，遺言の種類から。大きくわけて，2つあり，それぞれ以下のようなものがあります。

普通方式の遺言
　自筆証書遺言（民法968条）
　公正証書遺言（民法969条・969条の2）
　秘密証書遺言（民法970条・972条）
特別方式の遺言
　死亡危急時の遺言（民法976条）
　伝染病隔離者の遺言（民法977条）
　在船者の遺言（民法978条）
　船舶遭難時の遺言（民法979条）

なお，成年被後見人の遺言については，民法973条参照。

③ 自筆証書遺言

　ここでは，普通方式の遺言について説明します。まずは自筆証書遺言から。自筆証書遺言の唯一のメリットは，だれにも内容を知られないで遺言を残すことができる，ということなのです。

　民法968条1項を読めば分かりますように，遺言を残そうとする者は，遺言書を全部自分で書かねばなりません。したがって，その一部でも他人が手を添えて書いたりすると，無効とされることもあります。最判昭和62・10・8（遺言不存在確認請求事件，上告棄却。民集41巻7号1471頁*）は，

　　「病気その他の理由により運筆について他人の添え手による補助を受けてされた自筆証書遺言は，（1）遺言者が証書作成時に自書能力を有し，（2）他人の添え手が，単に始筆若しくは改行にあたり若しくは字の間配りや行間を整えるため遺言者の手を用紙の正しい位置に導くにとどまるか，又は遺言者の手の動きが遺言者の望みにまかされており，遺言者は添え手をした他人から単に筆記を容易にするための支えを借りただけであり，かつ，（3）添え手が右のような態様のものにとどまること，すなわち添え手をした他人の意思が介入した形跡のないことが，筆跡のうえで判定できる場合には，「自書」の要件を充たすものとして，有効であると解するのが相当である。」

と判示しています。それでは，カーボン紙により複写した場合はどうでしょうか。最判平成5・10・19（遺言無効確認請求事件，上告棄却。判時1447号52頁*）は，「カーボン紙を用いることも自書の方法として許されないものではない」と解しています。

　年月の記載だけで日の記載のない場合は，もちろん遺言として無効です（最判昭和52・11・29金判539号16頁）が，最判昭和54・5・31（遺言無効確認請求事件，上告棄却。民集33巻4号445頁*）は，「昭和四拾壱年七月吉日」という日付け（民法1022条）について，

特定の日を記載したものではないとするもので,

> 「自筆証書によって遺言をするには,遺言者は,全文・日附・氏名を自書して押印しなければならないのであるが(民法968条1項),右日附は,暦上の特定の日を表示するものといえるように記載されるべきものであるから,証書の日附として単に「昭和四拾壱年七月吉日」と記載されているにとどまる場合は,暦上の特定の日を表示するものとはいえず,そのような自筆証書遺言は,証書上日附の記載を欠くものとして無効であると解するのが相当である。」

と判示しています。なお,作成日を後日になって記載してもよく,最判昭和52・4・19(遺言無効確認等(本訴)・遺言有効確認等(反訴)請求事件,上告棄却。家月29巻10号132頁*)は,

> 「民法968条によれば,自筆証書によって遺言をするには,遺言者がその全文,日附及び氏名を自書し印をおさなければならず,右の日附の記載は遺言の成立の時期を明確にするために必要とされるのであるから,真実遺言が成立した日の日附を記載しなければならないことはいうまでもない。しかし,遺言者が遺言書のうち日附以外の部分を記載し署名して印をおし,その8日後に当日の日附を記載して遺言書を完成させることは,法の禁ずるところではなく,前記法条の立法趣旨に照らすと,右遺言書は,特段の事情のない限り,右日附が記載された日に成立した遺言として適式なものと解するのが,相当である。」

と判示しています。

なお,印については,拇印でもよく,最判平成元・2・16(遺言無効確認請求事件,上告棄却。民集43巻2号45頁*)は,

> 「自筆証書によって遺言をするには,遺言者が遺言の全文,日附及び氏名を自書した上,押印することを要するが(民法968条1項),右にいう押印としては,遺言者が印章に代えて拇指その他の指頭に墨,朱肉等をつけて押捺すること(以下「指印」という。)をもつて足りるものと解するのが相当である。けだし,同条項が自筆証書遺言の方式として自書のほか押印を要するとした趣旨は,遺

③ 自筆証書遺言

言の全文等の自書とあいまつて遺言者の同一性及び真意を確保するとともに、重要な文書については作成者が署名した上その名下に押印することによつて文書の作成を完結させるという我が国の慣行ないし法意識に照らして文書の完成を担保することにあると解されるところ、右押印について指印をもつて足りると解したとしても、遺言者が遺言の全文、日附、氏名を自書する自筆証書遺言において遺言者の真意の確保に欠けるとはいえないし、いわゆる実印による押印が要件とされていない文書については、通常、文書作成者の指印があれば印章による押印があるのと同等の意義を認めている我が国の慣行ないし法意識に照らすと、文書の完成を担保する機能においても欠けるところがないばかりでなく、必要以上に遺言の方式を厳格に解するときは、かえつて遺言者の真意の実現を阻害するおそれがあるものというべきだからである。もつとも、指印については、通常、押印者の死亡後は対照すべき印影がないために、遺言者本人の指印であるか否かが争われても、これを印影の対照によつて確認することはできないが、もともと自筆証書遺言に使用すべき印章には何らの制限もないのであるから、印章による押印であつても、印影の対照のみによつては遺言者本人の押印であることを確認しえない場合があるのであり、印影の対照以外の方法によつて本人の押印であることを立証しうる場合は少なくないと考えられるから、対照すべき印影のないことは前記解釈の妨げとなるものではない。」

と判示しており、本件は、最判平成元・6・20（遺言無効確認請求事件、破棄自判（控訴棄却）。判時 1318 号 47 頁*）および最判平成元・6・23（遺言書真否確認請求事件、破棄差戻（反対意見がある）。判時 1318 号 47 頁*）でも引用されています。また、必ずしも署名の下に押印する必要はないと解する東京高判平成 5・8・30（遺言無効確認請求控訴事件、控訴棄却・上告。判タ 845 号 302 頁*）は、その上告審判決である最判平成 6・6・24（遺言無効確認請求判決に対する上告申立事件、上告棄却。家月 47 巻 3 号 60 頁*）によって是認されました。

第8話 残された家族の悩み——遺　言

4　公正証書遺言と秘密証書遺言

　自筆証書遺言は人に知られずに作成できるのに対して，発見した者によっては，人知れず破棄されてしまうこともあるわけです。これに対し，公正証書遺言と秘密証書遺言は，公証人が関与しますので，まずそういうことはありません。しかし，これらは，遺言書を残していることが他人に知れる，という欠点があります。しかも，公正証書遺言の場合には，公証人以外に証人2人にも内容まで知られることになります。公正証書による遺言の場合には，家庭裁判所での検認は必要でないという便利さがあります（民法1004条2項）。

　秘密証書遺言は，内容まで知られることはありませんが，公証人以外に証人2人にも遺言書の存在を知られることになります。

　したがって，遺言を残す場合には，これらの利点・欠点を考慮して，どの方式を選ぶかを考えなければならないのです。公証人については，日本公証人連合会のホームページ（http://www.koshonin.gr.jp/）があります〔accessed on July 15, 2004〕。

　なお，複数の者が同じ証書で遺言をすることは認められていません（民法975条）。同一の証書に2人の遺言が記載されている場合は，そのうちの一方につき氏名を自書しない方式の違背があるときでも，同様であり，最判昭和56・9・11（遺言無効確認請求事件，上告棄却。民集35巻6号1013頁*）は，その旨を明らかにしています。また，共同遺言にあたらない事例としての最判平成5・10・19（遺言無効確認請求事件，上告棄却。判時1447号52頁*）は，

　　「原審の適法に確定した事実関係は，本件遺言書はB5判の罫紙4枚を合綴したもので，各葉ごとに景雄の印章による契印がされているが，その1枚目から3枚目までは，景雄名義の遺言書の形式のものであり，4枚目は被上告人甲野花子名義の遺言書の形式のものであって，両者は容易に切り離すことができる，というものである。

5 遺　　贈

　右事実関係の下において，本件遺言は，民法975条によって禁止された共同遺言に当たらないとした原審の判断は，正当として是認することができる。」

と判示しています。

5 遺　　贈

　財産を全部，1人だけに遺贈したりすると，公序良俗違反で無効な場合も考えられます（民法90条）。東京地判昭和63・11・14（遺言無効確認請求事件，一部認容・一部棄却・控訴。判時1318号78頁*）は，不倫の関係にある女性に対する包括遺贈を公序良俗に反して無効であると判断しました。しかしながら，子供のいない後妻の将来を憂慮して，全財産を後妻に贈与し，そのことを遺言でも確認していた場合について，最判昭和25・4・28（強制執行異議事件，上告棄却。民集4巻4号152頁*）は，当然無効とはいえないと解しており，

　　「原判決は，上告人の養父辰市（被相続人）はその判示の如き事情の下に実子を持たぬ，後妻である被上告人の将来を慮り，当時同人の所有していた本件物件その他一切の動産，不動産を挙げて，これを被上告人に贈与した事実を認めたのであつて，長子相続制を認めていた当時の民法下においても，これをもつて所論のように直ちに公序良俗に反する無効の契約とすることはできない。かかる場合に，家督相続人に遺留分減殺請求権を認めた同民法の趣意からしても，右のごとき契約を当然無効とするものでないことは明らかである。」

と判示しています。原審が認定した事実は，「控訴人の実弟である訴外塚原省吾は昭和14年8月26日被控訴人及びその亡夫塚原辰市の養子となり昭和16年4月17日被控訴人の姪に当る山下文江と婚姻したが，当時福岡縣粕屋郡志免町の海軍炭坑に勤務していたため

第 8 話　残された家族の悩み——遺　言

妻文江を被控訴人等の許に同居せしめ自らは時折帰宅していたのであるが，養親との間に多少円満を欠くところがあり偶々辰市が昭和17年6月頃肺結核に罹り臥床するに及んで同人等との別居を申出で同年8月頃自分達夫婦の所有物一切を取纏めその他の同家の財産は何も欲しないから同人等の処分に一任する旨をいい残して辰市方から前記志免町に妻文江と共に転居したのであるが，その後同月末頃病床の辰市は後妻である被控訴人との間に実子がないところから自分の死亡後の被控訴人の将来を慮り当時同人の所有していた本件物件その他一切の動産不動産を挙げてこれを被控訴人に贈与してその履行を終わり，更に念のため同年9月2日附遺言書（甲第二号証の二）を以つてこの事を明確にしたのであつて爾来被控訴人は本件物件を自分の所有物として占有して来ており，本件物件が被控訴人の所有に属する事実を認定することができる。」というものでした。なお，本件での遺留分減殺請求権は，1年の時効により消滅したものです（民法1042条）。本件は，最判昭和37・5・29（遺言無効確認請求事件，上告棄却。家月14巻10号111頁）でも引用されています。また，最判昭和61・11・20（遺言無効確認等請求事件，上告棄却。民集40巻7号1167頁*）は，不倫関係にある女性への包括遺贈（全遺産の3分の1）の事例ですが，公序良俗には反しないとしています。重婚的内縁の妻に対する全財産の包括遺贈が公序良俗に反しないとされた事例としての仙台高判平成4・9・11（所有権移転登記抹消登記手続請求本訴・慰謝料請求反訴控訴事件，控訴棄却・上告。判タ813号257頁*）は，

　　　「控訴人らは，控訴人春子と太郎との婚姻関係は夫婦としての実体を喪失していなかったと主張するけれども，〈書証番号略〉の控訴人春子の作成した報告書や同控訴人本人の供述によっても，同控訴人は，昭和50年7月頃太郎と別居後太郎が死亡するまでの約14年間同人の住居を訪れたことがなく，太郎とは別居当初同人の勤務

5 遺　贈

先に電話を入れて連絡し合っていた程度で，その後も1か月に1，2度同控訴人の実家の離れや自動車の中，太郎の行きつけの理髪店等で会って話し合いをする程度であって，太郎が昭和63年3月に病気で入院しても，太郎の方から控訴人春子にそれを知らせなかったし，同控訴人の方も太郎の入院を人伝に知りながら，見舞いに行くこともなかったこと，太郎も同62年4月に控訴人春子が直腸腫瘍で入院手術した際に見舞いをしなかったこと，なお太郎は，昭和58年ころ控訴人春子方を訪れたこともあったようであり，同60年10月には長女の控訴人乙川夏子の結納にも出席したが，右長女や長男の控訴人甲野一郎の結婚式には出席しなかったことが認められるのであり，右別居期間中控訴人春子と太郎との間に控訴人ら主張のように肉体関係があったことを認めるに足りる証拠はなく，したがって，原判決も説示のとおり，控訴人春子と太郎の婚姻関係は，右認定の別居以来次第に夫婦としての実体を喪失し，遅くとも被控訴人が太郎と同棲を始めた当時から右婚姻関係は破綻した状態にあったものというべきである。そして，太郎は本件公正証書遺言をなすまでの10年間も被控訴人と内縁関係を継続していたこと，本件包括遺贈の目的となった太郎の主たる遺産である大野片岡の土地建物は太郎が控訴人春子との婚姻生活維持のために購入したものではなく被控訴人との共同生活を営むため被控訴人と同棲生活に入った後に購入したものであるし，被控訴人もその代金の一部を負担していること，右遺言は被控訴人の将来の生活を案じ専らその生活を保全するためになされたものであることなど原判決認定（7枚目裏3行目から同8枚目表6行目まで）の諸事情をも合わせ考えると，本件包括遺贈が公序良俗に反するということはできず，控訴人らの右主張も採用できない。」

と判示しています。

　しかし，遺産全部を愛人に贈与する遺言が公序良俗違反でないとしても，相続人には遺留分というものがあり（民法1028条），該当者は遺留分減殺請求権を有しますので（民法1031条），遺産を全く

第8話　残された家族の悩み──遺　言

受け取れない，という事態はあまりないでしょう。

　この遺留分減殺請求権は，1年の消滅時効にかかり，10年の除斥期間内に行使しなければ消滅します（民法1042条）。

　1年というのは長いようで短いものです。しかし，少なくともいったん遺留分減殺請求権を行使しておけば，対象物の返還請求権などは，後日の行使でもよいのです。すなわち，最判昭和57・3・4（所有権持分移転登記等請求事件，上告棄却。民集36巻3号241頁*）は，

　　「民法1031条所定の遺留分減殺請求権は形成権であつて，その行使により贈与又は遺贈は遺留分を侵害する限度において失効し，受贈者又は受遺者が取得した権利は右の限度で当然に遺留分権利者に帰属するものと解すべきものであることは，当裁判所の判例とするところであり（最高裁昭和40年（オ）第1084号同41年7月14日第一小法廷判決・民集20巻6号1183頁，最高裁昭和50年（オ）第920号同51年8月30日第二小法廷判決・民集30巻7号768頁），したがつて，遺留分減殺請求に関する消滅時効について特別の定めをした同法1042条にいう「減殺の請求権」は，右の形成権である減殺請求権そのものを指し，右権利行使の効果として生じた法律関係に基づく目的物の返還請求権等をもこれに含ましめて同条所定の特別の消滅時効に服せしめることとしたものではない，と解するのが相当である。」

と判示しています。

　とはいっても，遺産をもらった相手方が遺留分減殺請求に応じてくれればよいのですが，応じてくれなければ，結局は訴訟を起こさざるをえないのです。公序良俗違反であることがわかっていても，相手方がすなおに応じてくれなければ同じことです。ということで，意地悪を推薦するわけではありませんが，もし相続人がひどいことをするようであれば，他人に財産をやるように遺言を残せばよいかもしれません。遺留分を侵害しているとしても，侵害された相続人

5 遺　贈

はだまっていたくなければ，自分のほうから訴訟を起こす必要に迫られるからです。親は大事にするにこしたことはない，ということです。しかし，1番の推薦は，最低限のものをそれぞれの相続人に残して，あとは生存中に思いっきり使い切ることでしょうか。

第9話

同性愛，彼女にはすでに彼女が
―― 女性にもてる女性の悩み

差止請求

1 同性愛

不倫関係については，すでに紹介しました。しかし，ここでは，女性同士の同性愛の事件を扱い，別の法律問題を考えてみたいと思います。

ここに，A，B，Cという3人の女性がいました。Aは20年らい会社勤めをしていますが，未だに平の事務職員であり，独身です。4月に新しく大卒のBが同じ職場に配置されてきました。ほかはみんな男性という職場であったために，女性同士ということで，すぐに昼食を一緒に食べに行ったりするようになりました。男性の間で揉まれてきたAに対して，Bは，かなりかっこいい印象を受けていました。Bは，今まで男付合いがなかったのです。そして，そこに落とし穴があったのです。男の職場を離れるころには，夕方になり，ついでに夕食も一緒にすることになってきました。夕食が終わるころには外は暗い。どちらからともなく，なんとなく，双方のインスピレーションが「ビビビ」ときたのか，どちらからともなくお互いの体を触れあうようになり，歯止めがきかなくなったのです。さあ，これだけなら，誰でも勝手にどうぞ，ということになりますが，そうは問屋がおろさなかったのです。Aには，すでにCという女性の相方がいたのです。

A，Bの蜜月はそう続きませんでした。ついにBは，Cの存在を

1　同性愛

知ったのです。行き着くところまで行っていたＡ，Ｂです。ＢはＡに抗議しました。一緒になると言っていた約束はどうなるのか，と詰め寄りました。それには理由があります。この間，偶然あった結婚話しをＢは，Ａの説得により断わっていたのです（Ｃがいないで断わらなかった場合の１つの結末は，横溝正史「黒蝶呪縛」春宵とんとんとん（人形佐七捕物帳全集五）（春陽文庫540）（春陽堂書店）参照）。

　さて，こうなると，妻子ある男性が不倫相手に「妻と別れて結婚する」と言うのと同じです。ちなみに，1999年（平成11年）10月には，フランスで同性愛カップルも結婚に準じた扱いを受ける法律が成立しています（1999年10月23日朝日新聞東京本社第13版8面国際面「世界のくらし　同性愛カップル　"結婚"できます　フランスで法案可決　「家族制破壊」と反対も」参照）。アメリカのバーモント州最高裁判所は，同性婚も男女婚と権利は等しい，との判決も言い渡しています（1999年12月21日朝日新聞（夕刊）東京本社第4版2面「「同性婚，男女婚と権利イコール」米で州最高裁判決」）。しかし，いずれも2人だけの関係で，三角関係を是認するものではありません。婚姻関係にある夫婦と不倫関係の法律問題については，前述の「第2話」を見ていただくことにして，ここでは別の法律問題を。

　Ｂは執拗に抗議しました。当然のことでしょう。しかし，その抗議の仕方がここでの問題です。ついにＢは，面と向かっての口だけの抗議ですまなくなりました。まずは，電話攻勢。次に前夜からの職場へのファックス攻勢。Ａの自宅へもファックスを送り，無言電話も，e-mailも。自宅へ押し掛けることも。さらに，Ｂは，慰謝料5000万円を支払え，と金銭要求まで。払わなければ，同性愛を世間にばらすぞ，とまで。

2 慰謝料請求権

さて，法律の話し。Bの気持ち，分からなくはありませんし，Aもある程度は自業自得です。しかしながら，ここまでくると，まさに刑事事件に発展しそう。

まずは，民事の話しから。Bは，同性愛者であることとは関係なく，Aに対して，慰謝料請求権を有するでしょう。確かに，慰謝料請求権は認められるでしょうが，無理矢理に金銭を請求して受領することは，自力救済（刑事では，自救行為ということが多いです）といい，本来禁止されています（例外的に自力救済行為を違法性がないとした事例として，東京地判平成元・2・6判時1336号112頁*）。権利をまもるために民事訴訟制度が設けられています。常識でも分かりますように，自力救済を認めますと，明らかに権利がない場合であっても，権利があると称して金銭を取り上げることが生じえます。こういうことは，法治国家では認められていないのです。そもそも慰謝料金額自体が判明していないのではないでしょうか。したがって，両者が和解をして納得したうえで相当金額を授受する，というのはもちろん認められます。しかし，そうでなければ，やっぱり刑事も絡まざるをえないのであり，つまり，納得づくでなければ，たとえ権利があっても金銭を交付させ受領することは，刑法249条にいう立派な恐喝罪に該当しますし，未遂でも罰せられます（刑法250条）。

前述した，Aに会わせろ，といって自宅へ押し掛けて上がり込むことは，これまた面談強要という立派な犯罪行為であり，未遂も処罰されます（刑法223条）。

もちろん，住居侵入罪・不退去罪にも該当しえます（刑法130条）し，これまた未遂罪も罰せられるのです（刑法132条）。

それでは，Bとしては慰謝料を請求するにはどうすればよいでし

ょうか。話し合いによる和解ができないのであれば、訴訟によらざるをえません。しかし、自分の気持ちをまずなだめるためには、簡易裁判所での督促手続の利用を薦めたい。これは、民事訴訟法382条以下に規定されています（三谷・民訴講義2版302頁以下）。

この手続では、Aの言い分を聞くこともなく、慰謝料請求権を根拠づける証拠など一切いらないのです。申立人の言っていることが、つじつまさえあっておればよろしい、というのです。金額の多寡は関係ありません。これを利用するのも1つの手ではあります。裁判所の制度を利用するぞ、という決意ある意思表示が明らかだからです。まあいえば、ボクシングのジャブみたいなものです。とくに、簡易裁判所では、定型の申立書なんかを用意していますので、それを利用するのもよいでしょう。もちろん、相手方が異議を申し立てれば、通常の訴訟に移行してしまいますが（民訴395条）。

なお、簡易裁判所における手続の概略については、裁判所のホームページ（http://www.courts.go.jp/）のなかの「裁判手続」「簡易裁判所の事件について」のところをみればよいでしょう〔accessed on February 23, 2003〕。

③ 不法行為と犯罪行為

しかし、もはやこのような問題でなくなっています。たとえ正当な権利が認められうるとしても、要求の仕方によっては、逆に不法行為に該当するだけでなく、犯罪を構成することにもなりかねないのです。つまり、上述した事例がまさにそれに該当することは、賢明な諸君にはもうお分かりでしょう。

電話攻勢やファックス攻勢、これらは、Aに対する偽計または威力業務妨害罪に該当する立派な犯罪行為です（刑法233条・234条）。偽計か威力か争いはありますが、嫌がらせ電話について、東京高判

第9話 女性にもてる女性の悩み──差止請求

昭和48・8・7（業務妨害被告事件，控訴棄却・確定。高刑26巻3号322頁*）は偽計とみています（2002年4月22日朝日新聞（夕刊）東京本社第4版19面「早大秘書課にいたずら電話920回　非常勤の講師逮捕　業務妨害容疑」）。この事件では，3ヶ月弱の間に無言電話を970回もしていたもので，懲役1年，執行猶予2年の判決でした。交際していた男性の新しい交際相手やその勤務先に約6000回の無言電話をしたり中傷ビラをまいたりしたり，「殺してやる」などのメールを送ったりした主婦（39）に脅迫（刑法222条。民法96条では「強迫」です）の疑いで逮捕状が請求された事件もあります（2001年1月31日朝日新聞（夕刊）東京本社第4版18面「交際男性の新しい彼女側に無言電話6000回　子の学校にビラも　容疑の主婦逮捕へ　福岡」）。

さらに最近では，心的外傷後ストレス障害（PTSD）を傷害罪に該当するとする判例もでています（2001年4月19日朝日新聞（夕刊）東京本社第4版18面「「連続無言電話」PTSD，傷害罪認定　富山地裁　元会社員に猶予つき有罪」）。

犯罪行為ですから，刑事罰ということになりますが，ふつうは民事罰も覚悟しなければならず，BはAに対して不法行為責任を負うことになるでしょう。つまり，Bの行為は，不法行為を構成し，損害賠償責任があることになるのです。さらに，電話やファックス，あとを付け回す行為に対しては，Aが差止請求訴訟を提起することができます。それらの行為をするな，ということで，いわゆる不作為を求める訴訟ということになります。横浜地判昭和53・4・19（損害賠償請求事件，一部認容・一部棄却・控訴。判時905号87頁）は，平穏な日常生活が継続的に妨害されている場合には，「人格権ないし人格的利益に基づく妨害排除として直接侵害行為の差止めを請求し得る」と判示しています。不作為を命じた部分の判決主文は，

　　「2　被告は原告……に面会する目的で東京都……の……貿易株式

3 不法行為と犯罪行為

　会社内に立ち入り，あるいは原告……と通話する目的で右会社へ電話をかけてはならない。
　　3　被告は藤沢市……の原告ら方住居に立ち入り，あるいはどのような名目であっても右住居へ電話をかけてはならない。」

というものです。また，ストーカー事件でも有名な歌舞伎役者の市川猿之助が女性客に対して劇場立入り禁止などを求めた訴訟（大阪地判平成10・6・29判時1651号120頁）があります（三谷編・誘い223頁以下〔佐藤優希〕参照）。判決主文を紹介しておきますと，

　「1　被告は，原告が出演する劇場に立ち入ってはならない。
　　2　被告は，原告の所在地から半径200メートル以内の近隣を徘徊して，原告の身辺につきまとってはならない。
　　3　被告は，原告の支持者等の第三者に対し，原告の名誉や信用を毀損したり，業務を妨害する言動に及んではならない。」

というのが不作為の部分で，請求された慰謝料300万円の損害賠償額は50万円に減額されています。さすがに，被告には弁護士はついていません。

　不作為を命じる部分は，それぞれの事案ごとに異なりますので，当事者も事案に応じた内容を考えて，請求することになります。そして，この不作為を認める判決は，不作為義務に違反すれば，強制執行が可能なのであり，ここで問題としているような種類の不作為請求権を有する場合には，一般的には心理的圧力を加えて義務を履行させる間接強制が利用されます（民執172条。三谷編・誘い161頁以下，三谷・民執講義179頁以下）。訴えの種類には，給付訴訟，確認訴訟および形成訴訟という伝統的に認められてきた3種類がありますが，強制執行が可能ということは，不作為を求める訴訟は給付訴訟に属することを意味しています。

　間接強制の申立てを認めた静岡の一力一家事件の決定主文の一部は，

第9話　女性にもてる女性の悩み——差止請求

　「1　債務者は、当庁……不動産仮処分事件の仮処分決定により、別紙物件目録記載の建物内に國領屋一カ一家の構成員を集合させる等して同建物を國領屋一カ一家の組事務所として使用してはならない。
　2　債務者が前項の義務に違反し、昭和62年12月24日以降第1項の建物内に國領屋一カ一家の構成員を当番構成員であると否とを問わず、1日につき、のべ7名以上立ち入らせる等して同建物を國領屋一カ一家の組事務所として使用したときは、債務者は、債権者らに対し、当該違反をした日の1日につき金100万円を仮に支払え。」
というものでした（静岡地浜松支決昭和62・11・20判時1259号107頁）。仮処分決定に基づくものなので、最後に「仮に支払え」とありますが、仮処分でない通常の訴訟の給付判決に基づく場合には、単に「支払え」となります。この場合の金額は、現実の損害額ではなく、義務を守らせるのに相当と思われる金額であり、通常の不作為義務違反による損害賠償額よりもかなり高い額になり、現実の損害額を超えていても返還する必要はありません。現実の損害額に満たなければ、差額の請求も可能です（民執172条4項）。

　仮処分の事例がでてきましたが、前述の不作為を求める通常の給付訴訟の前に、同じ不作為を求める仮処分の申請も可能です。これについての詳細は省略しますが、民事保全法が規定しているところであり、金子武志「面談強要禁止等仮処分申立事件について——大阪地裁保全部における主文例を中心として——」判タ962号（1998年4月1日）4頁〜13頁には、その主文例が豊富に掲載されており、通常の訴訟により不作為を求める場合にも大いに役にたつでしょう。

　また、5000万円あるとの要求に対しては、Aは、Bに対して、そのような債務が不存在であることの確認を求める訴訟を提起することもできます。これは、消極的確認訴訟の一種であり、極めて有効な手段でもあります。なぜなら、この訴訟では、一般の人は、原

告であるAが債務がないことを立証しなければならない，と考えるかもしれませんが，その必要はなく，むしろ，Bのほうが自分には5000万円の請求権があることを立証しなければならないからです。この立証に失敗すれば，原告の請求が認められ，そのような債務が存在しないことが確定するのです。ここに，この訴えの特徴があるのです。民法の教科書ではおそらく時効の中断との関係ででてくるくらいでしょう。

4　ストーカーの規制

ところで，以上のようなつきまといなどの行為をやめさせ，被害者の安全をはかるために，平成12年5月24日（官報掲載日，公布日）法律第81号「ストーカー行為等の規制に関する法律」，「ストーカー行為等の規制等に関する法律施行令」（政令467号，平成12年11月6日官報本紙第2989号掲載），「ストーカー行為等の規制等に関する法律施行規則」（国家公安委員会規則第18号，平成12年11月21日官報号外第237号掲載）および「ストーカー行為等の規制等に関する法律の規定に基づく意見の聴取の実施に関する規則」（国家公安委員会規則第19号，平成12年11月21日官報号外第237号掲載）が公布されました。簡単には，警察庁ホームページ（http://www.npa.go.jp/）のなかの「生活安全の確保」「ストーカー規制法の制定について［H 12.8.4 掲載］」をみてください〔accessed on August 10, 2002〕。

警察本部長などがつきまといなどをしないように警告することができ，警告に従わない場合には，都道府県公安委員会が禁止命令を行い，さらに，禁止命令などに違反してストーカー行為をすると，1年以下の懲役または100万円以下の罰金に処せられます。禁止命令違反で初の有罪判決を受けたのは，古紙回収業の男（56，住所不

定）で，懲役8月，執行猶予5年でした（2001.05.09 mainichi.co.jp「ストーカー判決：禁止命令に従わず規制法違反で初の有罪　静岡」）。執行猶予の理由は，被害者の体に直接の危害を与えていない，ということでした。なお，2002年（平成14年）4月1日から，ストーカー対策完備の生損総合保険も売り出されています。ただし，女性専用です。「生きるチカラ　レディプロテクトEX」日本生命保険の「生きるチカラ」と，ニッセイ同和損害保険の「レディプロテクト」とのセットプランである「生きるチカラ　レディプロテクトEX」です。

　ようするに，正当な権利があるとしても，主張の仕方しだいで，逆に不法行為責任を負わされたり，さらには前科者になってしまうこともあるということです。また，「窮鼠，猫をかむ」ということわざのように，正当なことでもあまり追求しすぎると，思わぬ反撃を食らうことにもなります。急いては事をしそんじる，です。そして，争いごとには妥協がつきものであることを忘れないように。

5　DV法

　あと，ストーカーに関連して，DV法の説明を少ししておきましょう。DVは，domestic violenceのことですが，正式の法律名は，「配偶者からの暴力の防止及び被害者の保護に関する法律」（平成13年4月13日法律第31号）です。こちらは，裁判所からの保護命令を取得することができます。裁判所のホームページ（http//:www.courts.go.jp/）のなかの「裁判手続」「新しい手続きのお知らせ」に，保護命令の説明があります。

　最近の関連記事を紹介しておきますと，DV法違反で全国初の逮捕者（男，34）に対しては，2002年3月4日，高松地裁が，懲役8月（求刑懲役1年）の実刑判決を言い渡しました（2002.03.04

5　DV法

mainichi.co.jp「DV防止法：全国初逮捕の夫に懲役8月の実刑　高松地裁」)。夫の暴力により家出した妻子を保護しているかどうかを名古屋市に問い合わせて，回答を拒否された同市の男性が，市に慰謝料100万円を求めた訴訟で，2002年6月13日，最高裁は，夫の請求を認めなかった原審判決に対する夫の上告を認めませんでした(2002.06.13 mainichi.co.jp「DV：暴力夫の名古屋市への慰謝料請求　上告を棄却　最高裁」)。夫からの身体的暴力でない罵倒などによる心的外傷後ストレス障害（PTSD）を理由にDV法に基づく静岡地裁の保護命令が出ています（2002年8月3日朝日新聞（夕刊）東京本社第4版15面「罵倒・げんこつ寸止めもDV PTSDの妻　地裁保護命令」)。施行後1年もたたないうちに，全国で1000件を超える保護命令が発令されています（2002.10.03 mainichi.co.jp「DV法：保護命令申し立て1000件超す　施行1年」)。

第10話

私を両側からひっぱらないで！　私を取り合うなら離婚しないでよ——もめる夫婦の子供の悩み

人身保護請求

1　親権者の決定

　いろんな場面で子供が犠牲となることがあります。子供を作るのも勝手，殺すも勝手などといって，身勝手な親の犠牲になる子供がいかに多いことか。ちょっとは，責任を感じろ，といいたいです。

　さて，ここではそのような身勝手な親の話しを。婚姻して子供ができ，しかし離婚。離婚するときには，子供の親権者を決めなければなりません（民法819条，戸籍法76条1号・77条2項1号）。興味深い最近の事例として，東京高決平成10・9・16（親権者指定審判に対する抗告事件，原審判取消・確定。家月51巻3号165頁*）があります。これは，夫の同意を得て第三者から精子の提供を受け出生した人工授精子について父母が離婚した後に親権者をめぐって争われ，父親を親権者と定めた審判を取り消して，母親を親権者に指定した事例です。

　また，子供の監護をするべき者も定めなければならないのです（民法766条，民法771条）。監護費用は監護者が負担するとは限りません（民法877条）。

　このように，離婚に際して親権者も監護者も同じと考えている人もおられるようですが，じつは，親権者と監護者とは必ずしも同一人ではないのです。

2　子どもの取り合い

　未だに跡取り長男だ，などと家制度・男尊女卑のなごりが残るなか，子供の両親に，両親の親兄弟も加わって問題が大きくなったりします。つまり，子供の取り合いであり，自分で言葉をしゃべることのできない幼児であれば，まさに物扱いの取り合いとなります。そういえば，私の学生時分には，child の場合の代名詞は she や he ですが，baby をさす人称代名詞は it であると学んだ記憶がありますね。もっとも，CD-ROM 版・リーダース＋プラス（1996年，研究社）には，

　　　「baby は普通 it で受けるが，家族は he［she］を用いる」

とあり，CD-ROM 版・研究社新英和中辞典第 6 版（1996年，研究社）には，

　　　「baby は性別を特に問題にしない時は通例 it で受ける；しかし性別がはっきりしている時には he, she で受ける」

とあります。

　家庭のもめごとは，一般公開されずに，非公開の調停や審判で解決するべく，家庭裁判所が設けられています。その手続などは，主として家事審判法や家事審判規則が定めています。そして，子供の監護に関するもの（家審 9 条 1 項乙類 4 号）および親権者の指定に関するもの（家審 9 条 1 項乙類 7 号）は，いわゆる乙類審判事項として，調停前置主義が採用されています（家審 18 条）。つまり，訴訟を起こす前に必ず家事調停を経なければならないのです。

　子供の取り合いででてくる法律に人身保護法というものもあります。これは，戦後昭和 23 年 7 月 30 日に公布されたものであり，「不当に奪われている人身の自由を」確保するために制定されたのでした。人身保護法の歴史はふるく，habeas corpus といって，イギリスのコモン・ロー（common law）上発展してきたもので，法律

としては1679年にはじまります (Habeas Corpus Act 1679)。しかし，日本では戦後の昭和23年9月28日が施行日であることからも推測されますように，もちろん日本国憲法と関係が深いのです（人身保護法1条）。つまり，人身保護法のやっかいになるということは，すでに日本国憲法をないがしろにしているのと同じことなのです。

③ 人身保護法

ところで，人身保護法は，通常の民事事件と異なり，種々の特徴があります。通常の民事事件では，第一審の裁判所は，簡易裁判所か地方裁判所のいずれかです。いわゆる事物管轄の問題です（三谷・民訴講義2版33頁）。それ以外の場合においては，第一審が高等裁判所になっている場合や東京高等裁判所になっている場合などがあります（特許法178条1項，公選217条，独禁法85条・86条など）が，人身保護請求事件の第一審裁判所は，高等裁判所か地方裁判所なのです（人身保護法4条）。

裁判所のホームページ (http://www.courts.go.jp/) のなかの「司法統計」「司法統計年報」―平成13年度―版「1　民事・行政事件編」「第3表　民事・行政事件数―事件の種類及び新受，既済，未済―全高等裁判所及び高等裁判所別」および「第4表　民事・行政事件数―事件の種類及び新受，既済，未済―全地方裁判所及び地方裁判所別」によれば，人身保護事件数は，次のようになっています。

裁判所		新　受	既　済	未　済
高等裁判所	民事総数	34,880	34,815	12,558
	人身保護	25	25	2
地方裁判所	民事総数	1,176,392	1,181,221	597,840
	人身保護	134	143	12

4 調停事件

さらにいずれの裁判所であっても，人身保護請求についての判決に対して不服があれば，ただちに最高裁判所に上訴できることになっています（人身保護法21条）。

そして，人身保護請求が認められますと，たとえば

「被拘束者を釈放し，請求者に引き渡す。

本件手続費用は拘束者の負担とする。」

という主文になります（大阪地判平成2・8・3判時1365号88頁）。

4 調停事件

前述のように，訴訟を提起する前にまず調停を，というのが人事関係事件の原則です。調停が成立すると，調書に記載され，いわゆる乙類事件以外であれば，調書の記載は「確定判決と同一の効力」があることになります（家審21条1項）。

裁判所のホームページ（http://www.courts.go.jp/）には，子の引渡しの調停についての説明が掲載されています。参考にして下さい。

さて，最近新聞報道された事件の概要は以下のようです。

　　平成6年9月7日　上告人（請求者）と被上告人（拘束者）が婚姻し，被上告人宅で生活

　　平成8年1月1日　被拘束者出生。翌年の平成9年12月27日にはA子を出生

　　平成10年7月24日　上告人と被上告人の両親および姉との折り合いがよくなかったことから，次第に夫婦の仲も悪化し，上告人は，この日に2人の子を連れて被上告人宅を出て，広島県A市所在の婦人保護施設であるB寮に2人の子と共に入寮

　　平成10年9月　上告人は被上告人を相手方として広島家庭裁判所に離婚調停を申し立て，被上告人は上告人を相手方として同呉支部に夫婦関係円満調整の調停を申し立てたとこ

ろ，離婚調停は，同支部に回付

平成 10 年 10 月　被上告人が同支部に被拘束者およびA子との面接交渉を求める調停を申し立てたので，以上の調停事件すべてが併合（以下，各調停事件を併せて「本件調停」という）

平成 10 年 11 月 12 日　被上告人は，被拘束者およびA子と面接することを要望

平成 10 年 11 月 26 日　上告人は，調停委員から被上告人の心を和らげるために面接を勧められ，また，上告人としても本件調停を円滑に進めるためには，被上告人の要求に応じることが必要であると考えたことから，この日の本件調停期日において，これを了承。そして，同期日において，上告人と被上告人の間で，翌月の 12 月 10 日に広島市所在の児童相談所において被上告人と 2 人の子が面接することの合意が成立し，本件調停の次の期日は，同月 24 日と指定。しかしながら，予定された面接は，A子が発熱したために中止

平成 10 年 12 月 19 日　上告人と被上告人とは，改めて協議し，この日の午後 3 時から上告人の代理人である弁護士の事務所で面接することを合意。そして，同事務所の打合せ室において被上告人と 2 人の子との面接が行われた。打合せ室は，外部に通じる扉を机で封鎖してあったが，被上告人は，同日午後 3 時 30 分ころ，ひそかに机を除去して扉を開け，2 人の子のうち被拘束者を強引に連れ去る

平成 10 年 12 月 24 日　この日の本件調停期日に被上告人は出頭せず，当日，本件調停のうち上告人の申立てに係る離婚調停は不成立により終了

ところで，被上告人は，医師であり，被上告人およびその親族の共有する 4 階建てビルの 1 階において眼科を開業しています。被上告人の住居は，同ビルの 4 階にあり，同 2 階に被上告人の両親，同 3 階に被上告人の姉夫婦がそれぞれ居住し，被上告人ならびにその

4 調停事件

両親および姉が被拘束者の監護養育にあたっており、監護養育状況は良好でした。

それに対して、上告人は、現在、無職であって、A子とともに両親宅に戻り、両親のもとで生活していますが、将来は経理関係の職に就くことを希望していました。また、上告人は、被拘束者の引渡しを受けた場合、当面は、B寮において監護養育することを予定していますが、将来、両親宅に隣接する上告人の父所有の建物に居住する予定でした。

以上のような事実関係のもとに、人身保護請求事件を受け付けた広島地裁は、被上告人が被拘束者を連れ去った行為の態様は悪質であるが、被上告人ならびにその両親および姉による被拘束者の監護養育状況は良好であり、上告人が被拘束者の引渡しを受けた場合に同人を監護養育することを予定しているB寮は同人の監護養育にとって必ずしも良好な環境であるとはいえないことからすると、被上告人による被拘束者の監護が同人の幸福に反することが明白であるということはできず、被上告人による被拘束者の拘束が権限なしにされていることが顕著であるとは認められないと判断して、上告人の本件人身保護請求を棄却しました。これに対して、最高裁判所は、

「3 しかしながら、原審の右判断は是認することができない。その理由は、次のとおりである。

前記事実関係によれば、上告人と被上告人は、本件調停の期日において、調停委員の関与の下に、現に上告人が監護している2人の子を日時場所を限って被上告人と面接させることについて合意するに至ったものであり、被上告人は、右の合意によって2人の子との面接が実現したものであるにもかかわらず、その機会をとらえて、実力を行使して被拘束者を面接場所から被上告人宅へ連れ去ったのである。被上告人の右行為は、調停手続の進行過程で当事者の協議により形成された合意を実力をもって一方的に破棄するものであって、調停手続を無視し、これに対する上告人の信頼を踏みにじった

第10話　もめる夫婦の子供の悩み――人身保護請求

ものであるといわざるを得ない。一方，本件において，上告人が被拘束者を監護することが著しく不当であることをうかがわせる事情は認められない。右の事情にかんがみると，本件においては，被上告人による被拘束者に対する拘束には法律上正当な手続によらない顕著な違法性があるというべきである。被拘束者が，現在，良好な養育環境の下にあることは，右の判断を左右しない。

4　そうすると，原審の判断には人身保護法2条，人身保護規則4条の解釈適用を誤った違法があり，右違法は原判決の結論に影響を及ぼすことが明らかである。論旨は理由があり，上告理由について判断するまでもなく，原判決は破棄を免れない。そして，前記認定事実を前提とする限り，上告人の本件請求はこれを認容すべきところ，本件については，幼児である被拘束者の法廷への出頭を確保する必要があり，この点をも考慮すると，前記説示するところに従い，原審において改めて審理判断させるのを相当と認め，これを原審に差し戻すこととする。」

と厳しく判示して，人身保護請求を認めなかった広島地裁判決を破棄し，事件を原審に差し戻したのです（最判平成11・4・26判時1679号33頁*）。

既成事実を作ればそれで勝ち，ということが法治国家で許されるはずがありません。最高裁の判断は正当なものとして評価できるでしょう。

夫の暴力が原因での離婚調停中に，車の中で夫が無理心中をはかって妻を刺殺する悲劇も報道されています（2002.08.23 mainichi.co.jp「無理心中：離婚調停中に夫が妻を刺殺　北九州市」〔accessed on January 5, 2003〕）。冷静さを忘れないようにしましょう。

私がかつて相談を受けた事件でも同じようなものがありました。乙類事件では，調停が成立しなければ，同じく家庭裁判所ないでの審判に移行することになります（家審26条1項）。その事件では，夫側の母親と姉が子供を無理矢理連れ去り，自動車で逃げ回ったり

してパトカーが出動したりもした事件でした。この事件では，審判前の保全処分で，子供の母に子供を引き渡すようにとの保全処分がなされていたのです（家審15条の3）。

なお，審判前の保全処分により子の引渡しの仮処分を申請する方法が可能だとしても，人身保護法による子の引渡請求を妨げるものではない，とする判例（最判昭和59・3・29家月37巻2号141頁*）がすでにでています（その強制執行の方法に関しては，三谷編・誘い153頁以下参照）。同一の事実関係において複数の救済手段があるということは，利用者にとって便宜ではありますが，家事審判手続が必ずしも実効的な手段を用意していないとも評価されうるのであり，逆に家事審判制度の浮沈にかかわる問題であるのかもしれません（最判平成5・10・19民集47巻8号5099頁*における補足意見参照）。

また，夫の連れ去り行為について，略取罪（本件では刑法226条）を肯定した最高裁判例も報告されています（2003.03.21 08:11 asahi.com「実子連れ去りに「略取罪」成立 最高裁が初めて認める」）。

5 調停の効力

ところで，前述の家審21条1項は，家事調停は確定判決と同一の効力がある旨を規定していますが，同じく調停でありながら，民事調停の場合には，裁判上の和解と同一の効力を有することになっています（民調16条）。これは，家事調停の対象となる身分関係については必ずしも当事者の自由処分を許さず，したがって，訴訟でも職権探知主義が採用され，当事者の合意を許さない，ということで裁判上の和解ではなく，確定判決と同一の効力を有することにし，それに対して，当事者の自由処分が許されるものを対象とする民事調停では，合意ができるということで，裁判上の和解と同一の効力を有することにしたのでしょう。もっとも，和解が調書に記載され

ると、確定判決と同一の効力があることになるのではありますが（民訴267条）。

その他のものを紹介しておきますと（三谷編・誘い19頁以下参照）、確定した仮執行宣言付支払督促（民訴396条）、乙類審判事項以外の家事調停が成立した調停調書（家審21条1項本文）、合意に相当する審判または調停に代わる審判（家審25条3項）、確定債権者表の記載（破産法124条3項・221条1項）、更生債権者表または更生担保権者表の記載（会更206条2項・238条6項・235条）も確定判決と同一の効力があります。

仲裁判断は、「確定判決と同一の効力」があります（仲裁45条1項本文）。

発起人などの責任に基づく損害賠償請求権の査定については、「給付を命ずる確定判決と同一の効力」を有し（商法395条・454条3項、会更103条）、発起人などの責任に基づく損害賠償請求権の査定を認可し又は変更した判決（認可判決は請求を棄却し査定の裁判の認可を宣言する確認判決、変更判決は形成判決）は、強制執行に関しては、給付を命ずる判決と同一の効力を有します（商法394条2項・454条3項、会更102条5項）。いずれも強制執行ができる執行力があることを示しています。

民事調停に代わる決定（民調18条3項）も「裁判上の和解と同一の効力」を有し、地代借賃増減調停事件について調停委員会が定めた調停条項を記載した調書（民調24条の3第2項）も同様です。借地借家法上の裁判で給付を命ずるものは、強制執行に関しては、「裁判上の和解と同一の効力」を有します（借地借家30条）し、家事審判は、給付を命じている場合には、「執行力ある債務名義と同一の効力」を有することになります（家審15条）が、いずれも執行力があることを示しているのです。

前述のように、乙類審判事項について成立した家事調停は、確定

5　調停の効力

した審判と同一の効力を有し（家審21条1項但書），確定した審判は，確定判決と同一の効力を有します（家審25条3項）。

　法律というものは，ほんとにおもしろいですね。

　しかし，おもしろいなどといっておれない事件も報告されています。

　長男・長女が90歳近い母親を物扱いし，長男が敗訴判決を受けたというのです（2000年12月19日火曜日朝日新聞東京本社第14版38面第2社会面「90歳近い母親　長女夫婦へ「送り届け」禁止します　横浜地裁判決」）。概略だけ，以下に示しておきましょう。

　　1992年（平成4年）12月　長男夫婦が遺産を相続することになり，「両親の扶養は原則として長男夫婦が行い，長女らは両親の財産の相続権を放棄する」などとする調停成立

　　1997年（平成9年）　長男の申入れにより，長女夫婦が20日間ほど母親を預かりましたが，長男夫婦に連絡せずに母親を帰宅させました。長男がそれに腹を立て，「老母を置き去り」などのビラを長女宅の周りに貼り，これに対して，長女が慰謝料請求訴訟を提起

　　2000年（平成12年）4月　長女による慰謝料請求訴訟で，長男が謝罪・慰謝料支払いで和解成立。しかし，長男は慰謝料を支払わず，母親を長女宅に連れて行き，長女夫婦は直ちに母親をタクシーや車で長男宅に連れて行く，という状態継続

　そこで，長女夫婦が，長男夫婦を被告にして訴訟を提起し，2000年12月18日，横浜地裁は，長男夫婦が母親を長女宅に送り届けることを禁止し，かつ，損害賠償金100万円（請求金額は600万円）の支払いを命じる一部認容判決を言い渡したのです。

　子供を取り合った親が，こんどはその子に捨てられ合うという悲劇。ありえないわけではありません。あなたは大丈夫ですか。

第 11 話

夫が妻名義で契約をして，金を払えなくなり夫婦ともに訴えられたが，妻は契約のことも訴訟のことも知らなかった——髪結い亭主をもつ妻の悩み

再審か追完か

1 はじめに

　私もなりたや，髪結い亭主。髪結い亭主なんて，今の学生は知らないかもしれませんね。そこで，広辞苑を紐解いてみると。
　　「紐解いたら，どうなった？」
　　「本がバラバラになった」
とは，たしか中田カウス・ボタンの漫才のやり取りですが，いまやCD-ROM 版があり，本なんて古い。で，その CD-ROM 版の広辞苑第 5 版（1998 年 11 月 11 日，岩波書店）によりますと，かみゆい-の-ていしゅ【髪結いの亭主】の説明として，
　　「（髪結いは女性にできた仕事で，働きのない夫が養えたので）妻の稼ぎで暮らす夫。」
とあります。昔はそのような夫は羨ましがられる存在というよりも恥ずかしい存在であったかもしれませんが，現在では，夫が外で働き，妻が家をまもる，というのはこれまた古い。逆の現象も不思議ではないのです。もちろん共働きも。以下の話しも，夫を妻に妻を夫に置き換えて読んでもよいわけです。世間でよくある話しです。

3 補充送達の効力

2 事案の概要

名古屋地決昭和 62・11・16（支払命令異議却下決定に対する即時抗告事件，取消差戻・確定。判時 1273 号 87 頁*）の事案を参考に考えてみましょう。

夫 Y_2 は，妻 Y_1 に無断で，X 会社とクレジットカードの使用契約を結び，妻 Y_1 を家族会員としました。その契約には，会員と家族とが相互に連帯して債務の支払義務を負うものとする趣旨の規定がありました。いわゆる連帯債務です（民法 432 条以下）。

そして，夫 Y_2 は，カードを使用して合計 85 万 4150 円を負担しながら，36 万 4276 円分を支払わなかったため，X 会社は，妻 Y_1 と夫 Y_2 を共同被告として未払金の支払請求訴訟を提起しました。しかし，訴状および口頭弁論期日呼出状が送達されてきたにもかかわらず，夫 Y_2 は，妻 Y_1 宛のものをいずれも受け取りながら（補充送達）隠してしまい，妻 Y_1 に交付せず，口頭弁論期日にも出席しなかったため，夫婦ともに敗訴判決を受けました。この送達されてきた判決の正本も夫 Y_2 が隠してしまったため，被告ら夫婦の敗訴判決が確定しました。そうこうしているうちに，X 会社は妻 Y_1 名義の財産の差押えを申し立て，執行官が来て妻 Y_1 はおどろいたわけです。おどろいた妻 Y_1 に認められる救済手段はどのようなものでしょうか。それをここでは考えてみましょう。

3 補充送達の効力

前述の名古屋地裁の決定は，このような場合の補充送達が有効かいなかについて，

「送達名宛人の同居者は，送達書類の受領について，法定代理権を有する（民訴法 171 条 1 項〔=現行民訴 106 条 1 項〕）と解すべき

第11話 髪結い亭主をもつ妻の悩み──再審か追完か

であるので,同居者が,右書類送達のされた訴訟で送達名宛人の相手方又はそれに準ずる者となり,双方代理禁止の原則から送達書類受領権限そのものを否定される場合は格別,同居者に対し,同条所定の送達がされた以上,同人が送達名宛人に対し送達書類を交付せず右送達の事実も告知しなかったとしても,右送達は同条により有効にされたものと解すべきである。

そして,本件事案は,同居者たるY_2と送達名宛人たる抗告人間に本件債務につき事実上の利害の対立があるに過ぎず,右両名が,本件送達のされた訴訟において,互いに相手方又はそれに準ずる地位に立つ者ではないので,双方代理禁止の原則から同居者の書類受領権限を否定すべき場合とは認め難く,右Y_2に対する送達は民訴法171条1項〔=現行民訴106条1項〕により有効であると解すべきである。」

と有効説にたって,妻に対する送達も有効になされたものと解しています。この点については,判例でも分かれており,たとえば,大阪高判平成4・2・27(土地所有権移転登記等請求控訴事件,取消差戻・上告却下により確定。判タ793号268頁*)は,

「民事訴訟法上補充送達の制度が定められている趣旨は,送達の原則は交付送達であるが,送達の実施に際して受送達者に出会わない場合に,事務員,雇人又は同居者であればその者に送達書類を交付すれば遅滞なく受送達者にこれが届けられることが通常期待されるのでこれらの者にこれを交付することにより送達の効果を承認して,できるだけ迅速な送達という送達制度のひとつの目的を達成するところにあると解すべきであるが,他方確実な送達ということも送達制度の目的の一つであることから考えると,これらの目的の調和のなかに補充送達の効力を検討しなければならない。そして,その検討は実質的な考量に基づいてなすべきであり,補充送達を法定代理といった法律概念に枠付けすることによってなされるべきものではない。また,送達の効力の検討に際して,法的安定性を確保するためとして外形からみるべきであると論じることは取引行為では

③ 補充送達の効力

ない送達についての議論としては相当でない。それゆえ，実質的に検討して右の補充送達制度が予定している前提を欠く場合にはその効力を否定すべきであるといわなければならない。そうすると，事務員，雇人又は同居者に対して送達書類の交付があっても，受送達者とこれらの者との間に実質上の利害関係の対立があってその当時の状況からみて送達書類を受領したら遅滞なく受送達者に届けることを通常期待できる事情にない場合には補充送達の効力を否定すべきである。

　本件についてみるに，本件土地に関する事項についての亡敏子の控訴人に対する前記認定の態度から見ると，亡敏子には本件土地に関する限り遅滞なく受送達者である控訴人に送達書類が交付されることを期待することは出来ないものといわなければならない。

　そうすると，控訴人は未だ原判決正本の送達を受けていないこととなるので，本件控訴は控訴期間経過前になされたものとして適法であるといわなければならない。」

と判示して，補充送達の効力を否定しました。

　補充送達は代人送達ともいわれますが，常に本人が受領しなければ送達が成立しないということになりますと，いつまでも送達が成立せず，訴訟の審理ができない事態が生じることから認められた送達方法です（三谷・民訴講義2版106頁）。

　補充送達を有効とした場合の救済方法としては，まず追完をあげることができます（民訴97条1項）。訴訟行為の追完あるいは控訴期間の追完（上訴期間の追完）といいますが，追完が認められますと，たとえば第一審判決に対する控訴期間を徒過したにもかかわらず，その控訴期間がまもられたものとみなすのです。東京高判平成6・5・30（貸金請求控訴事件，取消差戻・確定。判時1504号93頁*)は，

　　「控訴人に対する本件訴状，期日呼出状，判決等は，いずれも，同居人である妻花子又は息子一郎に交付されたが，一郎は，これら

第11話　髪結い亭主をもつ妻の悩み——再審か追完か

の書類をすべて隠匿して控訴人に渡さず，また控訴人にその事実を秘していたこと，控訴人は，平成5年8月17日ころ別件の債務整理を依頼した弁護士小林から，控訴人に対する本件判決が言い渡されているらしいことを知らされ，さらに同月23日送達報告書を謄写した同弁護士を通じてその言渡しの事実を確認したが，経済的資力が無かったため，法律扶助の申込みをし，同年9月10日ころその付与決定通知を受けて，ようやく控訴人訴訟代理人弁護士高橋に本件控訴の提起とその遂行を委任することができたこと，そして控訴人は，同日，同弁護士を通じて本件記録全部を閲覧し，はじめて本件判決の内容を明確に知り，本件控訴を提起するに至ったこと，控訴人は，当時満80歳の高齢で視力等が相当に衰え思考力も低下していたことなどが認められ，これら前記認定の諸事実を総合的に考慮すると，控訴人は，その責めに帰すべからざる事由により控訴期間を遵守することができなかったものというべきである。

　被控訴人は，控訴人は，通常の注意を払っていれば本件訴訟の提起や判決の言渡しを知り得たものであるから，これを知らなかったことにつき過失があるし，また，控訴人は平成5年8月23日に弁護士を通じて記録を謄写し判決の存在を確認したのであるから，その日をもって控訴期間の起算日とすべきであると主張する。たしかに，前記認定事実及び前掲各証拠によれば，控訴人は，平成5年4月24日に妻花子から裁判所発信の控訴人宛て特別送達郵便物が届いていることを告げられたにもかかわらず，一郎が関与している事柄であると思い込んで，これを見ようとしなかったこと，控訴人は，同年8月15日に一郎から右郵便物の内容である訴状の訂正申立書を見せられたが，自分で解決するとの一郎の言葉を信用して，特に関心を抱かなかったこと，控訴人は，同年8月17日弁護士小林から判決の言渡しがされているらしいと知らされ，同月23日には同弁護士に委任し本件記録中の送達報告書を謄写して右言渡しを確認していることがそれぞれ認められる。

　しかしながら，一郎は，控訴人名義を冒用して根抵当権設定契約書を作成したことなどが発覚することを恐れて，本件訴訟が提起さ

4　追　完

れていることをひたすら控訴人に隠し続けようとし，訴状訂正申立書を見せた際も，控訴人に安心させるようなことを言い詳しい事情を知らせなかったこと，控訴人は，当時，約54年間も農業一筋に従事してきた満80歳の高齢者であり，思考力や視力が衰えて自ら訴訟行為を行う能力が低下し，また，資力が無く訴訟代理人となる弁護士にそれを委任するだけの経済的な余裕も無かったこと，控訴人は，判決言渡しがされていることを送達報告書で確認したのちは，判決に対する不服申立てをするため可能な限りの方法で速やかに行動を起こしており，同年9月10日にはじめて判決の内容を明確に知るとともに，法律扶助により本件控訴提起の手続を行ったことなど前記認定の諸事情に照らすと，判決の言渡しを知らなかったことにつき控訴人に過失があったとまでは認定し難いし，また，控訴人が法律扶助決定の通知を受けて訴訟代理人弁護士を委任しうる状態となった平成5年9月10日をもって，民事訴訟法159条〔=現行民訴97条〕にいう「事由の止みたる」ときと認めるのが相当である。」

と判示して，控訴の追完を認めました。

　追完を認めた前述の名古屋地裁は，訴訟行為の追完が認められる趣旨の中には，補充送達のように，当事者が現実に送達書類の交付を受けない場合にも送達の効力を認めることにより実体的権利を失う者に生ずる著しく酷な結果を救済する点もあると解しうるうえ，当事者が通常の注意を払えば，同送達の事実を知りえた事情も認められない場合には，当該当事者はその責めに帰すべからざる事由により，上訴期間を遵守しえなかったものと解するべきである，というのです。

4　追　完

　ところが，この追完がなかなか曲者（くせもの）なのです。判決

に対する上訴期間は判決書または調書の送達を受けた日から2週間の不変期間です（民訴285条・313条）。通常の場合を考えますと、債務者は事前に訴状の送達を受け、期日の呼出しも受けているわけですから、請求されている内容が分かっています。そういうことを前提での2週間の期間です。しかし、上述の事案では、何が何やら分からずに、ようやく事情が飲み込めたところで、1週間の追完期間内に控訴の追完の申立てをしなければならないのです。控訴の理由は当面は不必要であるといっても、この期間の差は大きいですね。通常の半分しか余裕がないのです。あいだに土曜・日曜がはいると、その間は官庁はもちろん休みですし、会社も休みのところが多いです。そうしますと、もし金曜日の午後おそくにでも追完事由のあることを知り対策をたてようとしても、具体的な行動にはでられないものもあり（たとえば、登記簿謄本を得ることは土日はできません）、2日間の無駄な時間を費やすことになりかねず、現実には1週間もないことになります。

そして、このような場合に追完が認められ、それが唯一の救済手段であるということになりますと、救済されるべき者は非常に不利な立場にたたされることになるのです。

5 補充送達が無効の場合

それでは、そのような補充送達が無効であるという立場によれば、どうなるでしょうか。送達が無効ですから、判決の送達はなかったことになり、つまりは、有効な送達がやり直されないかぎりは、上訴期間が進行しない、ということです。しかし、判決がすでにありますので、上訴期間進行前の上訴になるわけです（民訴285条但書）。

この場合には、有効な送達がなされないかぎり、上訴期間も進行せず、いつでも上訴が可能なのです。

6　再審の訴え

　しかし，補充送達が有効との説によれば，前述のように1週間という期間内の上訴ということになりますが，再審の訴え（民訴338条以下）を認める考え方もあります。この場合に考えられるのは，代理権の欠缺を理由とする再審の訴えです（民訴338条1項3号）。そしてこれもまた，送達の無効の場合と同じようなメリットがあります。それは，これを理由とする場合には，再審の訴えを提起するべき期間制限がない（民訴342条3項）ということです。

　ところが，追完が可能という見解によりますと，追完期間の1週間経過後は再審も認められないおそれがあります（民訴338条1項参照）。つまり，上訴ができるのであれば，まず上訴によるべきであるという再審の補充性の問題がからんでくるからです（三谷忠之「公示送達と再審」香川法学8巻2号（1988年7月10日）179頁以下参照）。これらの問題を含む事例として，最判平成10・9・10（損害賠償請求事件，上告棄却。判時1661号81頁①*）および最判平成10・9・10（損害賠償請求事件，一部破棄自判（控訴棄却）・一部破棄差戻・一部上告棄却（判示第二の三につき反対意見がある）。判時1661号81頁②*）があります。

　あるいは，代理権の欠缺であっても，この補充性により再審の訴えが認められないとしますと，もう1つ再審の訴えの可能性が考えられます。それは，民訴338条1項5号に依拠することです。ただ，この場合には，さらに別のことが要求されていることに注意をする必要があります。そう，有罪の確定判決などが要求されていますので（民訴338条2項），ようするに配偶者を前科者にしてから再審の訴えを提起しろ，ということになっているのです。判例に現われた事案でも，そのようなものがあります。最判昭和47・4・28（所有権移転登記手続再審請求事件，上告棄却。判時667号29頁*。三谷・法理

第11話 髪結い亭主をもつ妻の悩み──再審か追完か

292頁以下）です（詳細は，「第17話」6(1)参照）。つまり，夫婦はお互い他人同士なのですよ。

　配偶者を前科者にするにはしのびない，というのであれば，X会社の請求を認めて，妻Y_1が全額支払い，その後に夫Y_2から金員を徐々に返してもらうか，妻Y_1から夫Y_2に対して損害賠償請求訴訟を提起して損害額を回収することになります。あるいは，金のことはいわず，元の鞘におさまるかです。

　いずれにせよ，付けは必ず回り回って，自分の所に帰ってくる，ということです。

第12話

妻が勝手に 20 万円の鍋セットを購入して，夫に支払請求がきた——すぐに物を買う妻をもつ夫の悩み

日常家事債務

1　日常の家事に関する法律行為

　髪結い亭主と反対の場合になりますが，日常家事債務に関する若干の判例を扱ってみましょう。必ずしも，妻が問題を起こすというわけではありませんが，これは，民法761条が規定しているところです。

　まず，日常の家事に関する法律行為とは何かが問題になります。この点については，最判昭和44・12・18（土地建物所有権移転登記抹消登記手続請求事件，上告棄却。民集23巻12号2476頁*）が，

> 「民法761条は，「夫婦の一方が日常の家事に関して第三者と法律行為をしたときは，他の一方は，これによって生じた債務について，連帯してその責に任ずる。」として，その明文上は，単に夫婦の日常の家事に関する法律行為の効果，とくにその責任のみについて規定しているにすぎないけれども，同条は，その実質においては，さらに，右のような効果を生じる前提として，夫婦は相互に日常の家事に関する法律行為につき他方を代理する権限を有することをも規定しているものと解するのが相当である。
>
> 　そして，民法761条にいう日常の家事に関する法律行為とは，個々の夫婦がそれぞれの共同生活を営むうえにおいて通常必要な法律行為を指すものであるから，その具体的な範囲は，個々の夫婦の社会的地位，職業，資産，収入等によって異なり，また，その夫婦

の共同生活の存する地域社会の慣習によつても異なるというべきであるが，他方，問題になる具体的法律行為が当該夫婦の日常の家事に関する法律行為の範囲内に属するか否かを決するにあたつては，同条が夫婦の一方と取引関係に立つ第三者の保護を目的とする規定であることに鑑み，単にその法律行為をした夫婦の共同生活の内部的な事情やその行為の個別的な目的のみを重視して判断すべきではなく，さらに客観的に，その法律行為の種類，性質等をも充分に考慮して判断すべきである。」

と判示しています。以後の判例は，ほぼこの判例の趣旨を述べて判断しています。したがって，ようするにそれぞれの事案ごとに具体的な事情を総合考慮のうえで日常家事債務の範囲に属するかどうかを判断することになります。同じ金額の売買契約でも判断が逆になることもあるわけです。なお，「夫婦の一方が患者で，他方が医師の診療を求めた場合には，日常の家事による債務として夫婦が連帯して契約当事者となるものと考えられている（761条）」（遠藤ほか編・民法6（4版）244頁）のです。

② 日常家事債務に属するとされた事例

まず日常家事債務に属するとされた事例を紹介しましょう。

武蔵野簡判昭和51・9・17（売掛金請求事件，請求認容・確定。判時852号105頁）は電子レンジ代金債務が日常家事債務の範囲内にあるとされた事例です。この事件では，電子レンジの代金は14万838円，頭金1万1000円，残金12万9838円は，第1回分昭和50年7月6日に5338円を支払い，その後は毎月6日5300円ずつ（ただし，8月分および2月分は1万5000円を加算）15回分割でした。そして，はやくも第2回分から支払いを怠っていたのです。被告（夫）は，本件品物を見たこともないし，契約書の印影は冒用され

2 日常家事債務に属するとされた事例

たものであり,妻は昭和50年6月中家出して所在不明で,本件品物も被告との家庭生活に利用するためではなく,他に売却して遊興費に費消するためのものだったと推測される,と述べました。そして,簡裁は,原告の請求を認め,

「本件品物は昭和50年4月8日被告の妻あつが原告から被告を購入者とし,自己を連帯保証人とする約定のもとに買受けたものであることが認められる。次に右あつの本件電子レンジ購入が日常家事債務の範囲に入るかどうかであるが,諸種電気製品が普及し数多く家庭生活に入っている現在,大都市生活者の場合は電子レンジの購入をも日常家事債務の範囲に入るものと認めても差支えないものと考える。しからば(同情すべき点大であるけれど)被告は本件債務の支払をまぬがれないことになる。」

と判示しました。

高松高判昭和56・12・22(貸金請求控訴事件,変更・確定。金判639号14頁*)においては,遠洋漁業に出かけた夫の不在中に妻が金融機関から夫を借主として150万円を借り入れた行為のうち,約37万円(湯沸器の購入設置代および台所内壁の補修代,長男の中耳炎の入院治療費など)については民法761条の日常家事債務の範囲内にあるものとして夫の連帯責任が認められています。

札幌地判昭和58・12・5(立替金請求控訴事件,控訴棄却。判タ523号181頁)は,妻が子供の教育のため夫(月収は約30万円)名義で購入した学習教材の代金22万5300円のうち頭金を差し引いた残代金20万1300円の支払い(支払いは初回の1万1300円を除き,毎月1万円)につき,立替金などを業とする会社との間で夫名義で支払委託契約を締結したことが,日常家事代理権の範囲に属するものとされた事例です。

3 日常家事に属さないとされた事例

つぎは日常家事債務に属しないとされた事例です。

最判昭和43・7・19（所有権移転登記抹消登記手続等請求事件，上告棄却。判時528号35頁）は，売却の相談をしたことがあったとしても，妻が夫（大工職で昼間不在がち）所有の土地を無断で売却する行為について否定しました。

東京地判昭和47・11・21（土地所有権移転登記抹消請求事件，請求認容・確定。下民23巻9～12号631頁*）は，教員の共働きの夫婦の夫Aが，A名義の借入金で購入した土地（評価額300万円）を，妻BがAの印鑑，白紙委任状などを利用して友人のためにしたCからの借財（30万円）の担保として停止条件付き売買契約をしましたが，弁済をしなかったので所有権移転登記がなされ，AからCにその登記の抹消を請求した事案であり，日常家事債務に属しないと判断しています。

東京地判昭和53・11・1（貸金請求控訴事件，控訴棄却・上告。判時931号78頁）は，別居中の妻がしたサラ金（個人営業）からの借金10万円について，夫の連帯保証を否定し，さらに夫の日常家事連帯債務および日常家事に関する表見代理のいずれも否定された事例です。

東京地判昭和55・3・10（貸金等請求事件，一部認容・一部棄却・確定。判時980号83頁）は，夫婦が共同被告とされており，成年の娘の結婚資金と称して妻名義で夫が信用金庫から250万円を借り，実際には自己の経営する有限会社の営業資金にあてた場合に，日常の家事の範囲に入らないとした裁判例であり，夫の連帯保証債務については，妻の債務が成立しないので連帯保証債務の履行請求も失当である，と判示していますが，夫の無権代理人としての債務履行責任（民法117条）のほうを肯定して，夫に対する請求は認めていま

3 日常家事に属さないとされた事例

　名古屋高判昭和58・8・10（所有権移転登記抹消登記手続請求控訴事件，控訴棄却。下民34巻5〜8号606頁*）は，たとえ日常家事のために消費したとしても夫所有不動産を売却することは日常家事代理権の範囲内には入らないとした事例です。

　門司簡判昭和61・3・28（立替金請求事件，請求棄却。判タ612号57頁）は，夫の収入は手取り月7〜8万円で，妻が太陽温水器（29万8000円）を購入することは日常の家事に関する行為にあたらないとされた事例です。

　夫が16万8400円のふとんを購入し，同代金の立替払契約をしたことについて，大阪簡判昭和61・8・26（立替金請求事件，請求棄却・確定。判タ626号173頁*）は，

　　「1　まず，被告は，被告と訴外人は訴外人の理不尽な暴力により婚姻関係が破綻し，昭和56年4月より別居しており，本件ふとんは訴外人が別居中に訴外人の責任において購入したものであると主張している。そして，被告本人尋問の結果中には右主張に沿う供述部分が存するが，〈証拠〉を総合すると，訴外人は昭和54年1月に被告と結婚し，そのころから同年8月に長女が出生したころは，まじめに働いていたものの，その後仕事を転々とするようになり，交通事故にあつて入院したころから，仕事はせず，酒を飲むと妻に暴力をふるうようになつたことは認められるが，ある時期は別居したとしても，完全に別居したとは認められず，本件ふとんの購入，本件立替払契約等が訴外人の別居中の契約であると断定するには，なお疑問の余地がある。そして，〈証拠〉中，右主張に沿う供述部分は措信できない。
　　2　そこで，百歩譲つて，本件ふとんの購入，本件立替払契約時に被告は訴外人と同居していたとしても，〈証拠〉によると，当時訴外人は仕事をせず，被告は当初は独身時代の貯金で生活をしていたが，その後は実家や兄弟の援助で生活をしていたことが認められ，

第12話　すぐに物を買う妻をもつ夫の悩み――日常家事債務

　本件立替金等合計金21万6,899円は，被告夫婦にとって多額であり，〈証拠〉によると，被告は本件契約段階からふとん購入に反対していたことが認められ，このことを考え併せると，本件ふとん購入，本件立替払契約は被告の家族の共同生活に通常必要とするものではなく，右各契約は日常の家事の範囲を逸脱したものというべきである。」
と判示して，同契約はいずれも日常家事の範囲に入らないとしています。

　最後に，月々の支払いがたった1万2000円の子供のための高校受験用学習教材立替払契約も日常家事債務に該当しないとした八女簡判平成12・10・12（立替金請求事件，請求棄却。判タ1073号192頁*）もあります。はじめてみた簡裁の名前ですが，煩を厭わず判決理由を引用しておくことにしましょう。裁判所が認定した事実関係も記載されています。

　「一　証拠（乙1，5ないし15，証人甲野春子，被告）及び弁論の全趣旨によれば，次の事実が認められ，右認定を覆すに足りる証拠はない。

　1　被告（昭和24年8月25日生）と春子（昭和28年4月5日生）は，昭和52年1月22日に婚姻し，昭和53年に長男次郎，同54年に長女夏子，同58年に二女秋子が生まれた。被告夫婦は，婚姻後，被告の両親と同居し，農業を手伝い，両親から受け取る生活費でやりくりしたが，昭和59年ころ，被告が農作業中怪我をし，久子は，初めて貸金業者から20万円の借り入れをし，その返済のために新たな借り入れに頼ることとなった。平成7年に被告の実父が亡くなり，その後も農業を続けたが，平成9年に農業をやめ，夫婦ともども働きに出ることにした。本件契約締結当時，借入額は，夫婦あわせて約300万円程度となった。

　2　被告は，本件契約締結当時，株式会社共栄舗道に勤務し，月収は手取りで約12万円，ボーナスは1，2万円程度で，そのほか新聞配達のアルバイトから得る収入が月約5万円あった。一方春子

③ 日常家事に属さないとされた事例

には，パート収入が月7，8万円程度あった。被告の資産は，現在，夫婦が居住している建物とその敷地，農地等があったが，遺産分割はされておらず，被告の父名義のままであった。

3　本件契約締結当時，一家の生活費は，主に春子の手取収入から支出し，被告の手取収入は，借金の返済や，家族3人が利用する車のローンの返済に廻していた。また，次郎や夏子が生活費等に協力する状況にはなかった。春子は，平成11年9月7日ころ，自己破産申立てをし，同年11月24日同時廃止決定がなされ，破産者となり，平成12年4月7日免責決定を受けた。

4　被告らの最終学歴は，被告が中卒，春子が女子高校卒，次郎が中卒，夏子が農業高校卒であり，秋子は，現在，定時制高校に通学している。本件契約締結当時，秋子は，中学三年であったが，通学した中学校は，郡部に所在し，進学熱が高いということはなく，被告夫婦は，子供の進学については，本人任せであった。

5　本件教材は，高校受験用教材であり，平〔平成の成の脱字であろう―三谷〕10年5月31日午後8時ころ，初対面の販売員2人が被告宅を訪問販売し，春子が対応した。当時，被告は，仕事疲れで既に就寝していたので，被告を起こし相談することはしなかった。秋子は，話の中途に帰宅したので確認したところ，特に購入を希望しなかったが，春子は，買ってやりたい気持ちと夜遅く販売員も帰らないので，購入もやむを得ないという気持ちの中で，午後11時前後に契約書に署名押印をした。春子は，購入したことを被告に話すと叱られると思い，被告には購入したことを告げず，被告が購入を知ったのは春子が破産申し立てた後であった。秋子は，本件教材を使用しなかった。

二　次に前記事実を前提に，本件教材の販売契約ないし本件契約が日常家事に関する法律行為に該当するか否か検討する。

民法761条が定める日常家事に関する法律行為の具体的範囲は，夫婦の社会的地位，職業，資産，収入，夫婦が生活する地域社会の慣習等の個別事情のほか，当該法律行為の種類，性質等の客観的事情をも考慮して定められるべきものである。

第12話　すぐに物を買う妻をもつ夫の悩み──日常家事債務

　これを本件についてみるに，前記1に認定した本件契約締結当時の被告や春子の職業，収入，資産の事実及び被告夫婦が，本件契約締結時以前から，生活費が不足したため，貸金業者から借り入れをし，本件契約締結時，300万円程度の借金があったこと，その借金は，被告の収入で返済し，生活費は，春子の収入に頼らざるを得なかったことなど，当時の被告夫婦の生活水準からすると，本件契約に基づく総額72万4828円の債務は，被告夫婦にとって，高額と言わざるを得ない。このことに加え，前記一で認定した被告らの居住地域の進学熱の程度，被告夫婦や子供らの学歴から推測して，子供の教育に関して，被告夫婦が特に熱心であったとは認められないこと，及び本件契約を締結するに至った事情が，春子が秋子のために購入した一面は認められるものの，販売員が午後11時ころまで被告宅に滞留し，やむなく購入せざるを得なかったこと，その他前記一に認定した事実に照らすと，本件教材の購入は，被告夫婦の共同生活に通常必要とされる事務に該当するものと解するのは相当でなく，民法761条の日常家事に関する法律行為に該当しない。本件契約の基となった本件教材の販売契約に基づく代金債務が日常家事債務に当たらないのであるから，本件契約に基づく債務は，日常家事債務に該当しないというべきである。

　本件契約が，子のために購入した学習用教材の立替払契約であり，月々の支払が1万2000円であったことをもってしても，前記判断を左右しない。」

という判示です。どうです。実際には，家にあがった販売員が夜遅くまで帰らない，という例の強引な居座り販売というか押し掛け販売というか，そういうたぐいの訪問販売でもあったわけですが。昔は，押し売りとかいったりしていましたが，最近では「押し貸し」まで登場していますね。あなたは，断る勇気がありますか。悪質商法・悪徳商法として，モニター商法，催眠商法，マルチ商法，霊視商法，内職商法，投資商法などいろいろあります。国民生活センターのホームページ（http://www.kokusen.go.jp/）の「メニュー　消

費者からの相談事例」には,「『有名教材会社によるサポート付き』をクレジット会社が知らなかった学習教材の契約 (2002.6)」や,「消費者契約法により取り消しが認められた学習教材 (2002.6)」などが掲載されていますので,なにかの折りにでも閲覧を〔accessed on February 28, 2003〕。関連する法律としては,特定商取引法(以前の訪問販売法)や消費者契約法があります。

④ 日常家事代理権に基づく表見代理

以上のように,日常家事債務の範囲に入れば,配偶者としてはもちろん文句をいえないわけですが,日常家事債務に入らない場合でも,配偶者が責任を負わされることがあるのです。それが次の問題です。日常家事代理権と表見代理(民法110条)の関係が問題になります。

前述の最判昭和44・12・18 は,すでに紹介した判決理由部分に続けて,

「しかしながら,その反面,夫婦の一方が右のような日常の家事に関する代理権の範囲を越えて第三者と法律行為をした場合においては,その代理権の存在を基礎として広く一般的に民法110条所定の表見代理の成立を肯定することは,夫婦の財産的独立をそこなうおそれがあつて,相当でないから,夫婦の一方が他の一方に対しその他の何らかの代理権を授与していない以上,当該越権行為の相手方である第三者においてその行為が当該夫婦の日常の家事に関する法律行為の範囲内に属すると信ずるにつき正当の理由のあるときにかぎり,民法110条の趣旨を類推適用して,その第三者の保護をはかれば足りるものと解するのが相当である。」

と判示しています。そして,この部分もまた,のちの判例の指導的理論となっています。代表例を1つ挙げましょう。名古屋地判昭和55・11・11(貸付金保険代位請求事件,請求認容・控訴後和解。判時1015

号107頁*)は，医療費名目で妻が金融機関から夫（月収手取り約37万円）を借主として150万円を借り入れた（返済毎月元利金2万3320円）行為につき，日常家事債務の範囲には属していないが，日常家事代理権を基本代理権と解して民法110条の類推適用を認めた事例です。原告は，借入れに際して締結された個人ローン信用保険契約の相手方である損害保険会社（保険代位した結果です）で，被告は夫です。まず，日常家事に関する法律行為に属するかどうかについて，名古屋地裁は，

> 「花子は前示借入金150万円について，その名目上の使途を「医療費」とし，口頭では家族の歯の治療費と生活費に使うと説明して借り出している事実が認められるが，右金150万円が右のように被告の家族の医療費或は生活費等日常家事の用途に費消されたとの事実を認めるに足る証拠はなく，してみると，被告の妻花子による右借入の行為が被告夫婦の日常家事に関する法律行為に属するとの右被告〔原告の誤植のようである―三谷〕の主張は採用することができない。」

と否定判断を示しました。ついで，日常家事代理権に基づく表見代理の主張については，

> 「夫婦の一方が他方に対して相互に日常家事に関する法律行為につき代理権を有することは民法761条によって明らかである。
>
> そして《証拠略》を総合すれば，被告の妻花子は，訴外岐阜相銀から前示の金150万円を借入れる際，その名目上の使途を「医療費」と記入し，口頭でその貸付担当員高橋一之に対し，被告家族の医療費及び生計費の足しにすると述べたほか，右訴外岐阜相銀から予め交付された「この証明書は，借入申込書のみの際に提出して下さい。」と付記してある給与証明書用紙を被告に手渡し，被告が自ら右証明用紙をもってその勤務先のC株式会社名古屋支店で発行を受けた給与証明書（昭和52年11月分月収金40万8,680円，手取金37万4,372円）と被告名義の印鑑登録証明書（但し，花子が

4　日常家事代理権に基づく表見代理

勝手に届出で交付を受けたもの）を前記担当員高橋に提出した事実が認められる。そして，以上の事実に，前示のとおり被告の月収が手取約37万円余りで，前記貸付金150万円の返済条件が毎月元利金2万3,320円（但し，1月，7月はほかに金4万9,650円）の割賦償還であることを併わせ勘案すると，訴外岐阜相銀において花子がその夫被告名義でした右の借入れを被告夫婦の日常家事に属する法律行為と信じたことには正当な理由があるといわなければならない。なお《証拠略》による，訴外岐阜相銀の貸付担当員は，被告の借受意思を確認するためその勤務先会社に3回電話したが，いずれも被告は不在であり，被告の所在とさきに提出された前記給与証明書が被告自身発行を受けたことが間違いのないものであることの確認を得た事実が認められるから，かかる事情のもとでは右担当員において直接被告の意思を確認しなかったことをもって，右正当の理由を欠くものということはできない。

　そうすると，被告は，民法110条の趣旨を類推して，その妻花子がその日常家事に関する代理権の範囲を超えた訴外岐阜相銀からの金150万円の借入れの法律行為（金銭消費貸借契約）につき，第3者たる右訴外岐阜相銀に対して債務者としての弁済の責を負うものというべきである。」

と判示して原告の請求を認容しました。

　以下は，表見代理を否定した事例です。前述の教員の共働き夫婦についての東京地判昭和47・11・21は，表見代理の成否についても否定的に解し，

「同居する夫婦の場合において，一方配偶者が他方配偶者の登録済権利証，印を冒用し，右印を用いて他方配偶者の印鑑証明書の交付を受け，白紙委任状等を作成して代理人を装うことは，本人と無権代理人がこのような身分的共同生活関係に立たない場合に比して，比較的に容易であるから，一方配偶者が他方配偶者の代理人と称して第三者との間で締結する契約の種類，性質の如何によつては，一方配偶者が他方配偶者の印鑑を所持する等前記事情が存するからと

第12話 すぐに物を買う妻をもつ夫の悩み —— 日常家事債務

いつて，第三者において直ちに当該契約を夫婦の日常の家事に関する法律行為であると信ずることは正当視できない」

と判示しています。また，別居中の妻がしたサラ金（個人営業）からの借金10万円についての東京地判昭和53・11・1は，夫婦の日常家事の行為の権限を基本代理権とする表見代理の主張に対しても，「甲野花子が連帯借用書に夫である被控訴人の署名，押印を代行したこと」「住所が府中市内であること」「甲野花子が，自分の印鑑証明書を持参したこと」の3つの事実については，「そもそも，本件金員の借入が被控訴人夫婦の日常の家事に関する法律行為の範囲内に属すると控訴人が信じるにつき正当な理由とはなりえない」と否定的に判断して，原告の請求を棄却した第一審判決に対する原告の控訴を棄却しました。なお，判例時報の解説氏は，

「日常家事の連帯債務について，婚姻関係破綻による別居の場合には共同の家事なるものは崩壊し，民法761条の適用はなくなるとするのが学説である（有地・注民(20)396）が，本判決は，YAの婚姻関係破綻の事実を認定しながら，さらに，借金の目的が修学旅行費用とは認められないとして，Yの日常家事連帯債務を否定しているので，右の学説をそのまま採用したものか定かでない。」

と解説しています。前述のように高松高判昭和56・12・22では，遠洋漁業に出かけた夫の不在中に妻が金融機関から夫を借主として150万円を借り入れた行為のうち，約37万円（湯沸器の購入設置代および台所内壁の補修代，長男の中耳炎の入院治療費など）については民法761条の日常家事債務の範囲内にあるものとして夫の連帯責任が認められましたが，その余の使途不明分については民法110条の表見代理の類推適用による夫の責任が否定されています。

5　内縁関係の場合

　以上の判例の紹介だけで，だいたいどのような場合には責任が肯定され否定されるかは，理解できるでしょう。

　最後に，正式の夫婦関係にはなく，内縁関係にすぎない場合の事案で，東京地判昭和46・5・31（貸金請求事件，請求棄却・控訴。判時643号68頁）は，請求を棄却しましたが，内縁関係への類推適用を肯定しています。

第13話

サラ金から金を借りて彼氏と海外旅行して何が悪いのよ，自己破産すれば返済しなくていいのさ！——どこででもお金を貸してもらえる女性の悩み

破産免責

1　はじめに

　破産手続開始の決定（従来の破産宣告）を受けさえしたら，お金を払わなくてもよいと考える人が多いようです。しかし，そこには大きな誤解があります。別に免責許可決定を受けて，それが確定しないとだめなのですよ。

　いわゆる多重債務者にはいろいろな人がいます。そして，ここに口八丁手八丁の女性がいました。サラ金から借りては，彼と海外旅行。もちろん，現地ではブランド品を購入。よくまあ相手を頻繁に見つけられるものだ，とあきれたくなるほどです。ついていく男も男であるが。どのような審査で貸付けをしているのかも疑問がわいてこようというものです。

　そして，ついに軽い気持ちで自己破産の申立てへ。破産さえすれば，債権は全部支払わなくて済むことになるのであるから，と考えて。以前，私が簡裁の司法委員（民訴279条）をしていた頃，被告が，「破産申立てをしましたので，払う必要はありません」とか陳述していた人もいましたね。しかも，破産した息子の保証人となった母親（母親はまだ破産申立てもしてはいない）も払う必要はないと陳述していました。さて，そううまくいきますかどうか。

2 同時破産廃止

多重債務者などが自己破産の申立てをすると、たいていは破産管財人の選任もなく、破産手続開始の決定と同時に破産手続廃止の決定がなされます（破産法216条1項）。これを同時廃止とか同時破産廃止とかいっています。つまり、破産手続の開始を宣言すると同時に破産手続の終結を宣言してしまうのです。

破産者に対して破産手続開始の決定前の原因に基づいて発生した財産権上の請求権（破産債権。破産法2条5号）については、破産手続に参加して配当を受ける以外に強制執行をすることも禁止されています（破産法45条参照）。破産債権は破産手続によらなければ行使することができないのが原則です（破産法100条1項）。しかし、破産手続が終了してしまえば、これらの制限は消滅してしまいます。したがって、後述の免責許可決定を獲得しなければ、破産債権に相当する債権に基づいて強制執行することが可能となるのです。

ということはどういうことかといいますと、同時破産廃止となれば、破産手続は終了してしまうのですから、強制執行が可能となるのです。破産手続開始の決定が確定すると同時に強制執行が可能な元の状態に戻るわけです。法人であれば、消滅してしまいますから、少なくとも法人自体に対する強制執行は不能となります。ところが、自然人であるわれわれの場合には、まだ生存しています。だから、強制執行もできるわけです。

3 免責許可決定

もし、それ以上の手当が何もなされていなければ、自然人であるかぎり、破産手続開始の決定を受けても全く意味がないことになります。前述のように、同時破産廃止決定がなされれば、破産手続開

始の決定と同時に破産手続の終了が宣言されてしまうのですから，破産手続開始の決定がないのと同じなのです。しかし，それでは，自然人は永遠に債務を免れず，経済的な更生は不可能となります。働けど働けど弁済し続けることになり，勤労意欲も喪失するのは必至です。そこで，自然人について，免責という制度が設けられたのです。すなわち，破産手続によって配当を受けられなかった破産債権に対する自然人たる破産者の債務につき，裁判所の免責許可決定により，その責任を免除する制度です。

しかも，注意する必要があるのは，すべての債務が免除されるわけではないということなのです（破産法253条1項（免責許可の決定の効力）をよく見て下さい）。破産者のカード利用による飲食が，カード利用時において自己の経済状態が破綻しており，その代金支払いが不可能だったこと及びその結果原告に損害を与えることを十分認識していたものと認められることを理由に，2号所定の「悪意による不法行為」にあたるとして，免責を認めなかった東京地判平成9・10・13（損害賠償請求事件，認容・控訴。判タ967号271頁）およびその控訴審判決である東京高判平成10・2・25（損害賠償請求控訴事件，控訴棄却・確定。金判1043号42頁）があります。

4 不許可事由

免責許可決定を受けても，前述のように免責されない債務があります。しかし，これは，免責許可決定を受けた場合のことなのです。そうです，まずは免責決定を受ける必要があるわけです。

戦後，アメリカ法から導入された免責制度ですが，従来の日本の破産法では，アメリカ法と異なり，破産申立てがあっても当然に免責の申立てがあったものとされず，破産の申立てとは別個に申立てをする必要がありました。これが，同時破産廃止決定の確定から免

4 不許可事由

責決定の確定までの間になされた強制執行による破産債権者への弁済が不当利得になるかどうかの問題が生じる原因でもあったのです。ただし，最判平成2・3・20（請求異議事件，破棄自判（第一審判決取消・請求棄却）。民集44巻2号416頁*）および最判平成2・3・20（不当利得金返還請求事件，上告棄却。判時1345号68頁②*）は不当利得を否定していましたが，これに対抗して，その後の実務では，未確定判決に仮執行宣言を付与しないようにしていたようです。そして，新破産法では，自己破産の場合には原則として免責許可決定の申立てをしたものとみなしています（破産法248条4項）。また，最高裁の見解とは反対に，強制執行禁止の規定（破産法249条）も新設されました。この問題は破産法で勉強していただくことにして，不許可事由がないとき又は不許可事由があっても情状や程度により不許可にするべきでないときは，免責を許可する（東京高決昭和45・2・27高民23巻1号24頁，東京高決平成元・8・22判時1324号36頁，大阪高決平成元・8・2判タ714号249頁*など）ことになるわけですが，不許可事由がどのようなものであるかを理解しておかなければなりません（破産法252条1項各号）。ここで問題にしている設例との関連でいいますと，4号および5号に関係しそうです。

彼との海外旅行，ブランド品の購入の繰返しは，4号に該当しそうですね。じつは同じような判例があります。クレジットにより衣服や装飾品を購入し，703万円の債務を負担してしまって破産宣告を受けた女性についての盛岡地宮古支決平成6・3・24（免責申立事件，不許可・確定。判タ855号282頁*）は，

> 「申立人は，債権者20名に対し合計約703万円の債務を負担し支払不能の状態にあるとして，平成5年2月19日当裁判所から破産宣告を受け，続いて本件申立てをなした者であるが，右債務の形成過程についてみると，一件記録によれば，申立人は，昭和60年に未だ20歳になったばかりであり美容師として稼働し独身寮に入っ

第13話　どこででもお金を貸してもらえる女性の悩み——破産免責

てようやく自己の収入により生計を保つ状態であったにもかかわらず，自己の収支を顧みることなく，100万円の和服をクレジットを利用して購入したのを初めとして，やはりクレジットを利用して指輪数点合計約100万円，コート2着合計30万円近く等主に自己の衣服や装飾品を購入し，それがため自己の収入では返済不能な債務を作り，以後自転車操業的な借り増しを続けて現在の債務を負担するに至ったことが認められる。以上によれば，本件には，破産法366条ノ9第1号，375条1号（浪費）〔=現行の破産法252条1項4号〕の免責不許可事由があるというべきである。

　ところで，支払不能の状態にある債務者は，破産法による免責を得ずとも，民事執行法の差押禁止財産の規定により保護されているから，その無資力の間は債権者からの強制執行といえども何の効果とてなく，その効果が現れるのはその資力が回復した暁である。免責許可の実益は，債務者が自己の資力が回復したにもかかわらずなお全債務を踏み倒したままでいることができる点にある。しかし，いかに債務者保護の理念を強調してもここまでするのは，その必要性はほとんどないというべきである。従って，免責は，社会全体における債務者一般の債務履行の意欲を高めるべく，破産者の鏡ともいうべき誠実な者を表彰する趣旨で多くの破産者の中から選りすぐった少数の者を許可する限度でその運用を律すべきである。免責を誠実な破産者に対する特典ととらえる最高裁判所大法廷昭和36年12月13日決定民集15巻11号2803頁及び同第3小法廷平成3年2月21日決定集民162号117頁は，右の解釈に強力な裏付けを与えるものである。

　これについて本件を見るに，先に認定した債務の形成過程における浪費の程度に照らし右に定義した誠実さは認められないから，裁量による許可の対象とはなしえない。」

と判示して，免責を認めませんでした（その他の判例については，三谷忠之「判例破産法(下)——昭和58年ないし63年」香川法学9巻2号（1989年7月10日）303頁以下参照）。もっとも，この決定理由中に

4 不許可事由

はやや偏見というか，破産免責そのものに対する裁判官の不快感を示す表現があります。すなわち，「免責許可の実益は……全債務を踏み倒したままでいることができる」という表現です。おそらく本件の破産者の厚かましい態度に業を煮やしての，あるいは，苦々しく思っての表現でしょうが，このような裁判官に担当されると，免責は難しいかもしれませんよ。全債務が免責されるわけでもないから，すでにそれだけでも免責の意味を誤解していることがわかるというものです。ついでにいえば，裁判での裁判官の発言に対して国家賠償請求訴訟を提起した事例がありましたね（三谷忠之「裁判官の国家賠償責任」民事訴訟雑誌44号（1988年3月31日，法律文化社）35頁～47頁も参照）。いわゆる雲助発言です。タクシーの運転手は「雲助まがいの者が多い」と差別表現を判決文中でしていたことで，その運転手が国家賠償請求訴訟を提起したのですが，同発言に対して不快に感じてもおかしくないといいながら，請求は棄却されました（東京地判平成12・3・10。経緯については，私のホームページ (http://www1.odn.ne.jp/~cjq24190/) の「3 判例情報」「2 新聞にみる裁判例」をご覧ください）。

5号は，もはや借入れが困難になった状態で，他の業者から借金してそれを従来の業者への返済に充てるような形で借り続けた場合が含まれるでしょう。当然，次の借入れは先の借入先よりも高利となります（三谷忠之「判例破産法(下)」香川法学9巻2号305頁以下参照）。

ようするに，最大決昭和36・12・13（破産者の免責決定に対する抗告棄却決定に対する特別抗告事件，抗告棄却。民集15巻11号2803頁*）が，

> 「破産法における破産者の免責は，誠実なる破産者に対する特典として，破産手続において，破産財団から弁済出来なかつた債務につき特定のものを除いて，破産者の責任を免除するものであつて，

第13話　どこででもお金を貸してもらえる女性の悩み——破産免責

その制度の目的とするところは、破産終結後において破産債権を以つて無限に責任の追求を認めるときは、破産者の経済的再起は甚だしく因難となり、引いては生活の破綻を招くおそれさえないとはいえないので、誠実な破産者を更生させるために、その障害となる債権者の追求を遮断する必要が存するからである。

同法366条ノ9〔=新破産法252条〕では、債務者に詐欺破産、過怠破産の罪に該る行為があつたと認められるとき、その他同条列記の不信行為があつたときは、裁判所は免責不許可の決定を為すことができると定められ、免責の許可は誠実な破産者に与えられる法意であることが窺われるし、また、366条ノ12〔=新破産法253条〕では、租税、雇人の給料、その他同条列記の特殊の債権は免除するを適当でないと認め、これを除外して、他の一般破産債権についてのみ責任を免れることに定められている。これらの規定はいづれも免責の効力範囲を合理的に規制したものといえる。

ところで、一般破産債権につき破産者の責任を免除することは、債権者に対して不利益な処遇であることは明らかであるが、他面上述のように破産者を更生させ、人間に値する生活を営む権利を保障することも必要であり、さらに、もし免責を認めないとすれば、債務者は概して資産状態の悪化を隠し、最悪の事態にまで持ちこむ結果となつて、却つて債権者を害する場合が少くないから、免責は債権者にとつても最悪の事態をさけるゆえんである。これらの点から見て、免責の規定は、公共の福祉のため憲法上許された必要かつ合理的な財産権の制限であると解するを相当とする。」

と判示している免責制度の趣旨をわきまえたうえで免責の許否を決することになります。よくいわれる「この不心得者！」と呼ばれるような者には免責など認められないのです。

5　免責された債務

そして、また元に戻って、たとえ免責許可決定が確定したとして

も，前述のように免責されない破産債権に該当しうるものがあるので，安心はできないわけです。

　また，この免責された債務についても，自然債務といわれていまして，前述のように，任意に弁済すれば債務の履行として認められ，返還請求はできない性質のものです（「第1話」参照）。しかしながら，そうしますと，訴求はもちろんできないけれども，債権者は，だめでもともと，という感じで任意の履行を求めて，とりあえず請求をすることが考えられます。このようなことが免責後も相も変わらず認められるとなると，せっかく免責されて過去の債権・債務関係から解放されたはずであるにもかかわらず，いつまでも過去の関係に引きずられてしまうことにもなり，なんのために過去を清算して更生を目的とする免責制度を設けたのか分からなくなります。そこで，免責制度が誠実な債務者に対する単なる恩恵ではなく，債務者の更生のためであることに重点を置いて，免責後は，自然債務としてなお存続するのではなく，債務としてそもそも存在しない，完全に消滅したと解する考え方が唱えられることになるのです（伊藤・研究24頁）。なお，免責された債務についてその後に債権者との間でなされた支払いの合意が破産者の経済的更生に何らの利益がないから無効であるとした横浜地判昭和63・2・29（貸金請求事件，請求棄却・控訴後和解。判時1280号151頁*）が報告されています。

6　保証人の債務

　そして，主たる債務者が免責されたとしても，保証人はそのことを援用して保証債務を免れることはできません（破産法253条2項）。まさにそのような事態のために付けられるのが保証人だからです。最判平成11・11・9（求償債権請求事件，上告棄却。民集53巻8号1403頁*）が，

第13話　どこででもお金を貸してもらえる女性の悩み——破産免責

「免責決定の効力を受ける債権は，債権者において訴えをもって履行を請求しその強制的実現を図ることができなくなり，右債権については，もはや民法166条1項に定める「権利ヲ行使スルコトヲ得ル時」を起算点とする消滅時効の進行を観念することができないというべきであるから，破産者が免責決定を受けた場合には，右免責決定の効力の及ぶ債務の保証人は，その債権についての消滅時効を援用することはできないと解するのが相当である。」

と判示しているように，保証人は，主たる債務者の債権についての消滅時効を援用することもできないのです。

7　さいごに

最後に，みなさんは市役所などで発行する「身分証明書」なるものをご存じですか。ときどき，就職のときなどに要求されます。そこには，「破産者ではありません。」ということの相違ないことを証明する文言（これは「もんげん」ではなく「もんごん」と読みます。いつか，外交官出身の最高裁判所判事が「言語道断」を「げんごどうだん」といって，落語の枕の話しの種にされて笑われていましたね）があるのをご存じですか。渋谷区のホームページ（http://www.city.shibuya.tokyo.jp/）の「戸籍謄抄本等の請求書のダウンロード」「請求書」をクリックすると分かります。なお，住民票の移動のあとを追うことのできる「附票」の写しの請求も可能なことが分かるでしょう。

それと，もう1つ。弁済を怠って訴訟を提起されたり破産などをすると，信用情報機関にクレジット会社などから連絡が行き，5年から7年くらいの間はその系列のクレジットカードなどは利用できません。そこで，もし簡裁での債務弁済協定調停（この簡単な説明は，最高裁判所のホームページの「広報テーマ」（平成10年9月）参

7 さいごに

照）でことの解決が済むような金額であれば，信用情報機関へ通知しないこと（ブラックリストに登載しないこと）も調停の条項の1つに加えることを求めておく必要がありますね。

> 第 14 話

人生いろいろ，夫婦もいろいろ，性生活もいろいろ——離婚できない妻の悩み

離婚原因

1　はじめに

「……実は，性生活に不満があって離婚を考えているのですが，可能でしょうか？」というような相談が弁護士に寄せられるケースというのは，以前からなかった話ではありません。しかし，そのような場合であっても性生活に関することが離婚原因として裁判で取り上げられることは多くありませんでした。ましてや，女性がセックスレスを理由に離婚をしたいと堂々と申し出ることができるようになったのは，ここ最近のことであるように思います。

　新聞や雑誌，テレビ等のマスメディアにおいても，セックスレスを特集にしたもの，たとえば，朝日新聞での2001年7月4日から11日までの間で6回にもわたるセックスレス夫婦の実態についての特集記事や不定期に掲載されるセックスレス関連の特集記事（2001年7月4日水曜日朝日新聞東京本社第12版22面「なぜ拒むの女は答えを探した」では，結婚しても子供を作ろうとしてくれないため，子供作りが可能な年齢の内にやり直すため離婚を選んだとありますし，2003年3月11日火曜日朝日新聞東京本社第12版32面科学・医療面「行動療法で抵抗減らす」では，交際中から全く性交がなく，結婚後，私から誘うと「それしか考えないのか」と声を荒げられたとあります），その他にも，婦人公論1147号（2004年2月22日，中央公論社）20

頁〜53頁の特集「心と体を満たすセックスって？」など，女性誌一般でも，夫婦間の性生活についての特集記事が度々組まれています。それらの中で女性側は，性生活の不満を積極的に語り，セックスレスへの不満を吐露しています。

2　セックスレス離婚

また，平成15年6月には，タレントの杉本彩さんがセックスレスも離婚原因であったことを告白し，同年7月に11年間の結婚生活に終止符を打ち協議離婚しました。

離婚原因がセックスレスであることを杉本彩さんがマスメディアを通じて告白したことにより，「セックスレス離婚」という言葉も一般的に定着してきたように思われます。日本性科学会の定義によれば，セックスレスというのは「病気など特別な事情がないのに1ヶ月以上性交がないカップル」のことですが，セックスレスになる原因は夫婦それぞれに様々な理由が存在すると考えられます。しかし，セックスレスを含め夫婦生活における性生活が深刻な状況になっていたとしても，デリケートな問題であるため簡単に他人に相談することはできません。そして，夫婦の間においてこの問題を解決することができず離婚に至ってしまうとしても，ほとんどの場合に協議離婚および調停の段階で終了しますし，たいていは性格の不一致を離婚原因にするため，裁判において性生活の異常が婚姻破綻の直接原因として公けになることは少ないようです。

3　両性の合意

そもそも夫婦の関係とは，相手方を自己の配偶者とし，精神的および肉体的に結合して共同生活を営む関係のことであり，精神的な

第14話　離婚できない妻の悩み──離婚原因

結合だけでなく肉体的な結合も要求されています。日本における婚姻制度は一夫一婦制を基礎として成り立っていますので、配偶者に貞操が求められているということは、民法770条1号の離婚原因の最初に貞操義務違反があげられていることからも明白ですし、夫婦間ではそれぞれが相手方に性交渉を求めることができます。もちろん、この夫婦間の性生活については、まさに夫婦間だけの問題ですので、どのようなものであろうと夫婦両者が納得していればよいことですし、その内容を法律が明示できるものでもありません。

しかし、婚姻する際に婚姻の意思について確認することはできても、性生活に関して確認をとり合うことは難しいでしょう（性格の不適合、夫に対する絶望感ないし愛情喪失から、見合結婚後3か月で性交拒否となった妻からの離婚請求が認容された事例として、横浜地判昭和59・7・30判時1141号114頁）。夫婦になってからも常に性的に一致した状態であり続けることはさらに困難なことであるかもしれません。ただし、憲法24条1項が「婚姻は、両性の合意のみに基づいて成立し、夫婦が同等の権利を有することを基本として、相互の協力により、維持されなければならない」と明記しているように、性生活を含めた様々な場面で夫婦相互に協力し合うことが婚姻を継続していくために必要とされていますし、民法における夫婦に関する多くの規定と同じくらい重要なものとして、夫婦間の性生活を捉えておかなくてはいけないと思われます。

そして、この夫婦間で相互に協力し合わなければならない性生活に問題がある場合に裁判で離婚を成立させるには、結局は民法770条1項5号の「その他婚姻を継続し難い重大な事由があるとき」に該当するかどうかが決めてとなります。

4　裁判例（性交不能の場合）

そこで、「婚姻を継続し難い重大な事由」にあたるのはどのような夫婦生活を指すのか、実際の裁判例でみていくことにしましょう。まずは、夫婦の性生活における異常について初めて正面からとりあげた最高裁判例である最判昭和37・2・6（離婚請求事件、上告棄却。民集16巻2号206頁*）を紹介します。

昭和27年春にX女とY男は、お見合いをしました。その後の交際期間中に、Y男は副睾丸結核のため睾丸切除の手術を受けました。この手術によって生殖能力がなくなっても夫婦生活には影響しないとの担当医師の言葉を信じて、X女は結婚することにしました。昭和28年11月に挙式をし、婚姻届を提出して、正式に夫婦となりました。しかし、X女はたった1年半後、Y男の性交不能、嫉妬、虐待などの理由をあげて、離婚請求訴訟を起こしたのですが、X女の主張は認められず請求は棄却されてしまいました。そこで、X女は、Y男の性交が普通ではないことを次のように追加的に主張して控訴しました。

> 「控訴人は、被控訴人が控訴人との事実上の婚姻前既に睾丸を切除し、生殖能力はないけれども、夫婦生活には大して影響はないという医師の言を信じて、被控訴人と婚姻したものである。ところが、いよいよ婚姻生活に入つて見ると、被控訴人の性交態度は到底常態ではなかつたのである。即ち、被控訴人はたまたま性交を試みんとして控訴人の寝床に入つて来ても、ただ焦慮転々するばかりで、自ら満足することもできず、また控訴人に対しても勿論満足を与えることができないで、遂に顔面蒼白となつて自分の寝床に帰つてしまい、しかもそのまま就眠することができないで、控訴人の体の一部に手を触れて漸く眠るのを常としていた。従つて、控訴人としては、被控訴人の右のような焦燥の態度を見るに忍びないばかりでなく、性交を遂げないで、顔面蒼白の被控訴人から、ただ身体の一部を撫

第14話 離婚できない妻の悩み──離婚原因

で廻されているということは，女性として心身共に忍び得ないところであつた。婚姻当初は，控訴人も被控訴人も共にこれは一時的のものであつて，やがては被控訴人の焦燥態度も緩和するであろうことを期待して夫婦生活を続けて来たけれども（被控訴人の安静療養中を除き），性交に関する被控訴人の右のような態度は一向に緩和せず，遂に被控訴人もそのまま夫婦生活を継続することが控訴人被控訴人の両者にとって極めて不幸な結果を招来することを悟り，昭和30年4月23日控訴人に対して離別を申出たものである。」

この主張に対して，控訴審である東京高昭和34・6・29は，請求棄却の第一審判決を取り消して，X女の離婚請求を認容しました。つまり，このX女とY男との性生活には異常性があり，たとえX女がY男に生殖能力がないことを承知の上で婚姻したのだとしても，このような性生活にあることは婚姻を継続し難い重大な事由にあたると認めたのです。

これに対してY男は，性生活に関する部分には誤りがあること，さらに民法770条1項5号の「その他婚姻を継続し難い重大な事由があるとき」とは，同項1号ないし4号に例示されるものに類似すべき障害がある場合にのみ認められるべきであるから，精神病の場合には「回復の見込みがないとき」との条件が付されているのに対比すると，単に現在においての性交不能であることだけが離婚原因として認められるべきではない，と主張し上告しました。それに対して，最高裁は，

「本件当事者間の性生活の状況に関する原判示によれば，上告人の性交態度は判示のように常態ではなく若い女性である被上告人としては忍びえないものであり，しかも右態度は昭和28年11月結婚生活に入つた当初から昭和30年5月頃被上告人が実家に帰るまでの間終始かわるところなく，夫婦両名はこれが一時的のもので，やがては上告人の焦燥態度も緩和するであろうと期待して夫婦生活を続けてきたが，ついに一向に緩和しなかつた，というのである。そ

4　裁判例（性交不能の場合）

してさらに原審の確定するところによれば，上告人と被上告人は他人の紹介で昭和27年春頃知り合つて見合をし，挙式の上事実上の結婚生活に入つたものであるところ，その交際期間中上告人は副睾丸結核のため睾丸を切除し，被上告人方ではこのことを知つて重視したが，被上告人は，右切除に当つた医師の，睾丸を切除しても，生殖能力はないが，夫婦生活には大して影響がない，との言を信じて結婚したものである。以上のような事実にさらに原審認定の性生活を除く夫婦生活の状況等からうかがわれる本件当事者双方の諸事情を加え，また夫婦の性生活が婚姻の基本となるべき重要事項である点を併せ考えれば，被上告人が上告人との性生活を嫌悪し離婚を決意するに至つたことは必ずしも無理からぬところと認められるのであつて，原審が判示性生活に関する事実をもつて民法770条1項5号の事由にあたるとした判断はこれを是認することができる。そして，前記のような諸事実が認められる以上，原判決が右判断にあたり，上告人の性交能力の欠陥について治療回復の能否および当事者のこれへの努力に関し認定判示するところがないからといつて，民法770条1項5号の解釈を誤り，また理由不備，審理不尽の違法があるということはできない。論旨は結局，独自の見解に立脚し，また原判示にそわない事実を前提として原判決の違法を主張するものというべく，すべて採用できない。」

と判示し，原審の判断を支持し上告を棄却しました。この最高裁判決では，性的異常者の有責性を問題にしておらず，婚姻の破綻した原因が性生活の異常にあると認めた点に特色があります。

さらに，性交不能によって婚姻が破綻に至ったとしてその相手の配偶者に慰謝料支払いを認めた横浜地判昭和61・10・6（離婚等本訴請求，同反訴請求事件，本訴一部認容・一部棄却・反訴一部認容・一部棄却・確定。判時1238号116頁）もあります。これは，民法770条1項5号に基づいて，原被告双方から本訴および反訴により離婚請求がされた事案です。事実関係を簡単に説明しますと，離婚本訴請求をした夫のX男（反訴被告）と本訴被告である妻のY女（反訴原告）

第14話　離婚できない妻の悩み──離婚原因

は，昭和59年6月に挙式をあげて新婚旅行に行きましたが，新婚初夜を含め翌日から出掛けた新婚旅行中もX男はY女と性交渉を持とうとせず，その理由についても一切説明しませんでした。新婚旅行の終わり頃には，そのようなX男の態度に不安を募らせてY女は神経性胃炎にかかってしまい，旅行から帰った後も病院に通院しなければなりませんでした。また，同居生活後も性交渉はもちろんのこと，抱擁したりすることも全くなく陰気な新婚生活が続きましたので，7月にはY女は実家に帰ってしまいました。Y女が実家に帰ってしまった日にX男が包茎手術を受けたということをY女は人を介して知り，そのため性交渉がなかったのであって正式に結婚すればやり直せると思い，8月に婚姻届を提出しました。しかし，X男からY女に直接手術の話や性交渉のない理由を話すこともなく，Y女の実家に挨拶に来ようともしないため，別居状態が継続し，9月には離婚の話し合いがなされることになったのです。そこでX男は，Y女がX男の入室を拒否したり突然実家に帰ったまま別居生活を続けていたりしていることなどが，民法770条1項2号および5号に当たるとして，離婚請求とともに200万円の慰謝料請求訴訟を提起しました。それに対して，Y女は，X男のような態度は婚姻を継続し難い重大な事由に当たるとして，離婚請求とともに300万円の慰謝料請求の反訴を起こし対抗したのです。判例は，

> 「夫婦は生殖を目的とする結合であるから，夫婦間の性交渉は極めて重要な意味を持つものであり，それは反訴原告と反訴被告のような結婚届前の事実上の夫婦についても異なるところはないから，夫婦間，特に本件のような新婚当初の夫婦間に性交渉が相当期間全くないのは極めて不自然，異常であり，もしそれが本件におけるように，もっぱら夫の意思に基づく場合には，妻に対し理由の説明がなされるべきである（理由いかんによっては妻の協力をえられることがあるであろうし，なんといっても妻の不安，疑問，不満を除く

4 裁判例（性交不能の場合）

ために説明が必要である。なお右認定のように反訴被告は性的不能者ではないのであるから、結婚後、反訴原告と性交渉を持つことは可能であったといわざるをえない。それにもかかわらず右認定のように性交渉をもたなかったのは、恐らく自分が包茎であることを気にしたためと思われる（反訴被告はその本人尋問において反訴原告の健康を気づかって自制したと述べるが、反訴原告の病気も重いものではなかったこと、性交渉をもたなかった期間が長いこと、性交渉だけではなく、接吻などの接触もしていないことにてらすと、右尋問の結果部分は信用できない）。このような場合こそ理由の説明が必要であり、また理由の説明で解決がはかられる場合である）。

ところが新婚初夜以来、反訴被告が何等理由の説明なしに、性交渉をなさず、そのため反訴原告が不安を募らせ、別居、そして婚姻破綻に至ったことは前記のとおりである。

そうすると反訴原告と反訴被告間の婚姻破綻の主な原因は反訴被告側にあるといわざるをえず、反訴被告は反訴原告に対して慰謝料支払いの責任を負うが、その額は前記認定の事実すべてを考慮すると、金100万円が相当である。」

と判示し、夫婦双方から離婚請求がなされている場合、双方の離婚意思が明白であり婚姻は破綻しているから、夫婦の一方がいわゆる有責配偶者であるか否かを問わず、各離婚請求は理由があるものとして認容するのが相当であるとし、慰謝料については、Y女の請求を一部認容して100万円だけを認めました。

同様の事案として、婚姻の際に自己が性的不能なことを告知せず、新婚旅行中および3年半の同居生活中にも性交渉がなかったことから婚姻生活が破綻したとして、妻から夫に対して離婚請求および慰謝料請求された京都地判昭和62・5・12（離婚等請求事件、一部認容・控訴。判時1259号92頁）は、

「『婚姻を継続し難い重大な事由』とは、婚姻中における両当事者

の行為や態度，婚姻継続の意思の有無など，当該の婚姻関係にあらわれた一切の事情からみて，婚姻関係が深刻に破綻し，婚姻の本質に応じた共同生活の回復の見込がない場合をいい，婚姻が男女の精神的・肉体的結合であり，そこにおける性関係の重要性に鑑みれば，病気や老齢などの理由から性関係を重視しない当事者間の合意があるような特段の事情のない限り，婚姻後長年にわたり性交渉のないことは，原則として，婚姻を継続し難い重大な事由に該るというべきである。」

と，被告である夫の性交不能が「婚姻を継続し難い重大な事由があるとき」に当たるとしました。また，性交不能であることを告知せずに婚姻したことについては，

「婚姻前には結婚の条件として自己に不利な事情を敢えて開示しないのが通常人の心情であり，それには無理からぬものがあり，一般には事実の単なる消極的不告知が不法行為となることはないというべきであるが，告知されなかった結婚の条件が，婚姻の決意を左右すべき重要な事実であり，その事実を告知することによって婚姻できなくなるであろうことが予想される場合には，その不告知は，信義則上違法の評価を受け，不法行為責任を肯定すべき場合がありうると解するのが相当である。

そこで本件について見るに，婚姻生活における性関係の重要性，さらには，性交不能は子供をもうけることができないという重要な結果に直結することに照らすと，婚姻に際して相手方に対し自己が性的不能であることを告知しないということは，信義則に照らし違法であり不法行為を構成すると解するのが相当である。」

と判示して，婚姻にあたってY男が自己の性交不能を告げなかったことは信義則上違法であると評価し，慰謝料500万円と財産分与200万円の請求のうち，慰謝料200万円を認容しました。

これらの性交不能が婚姻を継続し難い重大な事由に当たるとする裁判例を踏襲したものとして，協議離婚をした後に元夫が性的不能

者であることを秘して婚姻したことが原因で離婚に至ったと，元妻が元夫に対して求めた慰謝料請求を認容した京都地判平成2・6・14（損害賠償請求事件，一部認容・一部棄却・控訴後和解。判時1372号123頁）は，

> 「被告が性交渉に及ばなかった真の理由は判然としないわけであるが，前記認定のとおり被告は性交渉のないことで原告が悩んでいたことを全く知らなかったことに照らせば，被告としては夫婦に置いて性交渉をすることに思いが及ばなかったか，もともと性交渉をする気がなかったか，あるいは被告に性的能力について問題があるのではないかと疑わざるを得ない。」

と，短期間の婚姻生活が破綻したのは元夫のみに原因があるとし，元夫が元妻に対して慰謝料500万円（請求は1000万円）の支払義務があると判示しています。

⑤ 裁判例（異常性交・性交拒否の場合）

次に，夫婦間の性生活の異常として，異常性欲および性交拒否が問題となった裁判例を紹介しましょう。これらの場合は先ほどの性交不能とは異なり，配偶者に対する暴行，虐待または侮辱という有責事由が性的異常者の側に存在するのであって，これらが婚姻を継続し難い重大な事由となる場合が多いのです。

夫に有責事由があったとされた事例では，子宮外妊娠の手術をした妻の退院後直ちに毎晩のように夫婦関係を強要し，身体衰弱を理由にその異常に強い性的欲求を拒絶するとその都度暴行虐待を加える夫に対して妻から提起された離婚請求を認容した神戸地判昭和27・4・25（離婚請求事件，一部認容・一部棄却。下民3巻4号580頁），婚姻の破綻原因が夫の性的能力の欠陥からの劣等感に端を発しているのに，なんらその点について努力しない有責行為者である夫から

第14話　離婚できない妻の悩み——離婚原因

の離婚請求は認められないとした大阪高判昭和60・7・25（離婚請求控訴事件，原判決取消自判（請求棄却）・上告。判タ569号66頁），婚姻破綻の主たる原因が夫の妻に対する暴力や性交渉の強要（避妊手段を講じるよう頼んでも一切無視するため8回も堕胎し，子宮口にバルトリン腺膿瘍を患っているのに暴力で性関係を強要した）などにあるとして妻からの本訴離婚請求と慰謝料300万円の支払義務を認容し，夫の反訴離婚請求を棄却した横浜地判昭和61・3・26（離婚等請求本訴，同反訴事件，本訴一部認容・一部棄却・反訴請求棄却。最判平成元・12・11民集43巻12号1763頁*の第一審判決）などがあります。

また，妻の性交渉拒否によって婚姻が破綻したことを認めた岡山地津山支判平成3・3・29（損害賠償請求本訴，慰謝料等請求反訴事件，本訴一部認容・一部棄却・反訴一部却下・一部棄却・控訴後和解。判時1410号100頁）は，

> 「そもそも婚姻は一般には子孫の育成を重要な目的としてなされるものであること常識であって，夫婦間の性交渉もその意味では通常伴うべき婚姻の営みであり，当事者がこれに期待する感情を抱くのも極当たり前の自然の発露である。
> しかるに，被告花子は原告と婚姻しながら性交渉を全然拒否し続け，剰え前記のような言動・行動に及ぶなどして婚姻を破綻せしめたのであるから，原告に対し，不法行為責任に基づき，よって蒙らせた精神的苦痛を感謝すべき義務があるというべきである。」

と判示し，妻には性交拒否によって婚姻関係を破綻させた不法行為責任があるとして，慰謝料150万円の支払いと結婚指輪の返還を命じました。この事案ではさらに，夫から妻の母親に対しても，妻が性交渉拒否症もしくは性癖，心因等を持っていること及び将来正常な婚姻関係を継続することは不可能であることを十分承知していながら，それを内密にして自己と結婚させたことに対して損害賠償を求めていましたが，裁判所は，婚姻当時に夫が31歳で妻が27歳の

⑥ 夫婦間の強姦罪

大人であることに鑑みれば、妻の前婚の破綻原因が妻の性交渉拒否にあったことを妻の母親から夫に告知しなければならないとする法的義務はないとして、妻の母親への請求は棄却しています。

⑥ 夫婦間の強姦罪

そして、婚姻中であるから相手に対して性交渉を要求する権利を有するのだとしても、相手の意に反して暴行または脅迫をもって性交渉を強要すれば、夫婦間においても強姦罪が成立します。

男性も女性も、誰といつ、性交渉をするかしないかについて、自分の意思で決める自由、つまり性的自由を有しています。その自由に反して、暴行や脅迫によって女性の意思に反する性交渉を強要することは、性的自己決定権を侵害するものであり、刑法の強姦にあたる犯罪となります。しかし、この性的自由を保護するための強姦罪が夫婦間でも成り立つかという問題については、日本では、今から紹介する判決を巡って議論が戦わされたことがありますし、アメリカにおいては各州法の改正問題として、コモン・ローに由来する、夫婦間では強姦罪は適用しない「夫婦間の例外（marital rape exemption）」の撤廃を求めた議論が活発に行われました。1984年にはフロリダ州地裁で妻への婦女暴行罪として夫に初めて有罪評決が出されました（1984年9月2日朝日新聞東京本社第14版22面社会面「妻へのレイプ初の有罪評決」）が、1980年代のうちにほぼ終息をみています。また、ドイツにおいても既に1970年代からドイツ刑法典上の強姦罪規定に含まれる「婚姻外性交の強要」という文言を削除する提案が繰り返されていましたが、1996年の刑法改正によって、それまで夫婦間の性的強要としてしか扱っていなかった夫婦間の性的暴行を通常の強姦罪と同様に2年以上の刑の対象とすることにし、1998年の法改正では「婚姻外条項」が削除されていま

第14話　離婚できない妻の悩み——離婚原因

す。

　ここで，日本の刑法をみてみますと，夫婦間の例外についての規定がないにもかかわらず，「法律上有効な婚姻が成立しているばあいについては……，夫は妻に対し性交を要求する権利があるから，暴行・脅迫を用いて妻を姦淫しても暴行罪・脅迫罪を構成するは格別，本罪を構成しない」（団藤重光責任編集・注釈刑法第4巻各論（2）（1965年，有斐閣）299頁〔所一彦〕）とする，夫婦間の強姦罪の成立を否定する学説が通説でした。しかし，1980年代後半になって，夫婦間であっても強姦罪が成立する方向へと学説が変化しはじめ，鳥取地判昭和61・12・17（強姦，傷害被告事件，有罪・一部控訴。判タ624号250頁）は，夫婦間でも強姦罪が成立する余地のあることをはじめて認めた裁判例として注目を集めました。この事案では，夫と夫の友人が，夫の度重なる暴力から逃れるために実家に逃げ帰っていた妻を待ち伏せし，強引に車に乗せて連れ帰る途中，共謀して車中において妻を姦淫したというもので，鳥取地裁は，夫婦間においても強姦罪成立の余地があるか否かにつき法律判断を示すことなく，夫およびその友人を強姦罪の共同正犯としました。

　これに対して被告人である夫は，犯行時被害者である妻と夫婦であり，夫婦は相互に性交を求める権利を有しかつこれに応じる権利があるから，夫が妻に対し暴行，脅迫罪が成立するは格別，性交自体は処罰の対象とならないため，強姦罪の成立する余地はないとし，さらに，夫が第三者と共同して妻を輪姦した場合であっても，夫自身は妻に対する関係においては強姦罪の主体となりえない以上，従犯あるいは暴行罪として処罰されるに過ぎないとして，法令適用の誤りを主張して控訴しました。これを受けて控訴審である広島高松江支判昭和62・6・18（強姦，傷害被告事件，控訴棄却・上告。判時1234号154頁）は，

　　　「婚姻中夫婦が互いに性交渉を求めかつこれに応ずべき所論の関

係にあることはいうまでもない。しかしながら，右「婚姻中」とは実質的にも婚姻が継続していることを指し，法律上は夫婦であっても，婚姻が破綻して夫婦たるの実質を失い名ばかりの夫婦に過ぎない場合には，もとより夫婦間に所論の関係はなく，夫が暴行又は脅迫をもって妻を姦淫したときは強姦罪が成立し，夫と第三者が暴力を用い共同して妻を輪姦するに及んだときは，夫についてもむろん強姦罪の共同正犯が成立する。」

と判示し，夫と妻の婚姻が完全に破綻していたとの認定に立って，妻に対する夫の強姦罪の成立を認めた第一審判決を是認しています。

本判決によって，夫婦間であっても強姦罪が成立しうることが示されたことは，重要なことであるといえます。しかし，「婚姻中夫婦が互いに性交渉を求めかつこれに応ずべき所論の関係にあることはいうまでもない」と，原則的には夫婦間における夫の妻に対する強姦は認められないが，本件においては「法律上は夫婦であっても，婚姻が破綻して夫婦たるの実質を失い名ばかりの夫婦に過ぎない」とする実質的婚姻関係の存否にかからせて，例外的に強姦罪の成立を認めているのであって，結局は裁判所が，夫婦間の例外の解釈を崩していないのです。強姦罪は性的自己決定権の侵害であるはずなのに，夫婦間においてはその成立が否定的に判断されるのが原則的であるというのは，時代の潮流にあっていない感じがします。

7 その他の裁判例

ついでに，ここまでとはまた異なる性的異常による離婚請求に関する裁判例を紹介しておくことにしましょう。性交の際にふとんの上で必ず妻に靴をはかせるなどの異常な方法を強要し，しかも家に居るときは妻をその身辺から離さず，絶えず妻の体に接触し昼夜を問わず1日に数回も性交を求めるなど過度にわたる性関係を強行し

第14話　離婚できない妻の悩み――離婚原因

た夫との離婚請求を認容した大阪地判昭和35・6・23（離婚並びに物件引渡請求事件，認容。判時237号27頁），婚姻後数か月で夫が他の男と同性愛に陥り，妻との性交に応じなくなり，その関係を解消した後も未練断ち難く相手につきまとうという性的に異常な行動をとった夫との離婚請求を認容した名古屋地判昭和47・2・29（離婚等請求事件，一部認容・確定。判時670号77頁），ポルノ雑誌にばかり興味を示し，ポルノ雑誌を買いあさっては自室に閉じこもり自慰行為に耽り，妻との性交渉を拒否する夫との離婚請求を認容した浦和地判昭和60・9・10（離婚請求事件，一部認容。判タ614号104頁），入籍後約5か月間内に2・3回程度と極端に少ない性交渉で懐妊した後は全く性交渉がない状態であるのに，ポルノビデオを見ながら自慰行為に耽る夫への離婚請求を認容した福岡高判平成5・3・18（離婚等請求控訴事件，控訴棄却・確定。判タ827号270頁*）などがありますが，いずれの判決も，夫の行為が婚姻を継続し難い重大な事由に該当するとして，妻からの離婚請求を認容しています。

8　おわりに

　婚姻における夫婦の関係は世の中にいる夫婦の数だけ，それぞれ異なって存在し，同様に夫婦間の性生活もそれぞれに異なります。性的欲求の充足だけが婚姻共同生活における重要な要素ではありませんが，夫婦間の性生活が何らかの理由によって阻害されるとき，それは婚姻を継続しがたい重大な事由があるときにあてはまり，離婚原因となります。しかし，性交不能にも様々な内容があり，その背景や原因も複雑であるため，性生活が婚姻生活に不可欠な要素であるとしても，一方の性交不能を直ちに離婚原因にするということではありません。たとえば，夫婦の年齢（20歳～30歳代の夫婦と50歳～60歳代の夫婦の場合など），夫婦の性生活についての考え，子供

8 おわりに

の有無などの各夫婦の事情が考慮された上で,「婚姻を継続し難い重大な事由」にあてはまるかどうかが考慮されるのです。つまり,性交を含んだ性生活の内容がその夫婦にとって婚姻生活を続けていくことが著しく困難であると考えられる場合に,離婚原因と評価されることになるのです。最近は,「性嫌悪」(夫婦仲はいいのに性的関係は嫌悪感が生じて結べない症状を性嫌悪症といいます)(2001年7月4日水曜日朝日新聞東京本社第12版23面「つないだ手は①」)を原因とするセックスレス夫婦が増加傾向にあるといいますが,夫婦で相互理解・相互協力をして,経済的にも,精神的にも,そして,肉体的にも満足し合える関係を構築する努力が,夫婦にとって最も大切なことなのかもしれません。

　では最後に,どれくらいの期間セックスレスであれば離婚原因となりうるでしょうか。失踪宣告は生死不明7年(民法30条1項),離婚原因は生死不明3年です(民法770条1項3号)から,その中間の5年間セックスレスであれば離婚原因(民法770条1項5号)と認めてよいと私は考えています。

〔佐藤優希〕

第 15 話

人生いろいろ，国籍もいろいろ，愛もいろいろ
―― 国際結婚を望んだ女性の悩み

離婚請求権

1 はじめに

　永遠の愛を誓った限り，誰しもそれを全うしたいと思うのは当然のこと。しかし，結婚後，何らかの事情により，悲しいことに「もう，別れるしか方法がない」と決意したとします。日本人夫婦であれば，日本の法律の規定に従って，離婚手続を進めていきます。
　日本における離婚の方法には，協議離婚（民法763条）・裁判離婚（民法770条。審判の場合につき，家審24条）があることは周知のとおりです。どのような形であれ（多くは協議離婚ですが），離婚は認められています。

2 離婚件数

　日本人と外国人との間の結婚は珍しいことではありません。それに伴い，その離婚の件数も増加の推移を示しています（「第1-46表　離婚件数，年次×夫妻の国籍別」参照）。もはや国際結婚・離婚は私たちにとって身近な存在になりつつあります。

2 離婚件数

第1-46表　離婚件数（年次×夫妻の国籍別）　　　人口動態62

国　籍	平成7年(1995)	平成8年(1996)	平成9年(1997)	平成10年(1998)	平成11年(1999)	平成12年(2000)	平成13年(2001)	平成14年(2002)
総　数	199,016	206,955	222,635	243,183	250,529	264,246	285,911	289,836
夫婦とも日本	191,024	198,860	213,486	232,877	239,479	251,879	272,244	274,584
夫婦の一方が外国	7,992	8,095	9,149	10,306	11,050	12,367	13,667	15,252
夫日本・妻外国	6,153	6,171	7,080	7,867	8,514	9,607	10,676	12,087
妻日本・夫外国	1,839	1,924	2,069	2,439	2,536	2,760	2,991	3,165
夫日本・妻外国	6,153	6,171	7,080	7,867	8,514	9,607	10,676	12,087
妻の国籍								
韓国・朝鮮	2,582	2,313	2,185	2,146	2,312	2,555	2,652	2,745
中国	1,486	1,462	1,901	2,318	2,476	2,918	3,610	4,629
フィリピン	1,456	1,706	2,216	2,440	2,575	2,816	2,963	3,133
タイ	315	320	362	435	540	612	682	699
米国	53	60	67	76	75	68	69	76
英国	25	19	27	29	29	41	31	33
ブラジル	47	52	66	71	91	92	101	91
ペルー	15	18	19	27	25	40	41	45
その他の国	174	221	237	325	391	465	527	636
妻日本・夫外国	1,839	1,924	2,069	2,439	2,536	2,760	2,991	3,165
夫の国籍								
韓国・朝鮮	939	912	983	1,091	1,096	1,113	1,184	1,167
中国	198	203	237	286	320	369	397	447
フィリピン	43	66	53	48	59	66	62	77
タイ	8	14	15	14	20	19	38	36
米国	299	298	328	383	356	385	359	364
英国	40	39	43	57	42	58	59	58
ブラジル	20	23	26	33	39	59	54	78
ペルー	7	15	17	41	35	41	52	56
その他の国	285	354	367	486	569	650	786	882

資料：統計情報部「平成14年人口動態統計」
厚生労働省ホームページ(http://wwwdbtk.mhlw.go.jp/toukei/youran/data15k/1-46.xls)より〔accessed, on, August 21, 2004〕

第15話 国際結婚を望んだ女性の悩み——離婚請求権

3　離婚形態

今日，世界の多くの国では，離婚が認められるようになっています。しかし，それでも，フィリピンのように離婚そのものを禁止する国や，ポーランドやオーストリア等のように，カトリック教信者に限り，離婚を禁止する国も存在します（山田鐐一・第3版国際私法（2004年，有斐閣）447頁）。

また，多くの国では裁判所の判決によって認められるのが普通ですが，**協議離婚**（日本，韓国，中華民国，ポルトガル，メキシコ），**一方的意思表示による離婚**（エジプト，イラン，アフガニスタン，パキスタン），**宗教裁判所による離婚**（リトアニア），**国家元首または行政機関による離婚**（デンマーク，ノルウェー，ベトナム），**国家の特別法による離婚**（カナダのケベック州，ニューファウンドランド州）を認める国もあります（山田・前掲書448頁）。

そのような国の人と恋に落ち，終生の愛を誓った時，当人同士はその愛が終りを告げるとは夢にも思わないはず。それにもかかわらず，破局を迎え，離婚という選択肢を採らざるを得ない場合，果たして離婚は成立するのでしょうか？　また，離婚が成立したとして，子供がいた場合，その親権者は誰になるのでしょう？　そして，財産分与，慰謝料の問題はどのように解決されるのでしょうか？

4　法　　例

国際結婚をした夫婦や国際養子縁組など，外国人が関係する家庭の日本における裁判に関して，どこの国の法律を使うかについては，「法例」という法律によって決められます。

「法例」は，法律の適用に関して色々な事柄を規定する法律で，明治31年7月16日に施行されています。全部でわずか34ヶ条で

4 法　例

すが，国際結婚・離婚などに係る問題を扱うにあたっては，なくてはならない法律です。平成元年の法例改正前は，男性中心主義の色彩が強く，婚姻の効力（改正前法例14条），夫婦財産制（改正前法例15条），離婚（改正前法例16条）については，いずれも，夫が国籍を有する国の法律（本国法）によると定められていました。

たとえば，昭和50年8月に離婚禁止国の男性と結婚した日本人女性Aさんが，諸々の事情によって，昭和55年3月に夫との離婚を希望したとします。その場合，前出の平成元年改正前法例16条に従えば，夫の本国法が適用され，Aさんの離婚は不可能ということになります。Aさんは，離婚ができないまま，生涯過ごさなければならないのでしょうか？

しかしそれでは，あまりにもAさんにとっては酷な話しです。わが国の裁判所は，公序則（平成元年改正前法例30条＝現行法例33条）の発動の有無によって離婚できるか否かを判断してきました。公序則とは，公序違反を理由に準拠法で指定された外国法の適用を排除する規定のことです。ところで，民法90条において定められている公序と法例33条における公序は，異なるものであるという点で学説上ほぼ一致しています。というのは，法例上の公序が民法上の公序良俗と同じであるとすると，わが国の実質法（民法や商法のように，直接に法律関係を規律する法）の強行規定に反する外国法の適用は一切排除されることになり，法例の諸規定のほとんどが無意味なものとなってしまうからです。ただし，公序則の発動による外国法の排除に慎重さを要することはいうまでもありません。

これまで，離婚禁止国たるフィリピン人の夫に対して日本人妻から多くの離婚請求事件が提起されてきましたが，その多くは平成元年改正前法例30条が定める公序によりフィリピン共和国法の適用が排除され（東京地判昭和35・6・23下民11巻6号1359頁*，横浜地判昭和38・4・26家月15巻10号149頁，大阪地裁堺支判昭和38・9・16

第15話　国際結婚を望んだ女性の悩み──離婚請求権

家月16巻2号70頁*，大阪地判昭和42・7・14下民18巻7＝8号817頁*，東京地判昭和42・9・1判時504号73頁，東京地判昭和45・4・11判時606号54頁*，横浜地判昭和48・1・18判タ297号315頁*，東京地判昭和60・6・13判時1206号44頁*など），日本民法により解決が図られてきました。すなわち，平成元年改正前の法例16条によって離婚が認められていなくても，住所不明の夫に対する悪意の遺棄などを理由とし，わが国の公序に反するとして離婚は成立してきました。

　離婚禁止国の者との離婚が認められなかった稀なケースとしては，離婚禁止国であるフィリピン人男性と結婚した日本人女性の離婚請求事件に関する新潟地判昭和63・5・20（離婚請求事件。判時1292号136頁*）が挙げられます。

　日本国籍を有する女性Xは，フィリピン男性Yと昭和51年に新潟市内で知り合い，翌年，フィリピンで同国法の定める方式に従って婚姻しました。Yは兄弟と共にバンドを結成していましたが，本国には仕事がなく，日本その他の外国で短期間働き，収入を得ていました。XYはマニラ市内で生活を始めましたが，Yの収入では婚姻生活を維持できず，不足を補うべくXがフィリピンで適当な職を得ることもできなかったため，Xはしばしば帰国し，生活費を得ていました。また，Yには大麻吸引の経験やXの私生活への干渉等の行為もあった事等から，Xは婚姻生活継続の意思を失い，同62年以降別居しており，子はいません。このような事情から，婚姻生活は既に破綻しており，「婚姻を継続し難い重大な事由」（民法770条1項5号）があるとして，Xは日本の裁判所に離婚を求めました。

　これに対して，Yは，自己の外国での収入がマニラでの生活費の約5か月分に相当し生活も苦しくないこと，Xが頻繁に日本に帰り，同59年に帰国後はフィリピンに戻らないので婚姻生活維持のため楽団を解散しYが来日しなければならなかったこと，Yは現在日本で定職を得ており，別居もまだ長期間に及んでいないこと，本件離

4 法　例

婚判決の確定後Yは本国で再婚の機会を奪われること，また，Xは有責配偶者である事等を主張して離婚に反対しました。裁判所は，

> 「本件離婚の準拠法は夫である被告の本国法たるフィリピン共和国法によるべきところ（法例16条），同国法は離婚に関する規定を欠き，離婚は一切許されないものと解される。しかしながら，仮に原告・被告間の婚姻関係が完全に破綻し，復元の可能性がないなどの事情が認められるのになおフィリピン共和国法を適用して離婚を認めないとすることは日本国における公の秩序，善良の風俗に反するから，そのような場合には法例30条によりフィリピン共和国法の適用を排除し，日本法を適用すべきものと解される。そこで，右の事情が認められるか否かについて……事実を検討するに，以下に述べるとおり，フィリピン共和国法の適用を排除すると共に日本民法770条1項5号に該当する事実を認めることはできず，他にこれを認めるに足りる証拠はない。」

> 「夫の収入だけでは生活できないとしても，十分な収入を上げることが可能であるにも拘らず故意に怠けて家族の生活を危機に陥れている等の事情がない限り（本件ではそのような事情を認めるに足りる証拠はない。），収入の不足を理由に離婚を請求することは許されない（夫は必ず家族全員の生活を支えるに足りる収入を得なければならず，収入が不十分な場合には離婚請求を甘受しなければならないと解することは到底できない。なお日本民法上，夫婦間の扶養義務は相互に存するのであって，夫のみが負うものではない。）。」

と判示し，X女の離婚請求を棄却しました。

離婚禁止国法の適用が認められなかった事例である本件において認定された特徴的な事実は，被告である夫の住所が判明しており，しかも妻の居住国日本で職を得ていること，少ないながらも夫が妻に継続的に送金していたこと，夫の側に婚姻継続の意思が認められること，の3点です。石黒教授は，「この事案では，10年にわたる婚姻生活が，日本とフィリピンとで交互に営まれ，他のケースと異

第15話 国際結婚を望んだ女性の悩み——離婚請求権

なり,事案の内国牽連性がさほど強くなかったことが,まずもって注意されるべきである」(石黒一憲・国際私法(新版)(1990年,有斐閣)46頁)と主張されています。

なお,男女平等の見地から,平成元年,「法例の一部を改正する法律」が国会に提出され,平成2年1月1日に施行されました。現行の法例16条では,離婚につき婚姻の効力に関する法例14条が準用されています。

すなわち,離婚の準拠法(渉外的法律関係に適用すべきものとして指定された法律)を定める法例16条によって,次のように段階的に準拠法が定められています。

まず第一段階として,夫婦の本国法(国籍)が同じ場合(たとえば,夫婦双方が在日中国人の場合)は,その国の法律により,そして,第二段階として,夫婦で本国法(国籍)が違い,共通の法律がない場合(たとえば,夫が中国人で,妻が日本人の場合)は,夫婦が住んでいる国の法律(共通常居所地法)により,これらのいずれにも該当しない場合は,夫婦に最も密接な関係を有する国(たとえば,夫婦関係が破綻する前まで共に居住していた国)の法律(密接関連法)によることが基本とされています。このような準拠法の決定方法は,「段階的連結」と呼ばれています。ただし,離婚については,夫婦の一方が日本に常居所を有する日本人であるときは,日本の法律によると規定されています(日本人条項)。

新潟地判昭和63・5・20のような場合には夫婦の常居所地法(日本法)による解決法が採られています。その他のケースにおいても,改正法例によって今後は公序則の発動は抑えられ,離婚禁止国の者との離婚に関する問題が生じることは少なくなると思われます。

5 離婚に付随する問題

さて、離婚そのものが認められたとしても、現実には、離婚に付随して解決しなければいけない問題が多々あります。たとえば、前に若干触れましたが、子の親権者および監護権者の決定や財産分与、慰謝料の問題等であり、わが国の民法では以下のように定められています。

親権者については、父母の協議などにより父母の一方を親権者と定めることになっています（民法819条1項・2項・5項）。

子の監護（監護というのは、子の養育をすることです）をすべき者や、監護について必要な事柄は、父母の協議等で定めることとされています（民法766条・771条）。

離婚した者の一方は、相手方に対して財産分与を請求することができます（民法768条・771条）。

また、離婚について責任のある配偶者（有責配偶者）は、相手方配偶者に対して損害賠償を負いますが、この損害賠償は、不法行為責任（民法709条・710条）に基づく精神的損害に対する賠償（慰謝料）です。

財産分与請求権と慰謝料請求権との関係について、最判昭和31・2・21（離婚並びに慰謝料請求事件、上告棄却。民集10巻2号124頁*）は、

> 「離婚の場合に離婚した者の一方が相手方に対して有する財産分与請求権は、必ずしも相手方に離婚につき有責不法の行為のあつたことを要件とするものではない。しかるに、離婚の場合における慰藉料請求権は、相手方の有責不法な行為によって離婚するの止むなきに至つたことにつき、相手方に対して損害賠償を請求することを目的とするものであるから、財産分与請求権とはその本質を異にすると共に、必ずしも所論のように身体、自由、名誉を害せられた場

合のみに慰藉料を請求し得るものと限局して解釈しなければならないものではない。されば，権利者は両請求権のいずれかを選択して行使することもできると解すべきである。ただ両請求権は互に密接な関係にあり財産分与の額及び方法を定めるには一切の事情を考慮することを要するのであるから，その事情のなかには慰藉料支払義務の発生原因たる事情も当然に斟酌されるべきものであることは言うまでもない。」

と判示しています。本件に関連した最判昭和 46・7・23（慰藉料請求事件，上告棄却。民集 25 巻 5 号 805 頁*）の判決理由については，第 2 話で紹介したとおりです。

6　国際離婚に伴う親権・監護権の問題

　翻って，国際離婚に伴うその未成年の子に対する親権・監護権の帰属・分配の問題については，かつては，これを離婚の効力（法例 16 条）の問題であると考える立場も見られました。しかし，離婚の効力についての規定の主な目的は夫婦間の利害調整であり，子の利益を主な目的とする親子関係には及ばないとして，親子関係（法例 21 条）の問題であるとする立場が多く見られます（山田・前掲書 450 頁，溜池良夫・国際私法講義〔第 2 版〕(1999 年，有斐閣) 446 頁，櫻田嘉章・国際私法〔第 4 版〕(2005 年，有斐閣) 258 頁，澤木敬郎＝道垣内正人・国際私法入門〔第 5 版〕113 頁，木棚照一＝松岡博＝渡辺惺之・国際私法概論〔第 3 版補訂版〕(2001 年，有斐閣) 191 頁以下，笠原俊宏・国際家族法要説〔新訂増補版〕(2003 年，高文堂出版社) 76 頁以下参照）。

　裁判例も親子関係については子の福祉の観点から子を中心に準拠法が定められていることを理由として，学説と同様に法例 21 条の親子関係の準拠法によるとしています。たとえば，横浜地判平成 10・5・29（離婚請求事件，請求認容・確定。判タ 1002 号 249 頁*）も，

「離婚に伴う未成年の子の親権の帰属は，父母の離婚によって発生する問題ではあるが，離婚を契機として生ずる親子間の法律関係に関する問題であるから，準拠法は法例二一条によるべきである。」

　「本件において，原告と被告との間の長男は，米国籍を有するが，米国は，実質法のみならず抵触法についても各州ごとに相違しており，統一的な準国際私法の規則も存在しない不統一法国であるから，法例 28 条 3 項〔「当事者が地方に依り法律を異にする国の国籍を有するときは其国の規則に従ひ指定せらるる法律若し其規則なきときは当事者に最も密接なる関係ある地方の法律を当事者の本国法とす。」〕にいう内国規則はなく，当事者に最も密接な関係ある地方の法律を当事者の本国法とすべきこととになるが，子の国籍が米国である以上，子の本国法としては，米国内のいずれかの法秩序を選択せざるを得ない。証拠……によれば，外国人登録原票上の国籍の属する国における住所又は居所は，長男及び原告とも，オハイオ州クリーブランド市であることが認められ，原告がオハイオ州で生まれ，同州の大学を卒業して来日したことは前示のとおりであるから，右事情にかんがみると，子の本国法としては，法例 28 条 3 項にいう当事者に最も密接な関係ある地方の法律としてオハイオ州法を選択し，長男の親権の帰属は，法例 21 条による子と父の共通本国法である同州法の定めるところによって決するのが相当である。」

と判示しています（その他，東京地判平成 2・12・7 判時 1424 号 84 頁*，水戸家審平成 3・3・4 家月 45 巻 12 号 57 頁，横浜地判平成 3・10・31 家月 44 巻 12 号 105 頁*など）。

7　国際離婚に伴う財産分与

　国際離婚に伴う財産分与の制度は，国によって相違し（離婚に伴

第15話 国際結婚を望んだ女性の悩み——離婚請求権

う財産分与請求権を認めていなかった改正前の韓国法など），離婚に伴う慰謝料，離婚後の扶養の要素を含むこともあり，その法的性格は特定しにくいですが，一般的には夫婦財産関係の清算に近い性質を有することが多いようです（基本法コンメンタール国際私法（別冊法セ130）105頁）。前掲横浜地判平成3・10・31は，

> 「離婚に伴う財産分与及び離婚そのものによる慰謝料請求については，いずれも離婚の際における財産的給付の一環を成すものであるから，離婚の効力に関する問題として，……同様に法例16条本文（14条）によるべきものと解するのが相当であり，本件においては，日本民法が適用されることになる。」

と判示しています。

ただし，離婚そのものに基づく慰謝料請求ではなく，暴行等によって相手方に損害を与えた場合の損害に対する賠償請求の問題については，離婚の効力の問題として扱わず，不法行為（法例11条）の問題とするケースも見られます。一例として，神戸地判平成6・2・22（離婚等請求事件，一部認容・確定。家月47巻4号60頁*）を見てみましょう（その他の裁判例として，前掲横浜地判平成3・10・31）。

中国国籍の妻Xと日本国籍の夫Yは，昭和61年に中国で同国の方式により婚姻し，両者の間には日本国籍を有する子A（昭和63年出生）がいます。Xの主張によれば，Yは些細なことからXに対し再三暴力をふるい，特に，平成3年には，Xの顔面を踏みつける等の暴力を加え，これによりXに左目窩吹き抜け骨折，鼻骨骨折，上顎骨折の障害を負わせました。また，Yは，金銭に対する執着心が極めて強いうえ，夫としての自覚に欠け，自己中心的な行動が顕著であった事等によって，XとYの間の婚姻関係は完全に破綻していることをXは主張し，離婚と子Aの親権者をXと定めることのほか，財産分与として金400万円および慰謝料として金800万円の各支払いを求めました。

これに対して，Yは，応訴し，Xが中国において結婚コンサルタント業と称して多数の結婚詐欺を行っており，Yとの結婚は，最初から離婚することを前提として，離婚による慰謝料，子の養育費等の名目で被告から金員の交付を受けることを目的としてなされたものであること，Xは，不貞行為を行っていること等を主張し，これを争いました。

財産分与請求と慰謝料請求の準拠法について，裁判所は，

> 「離婚に伴う財産分与請求は，離婚の効果としてなされるものであるから，離婚の効力の問題として，離婚の準拠法がその準拠法になると解するのが相当である。」

> 「原告が本件慰謝料請求として離婚に至るまでの個々の行為を原因とする慰謝料と離婚そのものを原因とする慰謝料をそれぞれ請求していることは，原告の主張自体から明らかである。」

> 「したがって，本件慰謝料請求中，離婚に至るまでの個々の行為を原因とする慰謝料請求に関しては，一般不法行為の問題として法例11条1項に則り不法行為地法であるわが国民法が，また，離婚そのものを原因とする慰謝料請求に関しては，その実体がいわゆる離婚給付の一端を担うものとして離婚の効力に関する法例16条本文，14条に則り前記説示と同じく常居所地法であるわが国民法が，それぞれ準拠法になる。」

と判示しました。

8 おわりに

各国の文化的背景や習慣の違いが，当然のように結婚・離婚といった法律制度にも影響を与えています。今日，異性間の婚姻のみならず，同性間の婚姻においても，欧米諸国を中心に実質法が整備されつつあり，わが国においても検討する時期を迎えています。国際結婚・離婚においても，この異なる法律制度が並存していることを

第15話 国際結婚を望んだ女性の悩み——離婚請求権

前提に，様々な問題を解決していかなければなりません。国際間の安定した法秩序のためには，法律の適用関係の規律が必要であり，準拠法の選定の問題が非常に重要となるのです。

〔佐々木彩〕

第16話

人生いろいろ，金儲けもいろいろ，結婚もいろいろ──外国人労働者の悩み

国際的偽装結婚

1　はじめに

近年，日本の国際化は進み，また国際交流も活発になっています。外国を訪れる日本人は多く，同時に日本を訪れる外国人も増加しています。私達の身の回りでも外国人との共生の現状を多く見ることができるようになりました。このような状況の中で国際結婚もめずらしいものではなくなってきたと言えるでしょう。日本においては国際結婚が増加しているだけでなく，その形状もまた多様化しており，同時にいくつかの新しい問題もまた生じています。ここでは国際結婚の場面で生じる偽装結婚の問題について見てゆきたいと思います。

2　偽装結婚

近年あっせん業者の紹介によって日本人が外国人と結婚する例が増加しています。しかし，その中には来日後間もなく「仕事のため」と称して姿を消してしまうこともあるようです。たとえば，あっせん業者の紹介により福岡県在住の日本人男性と結婚した中国人女性は，来日直後に借金があることを話して働き始めて，その翌年に在留ビザの更新をすると，東京で働きたいことを告げ，名義料を

第16話 外国人労働者の悩み──国際的偽装結婚

払うので籍を抜かずに残してほしいと頼んだことから，日本人男性は偽装結婚になると考え離婚した例や，北九州市内の男性は，中国人女性と入籍し，その女性は翌年3月に来日しましたが，約3週間後には「あんまの勉強のため」と1人で上京して，その後，妻に戻る意思がないことがわかり離婚しましたが，その際に「毎月金を払うので籍を抜かないで」と頼まれた例があります。このような例は他にも多く報告されていて，法務省入国管理局は，国際結婚が在留資格取得に利用されている疑いがあるとして警戒しています（2002年4月4日朝日新聞西部発行朝刊31面より）。

この他にも，組織的な偽装結婚の例としては，警察が摘発した中国人女性との偽装結婚があります。それは，まず「妻」になる中国人女性が「日本人の配偶者」の長期在留資格を得ようと，現地の組織に依頼します。そして日本側のあっせん組織が国内の手続を引き受けるという構図で，暴力団の関与が確実視されています。その仕組みは，あっせん役が日本で「夫」役の独身男性を探し，独身を証明する書類を入手させて中国に渡航させます。「夫」は現地で「妻」役と役所へ行き，結婚証明書を入手します。その後，男性は帰国し，日本の役所に結婚証明書と婚姻届を提出するのです。受理されたら入国管理局で「妻」の在留資格認定書を取得して中国にこれを郵送して，女性は同証明書でビザを取得するのです。これによって日本に来た外国人女性は入国後には夫に会うことなく職に就くことが一般的だといわれていて，上記の手続の費用として外国人女性が組織に支払う金額の相場は300万円程だそうです（2002年10月19日朝日新聞西部発行朝刊27面より）。

これ以外には，公園や路上で暮らす野宿生活者が甘い誘いに乗って，窃盗や偽装結婚などの犯罪に引き込まれる例が目立っています。野宿者の多くが身寄りのないところにつけ込んで住民票や戸籍を悪用する手口です。たとえば，書類を偽造する場合，野宿生活者らに

街頭で声をかけて酒を飲ませ，泥酔したところで指に朱肉を付けて拇印を押させるという手口が多いようです。大阪市西成区のあいりん地区で日雇い労働をしている70歳代の男性によれば，「野宿生活者の住民票や戸籍を悪用するには三千円もかからない。カップ酒数個もあればいい。それが現実だ」と話しています（2000年10月31日朝日新聞大阪発行朝刊35面より）。

③ 「日本人の配偶者等」の在留資格

このようなことが起こるのは，近年の日本の経済事情から，外国人の本国と日本での所得の間に大きな格差があるために，日本で就労したいと希望する外国人が多く存在するからだと思われます。しかし，そうした外国人を無条件に受け入れてしまうと，日本の労働市場だけでなく，日本の社会にさまざまな問題を引き起こしてしまうことが想定できるために，日本では外国人の入国および日本における就労に関して規制を行っているのです。

このために，日本に入国し在留する外国人は，上陸許可あるいは在留資格の取得や変更の許可に際して決定された在留資格をもって在留することが原則とされています。すなわち，外国人が日本で生活するためには「在留資格認定証明書」を入管で取得して，在留ビザを取得する必要があるということになります。また，それぞれの在留資格によって，日本で行うことができる活動の範囲および滞在することができる期間が異なります。外国人はこの法的資格に基づいて日本に在留し活動することができるのです。在留資格には日本人の配偶者や留学，研修，家族滞在などのさまざまな種類がありますが，その中でも「日本人の配偶者等」の在留資格は婚姻が確認されればよいだけでなく，来日後の活動制限もないことから，日本での就労を目的とした外国人が日本人との婚姻を偽装し，また婚姻関

係の実態が形骸化しているにもかかわらず，離婚することなく法律上の婚姻関係を維持することによって，日本で就労活動を継続するという例が発生しているのでしょう。

この「日本人の配偶者等」の在留資格がどのような場合に認められるかが争われたものに，最判平成 14・10・17（在留資格変更申請不許可処分取消請求事件，破棄自判（控訴棄却）。判タ 1109 号 113 頁）があります。これは，和歌山市在住のタイ人女性が，日本人の夫との婚姻関係の破綻を理由として，配偶者としての在留資格を認めなかった国を相手どって，不許可処分の取消しを求めた訴訟でした。そこにおいては，

> 「日本人の配偶者の身分を有する者として活動を行おうとする外国人が「日本人の配偶者等」の在留資格を取得することができるものとされているのは，当該外国人が，日本人との間に，両性が永続的な精神的及び肉体的結合を目的として真しな意思をもって共同生活を営むことを本質とする婚姻という特別な身分関係を有する者として本邦において活動しようとすることに基づくものと解される。ところで，婚姻関係が法律上存続している場合であっても，夫婦の一方又は双方が既に上記の意思を確定的に喪失するとともに，夫婦としての共同生活の実態を欠くようになり，その回復の見込みが全くない状態に至ったときは，当該婚姻はもはや社会生活上の実質的基礎を失っているものというべきである（最高裁昭和 61 年(オ)第 260 号同 62 年 9 月 2 日大法廷判決・民集 41 巻 6 号 1423 頁参照）。そして，日本人の配偶者の身分を有する者としての活動を行おうとする外国人が「日本人の配偶者等」の在留資格を取得することができるものとされている趣旨に照らせば，日本人との間に婚姻関係が法律上存続している外国人であって，その婚姻関係が社会生活上の実質的基礎を失っている場合には，その者の活動は日本人の配偶者の身分を有する者としての活動に該当するということはできないと解するのが相当である。そうすると，上記のような外国人は，「日

本人の配偶者等」の在留資格取得の要件を備えているということができない。」

と判示し,「日本人の配偶者等」の在留資格について活動要件必要説に立つことを初めて示した最高裁判決でした。

なお,在留資格とは外国人が日本に在留する間,一定の活動を行うことができる資格あるいは外国人が一定の身分または地位に基づいて日本に在留して活動することができる入管法上の法的資格をいいます。在留資格は外交,公用,教授,芸術,宗教,報道,投資・経営,法律・会計業務,医療,研究,教育,技術,人文知識・国際業務,企業内転勤,興行,技術,文化活動,短期滞在,留学,就学,研修,家族滞在,特別活動,永住者,日本人の配偶者,永住者の配偶者,定住者という27種類に分けて挙げられています(山田鐐一＝黒木忠正・わかりやすい入管法(第6版)(2004年4月10日,有斐閣)30頁以下参照)。

また,在留資格認定証明書とは日本に入国しようとする外国人について,その外国人の入国する目的が入管法に定めている在留資格のいずれかに該当していることを,法務大臣においてあらかじめ認定されたことを証明する文書のことをいいます。在留資格認定証明書の交付を受けた外国人は,これを在外の日本国領事館などに提示することによって,すみやかに査証が発給され,日本において上陸の審査を受ける際にこの証明書を提出すれば,在留資格に適合していることを立証する文書の提出をする必要がないことから,容易に上陸の許可が得られるという利点があります(山田＝黒木・前掲書52頁以下参照)。

4 アメリカの制度

日本のように外国人の在留,就労に対して厳しい態度を採ってい

第16話　外国人労働者の悩み——国際的偽装結婚

る国は他にも多くありますが，特に先進諸国においては不法滞在者の防止のためであると思われます。このことは，移民の国であるアメリカもその例外ではないようです。1990年作の映画にピーター・ウィアー（Peter Weir）監督の「グリーンカード（Green Card)」という作品があります。この映画は，独身者不可のアパートメントに入居したいアメリカ人女性と，アメリカの永住権（グリーンカード）を取得したいフランス人男性が，偽装結婚することでお互いの目的を達成しようとするのですが，移民局の調査のために同居生活を送ることになるという話です。この中でアメリカの移民局の調査や面接が厳しいことがわかります。

その反面，アメリカには「DVプログラム」という制度があります。この制度は，在日本米国大使館ホームページ（http://usembassy.gov/tj-main.html）によれば，移民多様化ビザ抽選プログラムと呼ばれていて毎年行われています。このプログラムは，一定の条件を満たす当選者にアメリカへの永住ビザを発給するものです。当選者はコンピューターによって無作為に選ばれますが，ビザは世界の6つの地域ごとに割り当て数が決められていて，アメリカへの移民率の低い地域に多く割り当てられるそうです。応募のためには応募者が，原則としてプログラム対象国で生まれた者でなくてはならないこと，また，教育または職業的経験においてDVプログラムでの必要条件を満たしていなくてはならないこと等の条件があります。このプログラムにより毎年およそ5万人に永住権が授与されています。もちろん私達日本も申し込むことができる対象国のひとつです。また，アメリカに不法滞在して，プログラムの抽選に申し込んで当たるのを待ちながら生活している者もいるようです。

5 最近の状況

　日本において国際結婚が急速に増えたのは，1980年以降のことです。1980年頃までの間は，日本における国際結婚といえば韓国・朝鮮人，中国人もしくはアメリカ人というように限られた国の者がほとんどでした。その後は国際結婚の件数自体が急速に増えるにつれて，日本人と婚姻する者の国籍もさまざまになってきています。また，近年のアジア諸国の外国人と婚姻した日本人は男性が多く，日本に外国人女性が多く来日していることがわかります。その中でも，1980年にはほとんどいなかったフィリピン人やタイ人の女性が，2002年にはそれぞれ大幅に増加しています。また，中国人女性との婚姻は，1万件を超えて日本の国際結婚の3割を占めるに至っています。日本人女性と外国人男性の婚姻件数の伸びに比べて，日本人男性と外国人女性の婚姻の伸びがとても大きいことが特徴として挙げることができるでしょう。

　このような特徴が現れる背景は，東京入国管理局が，2001年に日本人の配偶者の資格で入国した中国・福建省出身者約170人について実態調査を行ったところ，調査が終了した100人のうち約50人が，届け出た住所地に住んでおらず，所在が不明となっていて，東京入管はこの50人について偽装結婚と断定し，在留資格の更新を不許可とし，退去強制手続をとったそうです（2002年5月21日毎日新聞大阪発行夕刊1面）。このように，中国人の急速な増加や，フィリピン，タイ人の増加などは，上記に述べたような，日本に在留して職を得るための偽装結婚が少なからず関係していることが想定できるのではないでしょうか。

第16話 外国人労働者の悩み——国際的偽装結婚

第1-41表 婚姻件数（年次×夫妻の国籍別） 人口動態 58

国　籍	昭和60年(1985)	平成2年(1990)	平成7年(1995)	平成11年(1999)	平成12年(2000)	平成13年(2001)	平成14年(2002)
総数	735,850	722,138	791,888	762,028	798,138	799,999	757,331
夫妻とも日本	723,669	696,512	764,161	730,128	761,875	760,272	721,452
夫妻の一方が外国	12,181	25,626	27,727	31,900	36,263	39,727	35,879
夫日本・妻外国	7,738	20,026	20,787	24,272	28,326	31,972	27,957
妻日本・夫外国	4,443	5,600	6,940	7,628	7,937	7,755	7,922
夫日本・妻外国	7,738	20,026	20,787	24,272	28,326	31,972	27,957
妻の国籍							
韓国・朝鮮	3,622	8,940	4,521	5,798	6,214	6,188	5,353
中　国	1,766	3,614	5,174	7,810	9,884	13,936	10,750
フィリピン	...	...	7,188	6,414	7,519	7,160	7,630
タ　イ	...	...	1,915	2,024	2,137	1,840	1,536
米　国	254	260	198	198	202	175	163
英　国	...	...	82	81	76	93	85
ブラジル	...	...	579	333	357	347	284
ペルー	...	...	140	128	145	142	126
その他の国	2,096	7,212	990	1,486	1,792	2,091	2,030
妻日本・夫外国	4,443	5,600	6,940	7,628	7,937	7,755	7,922
夫の国籍							
韓国・朝鮮	2,525	2,721	2,842	2,499	2,509	2,477	2,379
中　国	380	708	769	836	878	793	814
フィリピン	...	...	52	101	109	83	104
タ　イ	...	...	19	64	67	55	45
米　国	876	1,091	1,303	1,318	1,483	1,416	1,488
英　国	...	...	213	228	249	267	317
ブラジル	...	...	162	222	279	243	231
ペルー	...	...	66	123	124	135	137
その他の国	662	1,080	1,514	2,237	2,239	2,286	2,407

注：フィリピン，タイ，英国，ブラジル，ペルーについては平成4年から調査しており，平成3年までは「その他の国」に含まれる。
資料：統計情報部「平成14年人口動態統計」
厚生労働省ホームページ(http://wwwdbtk.mhlw.go.jp/toukei/youran/data15k/1-58.xls)より〔accessed, on, August21, 2004〕

6　婚姻の成立要件

　日本人どうしが日本で婚姻をする場合は、その法律問題は日本にのみ関係していることから、当然に日本の法律が適用されることになります。ところが、国際結婚のようにいくつかの国が関係してくるような場合には、その婚姻にどこの国の法律が適用されるかという特殊な問題が発生することになります。このような場合に、どの国の法律を適用するのかを決める法律を「国際私法」といい、日本では、「法例」のことを指します。

　日本人どうしが婚姻する場合には、日本が届出婚の制度をとっているために、どのような方式で挙式をしても、または挙式を行わなくとも、市区町村の役所に婚姻の届けを出すことによりその婚姻は成立します。しかしながら、諸外国においては教会や役所での挙式によって婚姻が成立することも多いので、外国人と婚姻する場合には相手方の国の制度を知っていなくてはならないのです。国際結婚の場合は、諸国の法律の内容が異なっていることから法律上の夫婦となるためには、婚姻の実質的成立要件および形式的成立要件（方式）を満たしていなくてはなりません。

　実質的成立要件というのは、婚姻する当事者が、婚姻を成立させるために必要な条件のことです。すなわち、日本人は日本の、外国人はその国籍国の婚姻が成立するために必要な要件を備えていなくてはならないのです。たとえば、婚姻年齢は、現在のところ日本では、男性18歳、女性16歳とされています（民法731条）が、イギリスでは男性女性ともに16歳、イタリアでは男性16歳、女性14歳、ドイツでは男性女性ともに18歳、中華人民共和国では男性22歳、女性20歳というように婚姻年齢を例にしても国によって異なっています。

　そして、形式的成立要件（方式）とは、日本においては役所への

届出ですが，この方式もまたそれぞれの国ごとに異なっているために，国際私法によって適用する法律を定めてそれに従わなくてはなりません。すなわち，まず，婚姻の成立要件は，それぞれの当事者について，その本国法によります（法例13条1項）。そして，婚姻の方式は，婚姻挙行地の法律によりますが（法例13条2項），日本で婚姻を挙行してその一方当事者が日本人であるときを除いて，当事者の一方の本国法に基づく方式であってもよいことになっています（法例13条3項）。

日本の民法に規定されている実質的成立要件は以下の7つです。

① 婚姻適齢であること（民法731条）
② 重婚でないこと（民法732条）
③ 再婚禁止期間内でないこと（民法733条）
④ 近親者間の婚姻でないこと（民法734条）
⑤ 直系姻族間の婚姻でないこと（民法735条）
⑥ 養親子等の婚姻でないこと（民法736条）
⑦ 未成年者の場合には父母の同意があること（民法737条）

7 公序則（法例33条）

日本において国際結婚を行う場合には，法例13条が適用され，婚姻当事者はそれぞれの本国法が定めている婚姻の要件が備わっていなくてはならない，ということは前述しました。その要件の中には，自分だけが満たしていればよい一方的要件と，当事者双方が満たしていなくてはならない双方的要件とがあります。それぞれの要件は国によって様々なものがありますが，一方的要件としては，①婚姻する意思があること，②婚姻できる年齢であること，③未成年の場合には父母の同意があること，④精神的，肉体的に障害がないこと，また，双方的要件としては，①近親関係にないこと，②重婚

[7] 公序則（法例33条）

でないこと、③再婚禁止期間を経過していること、④人種上または宗教上の理由に基づく禁止にあたらないことなどが例として挙げられます（山田鐐一=澤木敬郎=南敏文=住田裕子・わかりやすい国際結婚と法〔新版〕（1995年6月30日，有斐閣）6頁以下参照）。

　法例13条によって指定される法律は，指定される法律の具体的な内容やその法律を適用した結果を考慮しないで機械的に決定されてしまいます。このため，事案によってはそのまま適用してしまうと不当な結果に導いてしまう場合も想定することができるのです。たとえば，婚姻の要件について，一夫多妻の制度を採っている外国法が適用されてしまうような場合や，婚姻の自由を制限するような差別的な法律が適用されてしまうような場合です。このような場合は，指定された外国の法律の内容によって，その適用の結果が内国の私法的社会秩序を破壊するおそれがあると判断され，法例33条を適用して当該外国法の適用を排除することになります。このような例としては，異教徒間の婚姻は無効とするエジプト法の適用を排除した東京地裁平成3・3・29（婚姻無効確認等請求事件，主位的請求棄却・予備的請求認容・確定。判時1424号84頁②）があります。そこにおいては，

　　「婚姻の実質的成立要件の準拠法は，平成元年法律第27号付則第2項によって改正前の法例13条1項が適用され，各当事者の本国法となるが，イスラム教徒である被告に適用されるエジプトの法令によると，イスラム教徒である被告と仏教徒である原告との婚姻は，異教徒間の婚姻として禁止され，右婚姻は無効とされているものと解される。しかしながら，単に異教徒間の婚姻であるというだけの理由で，日本人である原告とエジプト人である被告の婚姻を無効とすることは，信教の自由，法の下の平等などを定め，保障する我が国の法体系のもとにおいては，公序良俗に反するものと解さざるを得ないので，本件においては，前記改正前の法例30条により前記イスラム教徒に適用されるエジプトの法例の適用を排除するのが相

当である。」
と判示されています。

8　婚姻意思の欠如による婚姻無効

　婚姻の要件の中で最も大切で確認することが難しいのは，婚姻する意思があるかないかということではないでしょうか。日本は届出婚制であるため，市区町村の役所に届けを出すことによりその婚姻は成立することから，たとえ当事者の間に婚姻する意思がなかったとしても，その届出が受理されてしまえば婚姻は成立してしまいます。しかしながら，婚姻意思の欠如により婚姻が無効となることもあります。

　法例が平成元年に改正される以前の事例ではありますが，日本人男性で原告のXは，韓国人女性Yと婚姻したところ，この婚姻は被告Yが日本人男性の配偶者になることによって長期在留の資格を取得するためのもので，当時経済的に困窮していた原告Xは，偽装結婚の報酬を取得するためにこれに応じたのです。その後被告Yの所在が不明になったために，原告Xが婚姻意思のなかったこと（民法742条1号）を理由とするXとYの間の婚姻無効を申し立てたものがあります。大阪地判昭和59・12・24（婚姻無効確認事件，請求容認・確定。家月37巻10号104頁）は，本件婚姻は原告被告双方の婚姻意思を欠く無効のものと解し，

　　「本件では原告が日本国籍を，被告が韓国国籍を有するところから，婚姻成立の要件は法例13条1項により原告については我国法に，被告については韓国法に準拠することになるところ，前記認定の事実によれば，本件婚姻については，原，被告のいずれもが真実婚姻をする意思を有しなかつたというのであり，そうであれば，原告については我民法742条1号により，被告については韓国民法

8　婚姻意思の欠如による婚姻無効

815条1号により，いずれも婚姻は無効というべきである。」
と判示しています。また，偽装結婚の事例ではありませんが，届出意思がなかったとして婚姻が無効とされたものに，最判平成8・3・8（婚姻無効確認請求事件，破棄自判（請求認容）。家月48巻10号145頁*）があります。また，中国残留孤児に関する事案の中で，中国で行った婚姻が，婚姻意思を欠いていて，実質的成立要件も形式的成立要件も欠いている無効なものとされたものに京都地判平成4・12・9（日本国籍存在確認請求事件，請求容認・確定。判タ831号122頁*）があります。

これ以外にも，被告人が，共犯者4名と共謀の上，中国国籍の共犯者に日本の在留資格を得させる目的で，同共犯者らに虚偽の婚姻届等を提出させ，日本人の共犯者の戸籍簿に不実な記載をさせて備え付けさせた公正証書原本不実記載などで有罪を宣告した神戸地判平成15・1・20（覚せい剤取締法違反，公正証書原本不実記載，同行使被告事件，有罪）は，

「本件は，被告人が，共犯者4名と共謀の上，中華人民共和国国籍の共犯者に日本の在留資格を得させる目的で，同共犯者らをして虚偽の婚姻届等を提出させ，日本人の共犯者の戸籍原本に不実な記載をさせて備え付けさせた公正証書原本不実記載，……被告人は，共犯者から偽装結婚の相手方を捜して欲しいと頼まれるや，前刑の執行終了後7か月も経ないで，報酬目的で安易にこれに応じて本件犯行に及んでおり，その利欲的な動機に酌量の余地はないし，本件犯行において知人を偽装結婚の相手方として紹介するという重要な役割を果たしたこと，戸籍制度を悪用し，外国人の不法滞在を助長した本件犯行は厳しい非難に値し，その社会的影響は軽視できず，本件が暴力団組織の介在した犯行であることをも併せ考慮すると，その犯情は悪質である。」

と判示しています。

第16話　外国人労働者の悩み —— 国際的偽装結婚

9　国際結婚の現状

今までに述べてきた偽装結婚の多くが，日本人男性と外国人女性との間で行われています。そして，偽装結婚をしてまで日本に在留しようとする外国人女性の多くは，経済的な理由によって風俗営業に従事していることが特徴として挙げることができます。また，このような外国人女性のほかにも，日本人の好まない単純労働や肉体労働などのいわゆる３Ｋ（きつい，きたない，くさい）と呼ばれる職種に従事する外国人男性も，日本で就労するために不法滞在者としての不安定な在留よりも，安定して仕事をすることができる「日本人の配偶者等」の在留資格を取得しようとしています。

偽装結婚も今日の日本における国際結婚の形のひとつとして位置付けることができると思われますが，この他にも，日本の農村部で問題になっている嫁不足の解消のために，アジアの女性を嫁に迎えることを目的とする「お見合いツアー」が行われていることや，インターネットの普及によって今までの男性と女性の出会いの形が，必ずしも直接に会うということだけでなく，インターネットを介しての出会いも結婚へと結びつく男女間のひとつの方法になったと考えることができるようになりました。ところで，いつかテレビでこのような報道がされていました。海外から日本の農村に嫁いできた女性の誕生日祝いでしたか，その祝いの席で，「○○○ NO LOVE」（○○○は女性の名前）と書かれていました。「○○○の愛」というのをローマ字と英語とをごっちゃにしていたのです。せっかく海外から日本にやってきたその女性は，泣き出しました。そこで，みんなが慰めました。「違う！違う！」のつもりが，No! No! といって。さらに激しく泣き出した，とさ。みなさん，おわかりですか？

また，諸国にはさまざまな宗教があり，その中には私達日本人の

9　国際結婚の現状

価値観とは異なる婚姻の形態を持っているものもあります。その特殊な例としては、新興宗教の行う婚姻形態を挙げることができるでしょう。たとえば、日本の著名人も参加した韓国の世界基督教統一神霊協会（統一協会）による合同結婚式が思い当たります。統一教会は、結婚相手の選定を教祖に委ねていることから、婚姻が問題なく継続している間は問題ありませんが、婚姻が破綻した場合には婚姻の意思がなかったとして無効であるという場合があります（笠原俊宏・国際家族法要説（新訂増補版）（2003年11月20日，高文堂出版社）211頁以下参照）。統一教会の合同結婚式に出席した原告の日本国籍者が、婚姻意思がなかったことを理由に韓国国籍者を被告として提起した婚姻無効確認訴訟で、福岡地判平成8・3・12（婚姻無効確認請求事件，請求認容・確定。判タ940号250頁）は，

「本件婚姻届出にかかる原・被告間の効力について検討するに，右は，ひとえに原・被告の婚姻意思の有無にかかっているものということができる。そして，「婚姻意思がないとき」とは，当事者間に真に社会観念上夫婦と認められる関係の設定を欲する意思がない場合を指すものと解される。……本件婚姻届は，通常の社会観念からすると夫婦としての関係を設定する意思に基づいてなされたものとは到底解し得ない。確かに，原告は，本件婚姻届出をしたものであるが，原告は，当時家庭や仕事等を投げうって身も心も捧げて信仰に打ち込んでいたものであって，ただ統一協会ないし文鮮明の指示命令に忠実に従っていたにすぎない。」

と判示して，婚姻を無効としています。同様な事例としては，名古屋地判平成7・2・17（婚姻無効確認請求事件，請求認容・確定。判時1562号98頁*）があり，そこにおいては，

「法例13条1項によれば，婚姻成立の要件は，各当事者につきそれぞれの本国法によって定められるべきところ，婚姻の意思の欠如は，相手方と関係なく，当事者一方のみの関係で婚姻の障碍となる一面的婚姻障碍であるから，婚姻の意思を欠く当事者，すなわち本

件においては原告の本国法であるわが国の法律に従って，その婚姻の成立に与える効果を決すべきであり，本件婚姻届提出の当時，原告が，被告との婚姻の意思を有していなかった以上，日本民法742条1号により，本件婚姻は無効である。」
と判示しています。

10　おわりに

今までに挙げた様々な国際結婚の現状は，その多くが，日本が世界的な経済大国になってからの現象であると考えられます。このような現象は，日本のバブル経済が崩壊した後は減少していると言われていますが，依然として日本との経済格差の大きい国からの流入は続いていると考えられます。今後は，世界的な国際化による純粋な意味での国際結婚が増加するだけでなく，日本もアメリカやヨーロッパ諸国のように諸外国より移民を受け入れるようになり，国際結婚がいままで以上に一般的な婚姻の形になる日がくるかもしれません。また，国際結婚が増加することは，同時に，国際結婚をした夫婦間で産まれた子供のさまざまな法律上の問題や，国際結婚をした夫婦間のより複雑な離婚問題などが生じてくることになるでしょう。

〔関口晃治〕

第 17 話

妻は他人です —— 正妻の悩み

自賠責保険，借地，生命保険，年金，訴訟

1 はじめに

　夫婦は，一心同体といわれ，法律上も 0 親等です。しかし，夫婦も他人あるいは第三者の扱いを受けることもあります。こんどは，そのような事例を紹介してみましょう。

　まずは，枕の話しで，言葉の意味から。一心同体は，文字どおり，夫婦であれば，2 人であっても，1 つの心を持ち同じ体のような結びつきの関係にある，ということです。しかし，英米法では，coverture という表現があり，夫婦一体の法理などと訳したりすることもあるようですが，じつはこれ，もともとは夫の保護というか庇護（protection and cover）のもとにある妻の地位のことを意味しているのであって，つまり，女性は婚姻すると無能力になることを示しているのです。そこでは，妻は，独立の法人格ではなく，夫の法人格に吸収されてしまっているのです。まさに男尊女卑の女性差別であり，戦前の日本の民法と同じです。差別といえば，いま述べた無能力という表現も差別表現であることは，民法を学んだみなさんはもうすでにご承知のとおり。いまでは制限能力者といいますね（平成 11 年 12 月 8 日法律第 149 号「民法の一部を改正する法律」による改正。たとえば，民法 19 条 1 項など）。ついでに民事訴訟法の関係の話しもしておきましょう。このように民法では無能力という表現は存在しなくなり，それに対応して，人事訴訟手続法 3 条では，「無能力者」という表現が，平成 11 年 12 月 8 日法律第 151 号「民法の

一部を改正する法律の施行に伴う関係法律の整備等に関する法律」の3条によって，「訴訟行為ニ付キ能力ノ制限ヲ受ケタル者」という表現に変更されています。しかしなぜか，「民法の一部を改正する法律の施行に伴う関係法律の整備等に関する法律」107条でも民訴28条および民訴102条の「訴訟無能力者」という表現の変更はありません。民事訴訟法では，いまだに無能力者という差別表現が残っているのですよ（三谷・民訴講義2版78頁）。人事訴訟手続法3条に相当する新しい人事訴訟法13条でも，もちろん差別表現はありません。

　つぎに，親等ですが，民法726条によれば，夫婦とその子供とは直系1親等であり，同じ夫婦の子供同士の関係は傍系2親等となり，夫婦間では親等はないのです。現在では，男女差別もなく，夫婦はまさに一心同体であるということが民法でも宣言されていると評価できるでしょう。

② 自動車損害賠償保障法3条の他人

　(1) ではまず，最判昭和47・5・30（損害保険金請求事件，上告棄却。民集26巻4号898頁*）の事案から紹介していきましょう。

　訴外Aは，昭和41年5月3日午後3時頃，自己所有の自動車の助手席にその妻である原告Bを同乗させて，埼玉県入間郡名栗村字上名栗412番地先県道を飯能市方面から名郷方面に向かつて進行中，その道路を対向して進行してきたバスとすれ違うに際し，衝突を避けようとして車を左に寄せすぎたため，左側の崖から車ごと名栗川に転落し，Bに対して，治療約6か月を要する下腿骨骨折，複式挫傷の傷害を負わせたというのです。

　そこで，原告Bは，66万3380円の損害を被ったので，夫が契約していた保険契約の損害保険金額の限度である30万円について，

② 自動車損害賠償保障法3条の他人

保険会社を被告に自賠法16条1項による被害者請求をしたのが本件です。この被害者請求をする前提として自賠法3条は、「他人の生命又は身体を害したとき」と規定しています。

被告の東京海上火災保険株式会社は、妻は「他人」に該当しないと主張しました。しかし、第一審の東京地判昭和42・11・27（損害保険金請求事件、一部認容・一部棄却・控訴。下民18巻11＝12号1126頁*）は、この主張を認めず、原告の請求を一部認容し、

「1，被告は原告に対し、金221,000円およびこれに対する昭和41年11月26日から完済に至るまで年5分の割合による金員を支払え。

2，原告のその余の請求を棄却する。

3，訴訟費用はこれを3分し、その2を被告の負担とし、その余を原告の負担とする。

4，この判決は、原告勝訴の部分に限り、仮りに執行することができる。」

と判決しました。

保険会社が控訴をしたところ、東京高判昭和44・4・5（損害保険金請求控訴及び付帯控訴事件、控訴により原判決変更・附帯控訴棄却・上告。高民22巻2号263頁*）は、原判決を変更し、

「原判決を次のとおり変更する。

控訴人は被控訴人に対し金161,000円およびこれに対する昭和41年11月26日から完済まで年5分の割合による金員を支払え。

被控訴人その余の請求を棄却する。

本件附帯控訴を棄却する。

控訴につき訴訟費用は第一・二審を通じてこれを2分し、その1を被控訴人、その余を控訴人の負担とし、附帯控訴につき控訴費用は附帯控訴人（被控訴人）の負担とする。」

と判決しました。その理由ですが、まず妻が自賠法3条の「他人」かどうかについては、他人該当性を肯定しました。つぎに、夫婦間

第17話　正妻の悩み──自賠責保険

の不法行為については,「法律は家庭に入らず」(和久俊三氏の同名の小説が角川文庫にあります) の法諺に触れつつ, その成立は認めましたが, 消極的損害 (得べかりし利益=逸失利益) や慰謝料請求を認めない判断を示しました。そして, 治療費は実質的に加害者の夫が支出しているので損害額に含まれないとして, 認容金額を減額したのです。なお, 親族間の訴訟に関して, 子供の所有田地を不法に耕作した母親に対する子供からの損害賠償請求につき, 大判昭和18・7・12 (損害賠償請求事件, 原判決一部破毀差戻。民集22巻15号620頁*) は,

　「本件ハ上告人まつノ実子 (長男) タル被上告人一郎カ実母まつニ自己ノ財産権ニ対スル不法行為アリタリト為シ右まつヲ被告トシテ損害賠償ヲ求ムルモノナルヲ以テ我国古来ノ醇風タル孝道ノ見地ヨリ其ノ請求ノ当否ヲ検討スル要アリ惟フニ現在ノ法制ノ下ニ於テハ親ナレハトテ子ノ財産ヲ不法ニ侵害シタルトキハ子ハ之カ救済ノ訴権ヲ行使シ得サルニ非サルヘキモ道義ニ反スル訴権ノ行使ハ許サレサルヲ以テ其ノ行使ニハ子カ親ヲ相手取リ訟廷ニ於テ其ノ所為ノ不法ヲ云為シ財産上ノ利益ヲ争フコトカ真ニ已ムヲ得サル相当ノ事由ニ出テタルコトヲ要シ然ラサル場合ニハ醇美ナル我カ家族制度ノ精神ニ悖リ且孝道ヲ以テ百徳ノ基トスル我国民古来ノ道義ニ反シ許サレサルモノト謂ハサルヘカラス故ニ被上告人一郎ノ本訴請求ヲ正当ナルモノト断スルニハ独リ上告人まつニ付一般不法行為ニ関スル要件タル事実ノ有無ヲ詮議スルニ止マラス更ニ上告人 〔「被上告人」の「被」が脱字？三谷〕一郎カ右まつヲ被告トシテ本訴ヲ提起シ飽ク迄モ其ノ不法行為上ノ責任ヲ追求セサルヲ得サルコトニ付真ニ已ムコトヲ得サル相当ノ事由アリヤ否ヲモ審究シ斯ル事由ノ肯定スヘキモノアリテ初メテ許容セラルルモノト解スルヲ相当トス現ニ被上告人一郎ノ本訴請求ニ対シ上告人まつハ長男タル被上告人一郎ハ時価十万円ニ達スル資産ヲ擁シテ裕福ナル生活ヲ為シ居ルニ反シまつハ老齢病弱ノ身ヲ鉄道省ノ一雇員タル三男三郎ノ許ニ寄セテ

2 自動車損害賠償保障法3条の他人

細々ト其ノ扶養ヲ受ケ僅カニ三反歩余ノ本件土地耕作ニ因ル収益ヲ生活維持ノ主タル財源ト為シ居ル現状ナル旨ヲ主張シ居レル本件ニ於テハ斯ル事由ノ有無ハ以テ被上告人一郎ノ本訴請求ノ許否ヲ決スル上ニ於テ斟酌スヘキ重大ナル事由タラストセス然ルニ原審カ上告人まつノ右主張事実ノ存否ニ付テハ何等ノ判断ヲ与ヘスシテ被上告人一郎ノ本訴請求ヲ輙ク是認シタルハ畢竟上叙ノ法理ヲ看過シタルカ又ハ審理不尽若ハ之ニ基ク理由不備ノ謗ヲ免レサルモノニシテ原判決ハ此点ニ於テモ亦違法アルモノト謂ハサルヲ得ス」

と判示して，請求を否定するべきことを本件では示唆していました。ここでは，親子も他人ということで，子供が母親を訴えていたわけです。

さらに，弁護士費用も請求していましたが，東京高裁は，本件は保険会社に対する不法行為による損害賠償請求ではないことを理由に弁護士費用の請求を認めませんでした。この東京高裁判決に対して，保険会社が上告したのですが，最高裁も，東京高裁判決を是認し，上告を棄却しました。すなわち，

「所論は，原判決（その引用する第1審判決を含む。以下同じ。）には自動車損害賠償保障法（以下，自賠法という。）3条にいう他人の解釈を誤り，理由不備の違法がある，というものである。

按ずるに，自賠法3条は，自己のため自動車を運行の用に供する者（以下，運行供用者という。）および運転者以外の者を他人といつているのであつて，被害者が運行供用者の配偶者等であるからといつて，そのことだけで，かかる被害者が右にいう他人に当らないと解すべき論拠はなく，具体的な事実関係のもとにおいて，かかる被害者が他人に当るかどうかを判断すべきである。本件において，原審が適法に確定したところによれば，被上告人は訴外ゲオルグ・A・ブルゲル（以下，Aという。）の妻で生活を共にしているものであるが，本件自動車は，Aが，自己の通勤等に使用するためその名をもつて購入し，ガソリン代，修理費等の維持費もすべて負担し，運転ももつぱらAがこれにあたり，被上告人個人の用事のために使

第17話　正妻の悩み——自賠責保険

用したことはなく，被上告人がドライブ等のために本件自動車に同乗することもまれであり，本件事故当時被上告人は運転免許を未だ取得しておらず，また，事故当日Ａが本件自動車を運転し，被上告人が左側助手席に同乗していたが，被上告人は，Ａの運転を補助するための行為を命ぜられたこともなく，また，そのような行為をしたこともなかつた，というのである。かかる事実関係のもとにおいては，被上告人は，本件事故当時，本件自動車の運行に関し，自賠法３条にいう運行供用者・運転者もしくは運転補助者といえず，同条にいう他人に該当するものと解するのが相当であり，これと同趣旨の原審の判断は，正当として是認することができる。所論は，原判決の結論に影響のない傍論に関する部分についての法律解釈を非難するか，原審の認定にそわない事実を前提に原判決の違法をいうものにすぎない。」

「所論は，原判決には自賠法３条および11条所定の損害賠償責任の解釈を誤り，これに自動車損害賠償責任保険（以下自賠責保険という。）の対象とならないものを含ましめた違法がある，というものである。

　おもうに，夫婦の一方が不法行為によつて他の配偶者に損害を加えたときは，原則として，加害者たる配偶者は，被害者たる配偶者に対し，その損害を賠償する責任を負うと解すべきであり，損害賠償請求権の行使が夫婦の生活共同体を破壊するような場合等には権利の濫用としてその行使が許されないことがあるにすぎないと解するのが相当である。けだし，夫婦に独立・平等な法人格を認め，夫婦財産制につき別産制をとる現行法のもとにおいては，一般的に，夫婦間に不法行為に基づく損害賠償請求権が成立しないと解することができないのみならず，円満な家庭生活を営んでいる夫婦間においては，損害賠償請求権が行使されない場合が多く，通常は，愛情に基づき自発的に，あるいは，協力扶助義務の履行として損害の塡補がなされ，もしくは，被害をうけた配偶者が宥恕の意思を表示することがあるとしても，このことから，直ちに，所論のように，一般的に，夫婦間における不法行為に基づく損害賠償義務が自然債務

2 自動車損害賠償保障法3条の他人

に属するとか，損害賠償請求権の行使が夫婦間の情誼・倫理等に反して許されないと解することはできず，右のような事由が生じたときは，損害賠償請求権がその限度で消滅するものと解するのが相当だからである。そして，本件のように，夫婦の一方の過失に基づく交通事故により損害をうけた他の配偶者が，自賠法16条1項による被害者の直接請求権に基づき，保険者に対し，損害賠償額の支払を請求する場合には，加害者たる配偶者の損害賠償責任は，右の直接請求権の前提にすぎず，この直接請求権が行使されることで夫婦の生活共同体が破壊されるおそれはなく，他方，被害者たる配偶者に損害の生じているかぎり，自賠責保険によってこの損害の塡補を認めることは，加害者たる配偶者，あるいは，その夫婦を不当に利得せしめるものとはいえず，また，運行供用者の配偶者等を自賠責保険の保護から除外する規定を設けなかつた自賠法の立法趣旨にも合致するものというべきである。したがつて，右と同趣旨の見解に基づき，Aが，被上告人に対し，同法3条に基づき，治療費等16万1000円の積極損害の賠償責任のあることを認め，これを前提に本訴請求を認容した原判決は，正当として是認することができる。」

と判決理由を述べています。

さあどうです。この事件は，妻が夫を訴えた夫婦間の訴訟ではなく，保険会社を被告とするものであったわけです。損害賠償請求が一部とはいえ認められたのですから，まさに妻は他人でよかったのですね。自動車はいわゆる強制保険に入っていなければ動かしてはならないのです（自賠法5条）が，もし保険に入っていなければ，この妻は夫に対する損害賠償請求訴訟を提起していたでしょうか。みなさんならどうしますか。夫を被告に訴訟を提起しますか，それとも損害賠償請求をせず離婚しますか，それとも自招自損事故の場合と同じ態度をとりますか。

(2) じつはすでに，この判決がでる前に，父の運転する車に同乗

第17話 正妻の悩み —— 自賠責保険

していた娘や息子について自賠法3条の「他人」に該当するとの裁判例（東京地判昭和44・7・16判時561号20頁*およびその控訴審判決である東京高判昭和46・1・29高民24巻1号13頁*、仙台高判昭和47・6・29判タ280号246頁*など）もでていました。ただし、仙台高判昭和47・6・29の原審判決である青森地判昭和45・2・12（保険金請求事件、請求棄却・控訴。判時587号14頁*）は否定していました。

　(3)　ところで、保険金が支払われないおそれのある好意同乗や本件のような場合に備えるためには、搭乗者傷害保険もありますので、予備のためにその保険をかけておくのが無難ではないでしょうか。最近の判例としては、所有者などに無断で被保険自動車を運転中に起こした交通事故により死亡した同乗者について搭乗者傷害保険金を請求することができないとした名古屋高金沢支判平成5・11・29（保険金請求控訴事件、控訴棄却・確定。判タ855号267頁*）、搭乗者傷害保険の死亡保険金を相続人が賠償請求する損害から控除する必要はないとした最判平成7・1・30（損害賠償請求事件、一部破棄自判・一部上告棄却。民集49巻1号211頁*）があります。しかし、いわゆる貨客用自動車の後部座席の背もたれ部分を前方にたおして折り畳み、折り畳まれた後部座席背もたれ部分の背面と車両後部の荷台部分とを一体として利用して横たわっていたときに事故にあった場合には、「正規の乗車用構造装置のある場所」ではないため、搭乗者傷害保険金は支払われません（最判平成7・5・30民集49巻5号1406頁*）ので、保険をかけているというだけで安心していてはだめですよ。

　しかし、なかには、息子が搭乗者傷害保険をかけていたことを幸いに、当時81歳になる母親をのせて電柱に故意に衝突させ、気を失っていた母親の足下床部付近などに混合油を撒き、ライターで火をつけて母親を焼死させたうえ、保険金をだましとろうし（2001年11月16日朝日新聞東京本社第14版39面社会面「事故装い母殺害容疑

乗用車運転男性を逮捕　搭乗者保険かける　石川県警」，2001年11月17日朝日新聞東京本社（夕刊）第4版15面「老母殺害容疑者　借金2000万円，動機か」)，結局，無期懲役の判決を言い渡されるというなんともやりきれない事件もありました（金沢地判平成14・11・11（平成13わ398号殺人被告事件，有罪)。裁判所ホームページ「各地の裁判所のホームページ」「金沢地方・家庭裁判所」「主要判決速報」〔accessed on March 21, 2003〕)。

③　借地上建物の他人名義の登記

　Aは，Bの所有地を賃借し，その土地上に建物を建築して，妻であるC名義での建物所有権保存登記をしたところ，Bから土地を購入したDは，当該土地の賃借権はDに対抗できないという理由で，建物収去土地明渡しの訴訟を提起してきました。この請求は認められるでしょうか。これがここで考える判例の簡単な事実関係です。これは，借地借家法10条に関係するものです。売買は賃貸借を破るとか地震売買という表現がでてきますが，そもそもこれとの関係での問題なのです。

　(1)　借地借家法において借地権という場合には，地上権と賃借権とがあります（借地借家2条1号)。地上権は物権であり，地上権者には登記請求権があります。それに対して，賃借権については，登記をすれば賃貸借の対象となっている不動産を取得した者に対しても対抗できるとする規定（民法605条）から推測されますように，当然には登記請求権がありません。したがって，賃貸借契約により借地権を取得したとしても，債権であり契約の相手方にのみ借地利用を請求できる権利があるにすぎないために，土地を売却されてしまうと，賃借権の登記をしていないかぎりは，新しい土地所有者に土地利用を請求できず，賃借権を対抗することができないのであり，

新しい土地所有者に対して建物を収去して土地を明け渡す義務が借地人（いまや不法占拠者）に発生することになります。これが前述の売買は賃貸借を破るという意味であり，土地の売買によって建物が壊れる（地震で土地が揺れると地上建物が倒壊する）ということで，そのような土地の売買のことを地震売買といっているのです。

　もちろん，賃貸借契約を結んだ当初の土地所有者に対して，賃借人は土地を貸して利用させるという義務の不履行を理由に損害賠償を請求することは可能ではありますが，建物を取り壊さざるをえないことは，賃借人の意思に関係なく賃貸人と土地譲受人との関係だけで生じるのであって，賃借人をまったく無視した結論となります。そこで制定されたのが，借地借家法10条の前身である「建物保護ニ関スル法律」（明治42年法律第40号）なのです。この建物保護法1条によって，賃借権の登記をしていなくても，地上建物について登記をすれば，それだけで，新たな土地所有者にも対抗できることにしたのです。借地上の建物は借地人の所有建物ですから，土地所有者とは関係なく，建物の登記をすることができるわけですので，借地人を保護するにはそれで十分ということになります。

　(2)　しかし，建物保護法1条＝借地借家法10条1項の「登記されている建物」の意味が問題となりました。すなわち，誰の名義の登記でもよいのか，ということが問題となったのです。まず，最大判昭和41・4・27（建物収去土地明渡請求事件，破棄自判（第一審判決取消自判（請求認容））（反対意見がある）。民集20巻4号870頁*）は，借地契約を締結した者と氏を同じくする同居の未成年の長男名義で所有権保存登記をしていた場合について，

　　　「建物保護ニ関スル法律（以下建物保護法と略称する。）1条は，建物の所有を目的とする土地の賃借権により賃借人がその土地の上に登記した建物を所有するときは，土地の賃貸借につき登記がなくとも，これを以つて第三者に対抗することができる旨を規定してい

③ 借地上建物の他人名義の登記

る。このように，賃借人が地上に登記した建物を所有することを以つて土地賃借権の登記に代わる対抗事由としている所以のものは，当該土地の取引をなす者は，地上建物の登記名義により，その名義者が地上に建物を所有し得る土地賃借権を有することを推知し得るが故である。

従って，地上建物を所有する賃借権者は，自己の名義で登記した建物を有することにより，始めて右賃借権を第三者に対抗し得るものと解すべく，地上建物を所有する賃借権者が，自らの意思に基づき，他人名義で建物の保存登記をしたような場合には，当該賃借権者はその賃借権を第三者に対抗することはできないものといわなければならない。けだし，他人名義の建物の登記によつては，自己の建物の所有権さえ第三者に対抗できないものであり，自己の建物の所有権を対抗し得る登記あることを前提として，これを以つて賃借権の登記に代えんとする建物保護法１条の法意に照し，かかる場合は，同法の保護を受けるに値しないからである。

原判決の確定した事実関係によれば，被上告人は，自らの意思により，長男功に無断でその名義を以つて建物の保存登記をしたものであるというのであつて，たとえ右功が被上告人と氏を同じくする未成年の長男であつて，自己と共同で右建物を利用する関係にあり，また，その登記をした動機が原判示の如きものであつたとしても，これを以て被上告人名義の保存登記とはいい得ないこと明らかであるから，被上告人が登記ある建物を有するものとして，右建物保護法により土地賃借権を第三者に対抗することは許されないものである。

元来登記制度は，物権変動の公示方法であり，またこれにより取引上の第三者の利益を保護せんとするものである。すなわち，取引上の第三者は登記簿の記載によりその権利者を推知するのが原則であるから，本件の如く功名義の登記簿の記載によつては，到底被上告人が建物所有者であることを推知するに由ないのであつて，かかる場合まで，被上告人名義の登記と同視して建物保護法による土地賃借権の対抗力を認めることは，取引上の第三者の利益を害するも

第17話 正妻の悩み——借地

のとして,是認することはできない。また,登記が対抗力をもつためには,その登記が少くとも現在の実質上の権利状態と符合するものでなければならないのであり,実質上の権利者でない他人名義の登記は,実質上の権利と符合しないものであるから,無効の登記であつて対抗力を生じない。

そして本件事実関係においては,功を名義人とする登記と真実の権利者である被上告人の登記とは,同一性を認められないのであるから,更正登記によりその瑕疵を治癒せしめることも許されないのである。叙上の理由によれば,本件において,被上告人は,功名義の建物の保存登記を以つて,建物保護法により自己の賃借権を上告人に対抗することはできないものといわねばならない。

なお原判決引用の判例(昭和15年7月11日大審院判決)は,相続人が地上建物について相続登記をしなくても,建物保護法1条の立法の精神から対抗力を与えられる旨判示しているのであるが,被相続人名義の登記が初めから無効の登記でなかつた事案であり,しかも家督相続人の相続登記未了の場合であつて,本件の如き初めから無効な登記の場合と事情を異にし,これを類推適用することは許されない。

然らば,本件上告は理由があり,原判決には建物保護法1条の解釈を誤つた違法があり,右違法は判決に影響を及ぼすこと明らかであるから,原判決は破棄を,第一審判決は取消しを免れない。

原判決の確定した事実によれば,本件土地が上告人の所有であり,被上告人がその地上に本件建物を所有し,本件土地を占有しているというのであり,被上告人の主張する本件土地の賃借権は上告人に対抗することができないことは前説示のとおりであるから,被上告人は上告人に対し,本件土地を地上の本件建物を収去して明け渡すべき義務あるものといわねばならない。」

と判示して,否定的に解しました。15人の裁判官のうち6人が反対意見を述べていますが,この判例は,最判昭和50・11・28(建物収去土地明渡請求事件,破棄差戻。判時803号63頁*)でも,最判平成

③ 借地上建物の他人名義の登記

元・2・7（建物収去土地明渡等請求事件，破棄差戻。判時1319号102頁*）でも維持されています。

(3) それでは，妻名義ではどうでしょうか。この判例の趣旨からすれば，妻名義でもだめなような感じがしないでもありませんが，夫婦は一心同体であり0親等です。夫名義でも妻名義でも同じのはずです。ところが，やはり最判昭和47・6・22（建物収去土地明渡請求事件，上告棄却（反対意見がある）。民集26巻5号1051頁*）は，

「土地の賃借人がその賃借権を第3者に対抗しうるためには，その賃借人が借地上に自己の名義で所有権保存登記等を経由した建物を所有していることが必要であつて，その賃借人が他人の名義で所有権保存登記等を経由した建物を所有しているにすぎない場合には，その賃借権を第3者に対抗することができないものであり，そして，この理はその他人が賃借人の妻であるときでも同様であると解すべきことは，当裁判所昭和37年(オ)第18号同41年4月27日大法廷判決，民集20巻4号870頁の趣旨に照らして明らかである。」

と判示して，妻名義であってもだめであることを明確にしました。そして，新土地所有者に賃借権を対抗することができないのですから，建物の譲渡を受けた者は，借地法10条＝借地借家法14条による建物買取請求権の行使も認められませんでした。この事件では，5人の裁判官のうち2人が反対意見を表明しています。つまり，3対2の多数意見だったのです。

下田武三裁判官も同調した大隅健一郎裁判官の反対意見は，

「建物保護法が，建物の登記をもって，その建物の存する土地の借地権を第三者に対抗するための要件としている趣旨は，本来は，借地人が単独でその権利の登記をなしうる方法を設けることを狙いとしたのであるが，借地権登記を借地人の単独申請によってする方法には実効性がないので，結局，建物の登記をもって借地権の登記に代わる対抗事由として，これにより借地権ないし借地権者およびその家族の居住権の保護をはかろうとするにあるものといえる。そ

の結果，借地上の建物の登記には，建物の所有権の公示と借地権の公示という2つの機能が認められることとなつた。そして，建物保護法は借地権ないし借地権者の居住権の保護を目的とする一種の社会政策的立法であつて，同法による建物登記の借地権公示の機能は，土地取引一般の保護を目的とする公示の原則のわく内でとらえられるべきものではなく，上述のような建物保護法の目的にかんがみ，借地人による土地利用の確保の要請と土地取引における第三者の保護の要請とをいかに調整すべきかの見地においてとらえられなければならない。これによれば，土地の第三取得者に不測の損害を生ぜしめるおそれがないかぎり，借地権者による土地利用の確保の要請を重視して解釈すべきものといわなければならないのである。」

「このような見地に立つて考えると，極端にいえば，形式上当該地番上に何人の名義にせよ登記された建物があり，かつ，実質的に借地権が存在しておりさえすれば，その借地権に対抗力を認めて差し支えないともいえる。けだし，土地の取引に当たつては，土地取得者は現地を見るのが常であり，その地上に建物の存することはおのずからわかるから，建物の登記簿を見ることにより，その土地に借地権の存することを推知しうるのであつて，登記ある建物の存する土地であることを知つてこれを取得した者は，借地権を対抗されても不測の損害を被るものとはいえないからである。しかし，そこまで徹底して考えることが建物保護法の規定からみて行きすぎであるとしても，建物の登記が借地権者自身の名義でなくても，少なくとも，これと氏を同じくする同居の家族の名義であるような場合には，同法1条1項〔=借地借家法10条1項〕にいわゆる登記がある場合にあたり，借地権に対抗力を認めるのが相当であるといわざるをえない。前述のとおり，土地の取引をしようとする者は現地を見るのが常態であつて，そこに建物の存することを知れば，建物の登記簿を見たうえでその土地の権利関係を調査すべきが当然であり，しかも，右のような場合には登記名義人と借地権者との身分関係を知ることはきわめて容易であるから，叙上のように解しても，土地の取引に格別の障害をもたらすものとはいえないからである。」

③ 借地上建物の他人名義の登記

「わが国の家族関係においては，とくに家財については，夫の物を妻の名義とし，父の物を子の名義とするようなことは，日常しばしば見受けるところであつて，このような場合に直ちに虚偽の登記であるとか偽造文書による登記であるとして無効と解することは，社会一般の通念に合わないものといわざるをえない。のみならず，借地上の建物の登記には，前述のとおり，建物所有権の公示と借地権の公示との2つの機能が認められるが，その登記の効力はこの両者を通じて一律に解されなければならないものではなく，それが建物所有権の関係では対抗要件としての効力を有しないときでも，借地権の関係では対抗要件として機能するものと解してなんら差しえないのである。右の2つの機能は，それぞれ次元を異にする法域において異なる目的をもって認められたものだからである。前記大法廷判決の多数意見のように，自己の建物の所有権さえ第三者に対抗しえないものが，建物保護法1条1項〔=借地借家法10条1項〕による保護を受けるに値いする理由がないと考えるのは，この点の理解を欠くものというほかない。建物登記の瑕疵が更正登記により治癒することを許されないものであるとしても，右と同様に考えるべきものであると思う。」

「当裁判所大法廷判決（昭和36年(オ)第1104号同40年3月17日判決，民集19巻2号453頁，なお，昭和44年(オ)第1030号同45年3月26日第1小法廷判決，裁判集民事98号533頁参照）は，借地権の設定された土地の上の建物についてなされた登記が，錯誤または遺漏により，建物所在地番の表示において実際と多少相異していても，建物の種類，構造，床面積等の記載とあいまち，その登記の表示全体において，当該建物の同一性を認識できる程度の軽微な相違であるような場合には，建物保護法1条1項〔=借地借家法10条1項〕にいう登記した建物を有する場合にあたるものと解している。この論法をもてするならば，建物の登記が借地権者と氏を同じくする同居の家族の名義でなされているような場合には，いつそう建物保護法1条1項〔=借地借家法10条1項〕の対抗力が認められてよいはずである。建物所在の地番の表示が相違している

> 場合に建物保護法1条1項〔=借地借家法10条1項〕の対抗力を否定するのはまだしも,これをさえも肯定しながら,登記名義に右の程度の相違がある場合にその対抗力を否定することは,理論の1貫性を欠くものというほかない。」

というものでした。私には,こちらのほうが説得力あるように感じられます。離婚しても夫が死亡しても,妻には原則として2分の1の取り分が認められているわけですから,多数意見は,妻にも潜在的には2分の1の持分ありと評価しうることと矛盾するように思われますが,みなさんはいかがでしょうか。

そういえば,2000年7月12日,東京地裁に再生手続開始の申立てをして倒産した百貨店「そごう」(大阪府大阪市)の前社長が,約2か月後の9月22日に,共有家屋の持分である2分の1と,土地の2分の1の持分を妻に贈与したそうです(2000年10月4日朝日新聞(夕刊)東京本社第4版15面「「結婚40年を機に」そごう前社長も不動産移転 自宅大部分を妻へ」)が,妻名義になれば,前社長の債権者は他人の所有物になったために,妻名義の不動産を差押えができなくなりました。経営責任を問われて,損害賠償請求する予定の債権者から差押え逃れといえるでしょうか,それとも,潜在的な妻の取り分を移転したにすぎないと評価しうるでしょうか。

(4) なお,建物の譲渡と土地賃借権の譲渡とはまったく異なることであって,最判昭和43・5・28(建物収去土地明渡請求事件,上告棄却。判時522号32頁)も,

> 「土地賃借人が所有する当該借地上の建物を第三者に賃貸することは,元来,その自由になし得るところであって,当該土地賃貸人の承諾を必要とするものではなく,したがって,土地賃貸人がその状態を承諾ないし承認したとしても,それをもって建物所有の目的でする土地賃借権の譲渡ないし転貸を承諾したことにならない」

と判示しています。そして,賃借権の譲渡には賃貸人の承諾が必要

③ 借地上建物の他人名義の登記

であり、承諾がなくても裁判所の許可を得たならば譲渡が可能ですが、借地法9条の2＝借地借家法19条1項が「譲渡しようとする場合において」と定めていますように、賃借権を譲渡してからではダメで、譲渡する前に裁判所の許可を求めなければならないことに注意する必要があります。

(5) それでは、借地人の名義ではありますが、所有権保存登記ではなく、たんなる表示の登記があるにすぎない場合はどうでしょうか。これについては、最判昭和50・2・13（建物収去土地明渡請求事件、上告棄却。民集29巻2号83頁*）が、表示の登記でもよいことを明らかにしています。しかし、表示の登記は、必ずしも所有権者が登記申請するとは限りません。職権でなされることもあります（不登28条）。そして、所有権の登記のない建物については、いわゆる表題部の最後のところに所有者の氏名・名称および住所も登記されます（不登27条3号）が、たとえ所有者と記載されていても、真の所有者ではありません。所有権を有する者であるかどうかは、権利部に所有権者として記載されている者かどうかで決まります。その意味では、表題部に自己の所有者名が記載されて固定資産税を納めているからといって、安心はできないのです。なお、表示の登記のうち、表題部に最初にされる登記を表題登記という（不登2条20号）。

(6) ところで、

> 「建物保護法を廃止して借地借家法が設けた借地権の対抗力に関する規定は10条の1項および2項であるが、この立法措置によって、借地権の対抗力の問題を扱う制定法の姿勢に大きな転換が生じた。1つは『建物保護』から『借地権保護』への転換であり、もう1つは『建物登記簿一辺倒』の姿勢（上述大判2・9 23はそれに忠実であった）から『現地主義加味』の姿勢（それを建物保護法の解釈適用の場で採用したのが上述最判昭40・3 17）への転換である。

第17話　正妻の悩み――借地

　　どちらも借地借家法10条2項の制度の導入という形をとって現れ
　　ているといえるほか，前者については「建物保護ニ関スル法律」の
　　廃止という立法措置のもつ象徴的意義も指摘されるべきであろう。
　　かつては，建物がなくなってしまえば『建物保護』という問題は消
　　え失せるから借地権の対抗力確保の手段を提供することとし，その
　　手段としては，建物保護法の時代にその解釈適用の次元で『現地』
　　重視の立場をとった前述の大法廷判決に倣って『現地主義加味』の
　　立場に立ちつつ，現地での『掲示』という制度を創設したのであっ
　　て，今や借地権の対抗力の問題を考えるにあたっては，その問題に
　　対する制定法自体の新しい姿勢――『借地権保護』と『現地主義加
　　味』の姿勢――を踏まえることが要請されるに至ったのである。」

との指摘（遠藤ほか編・民法(6) 4版137頁以下〔広中俊雄〕）に注意を
しておいてください。

　(7)　ついでに，さきほど出てきました借地法10条＝借地借家法
14条の建物買取請求権に関する実体法上の問題についての最高裁
判例を少し紹介しておきましょう。詳しくは契約法で，学んでくだ
さい。

　まず，「第三者が賃借土地の上に存する建物の所有権を取得した
場合において，賃貸人が賃借権の譲渡を承諾しない間に賃貸借が賃
料不払のため解除されたときは，借地法10条に基く第三者の建物
買取請求権はこれによって消滅……（大審院昭和11年2月14日言
渡判決，判例集15巻193頁参照。）」します（最判昭和33・4・8民集
12巻5号689頁*，最判昭和49・2・21金法713号40頁，最判昭和53・
9・7判時911号112頁）し，借地権の無断譲渡を理由として土地賃
貸借契約が解除されたのちに地上建物を取得した第3者は，当該建
物の買取請求権を有しません（最判昭和39・6・26民集18巻5号910
頁*）が，建物と共に敷地の賃借権が転輾譲渡され，賃借権の各譲
渡について賃貸人の承諾のない場合であっても，賃借権存続期間中

③ 借地上建物の他人名義の登記

に譲受けた最後の譲受人は，建物買取請求権を有します（最判昭和42・7・6民集21巻6号1543頁*）。この消滅時効は，買取請求権が形成権であるところから，民法167条1項により10年です（最判昭和42・7・20民集21巻6号1601頁*，最判昭和54・9・21判時945号43頁）。時価については，最判昭和35・12・20（建物買取代金請求事件，上告棄却。民集14巻14号3130頁*）は，

> 「借地法10条にいう建物の「時価」とは，建物を取毀つた場合の動産としての価格ではなく，建物が現存するままの状態における価格である。そして，この場合の建物が現存するままの状態における価格には，該建物の敷地の借地権そのものの価格は加算すべきでないが，該建物の存在する場所的環境については参酌すべきである。けだし，特定の建物が特定の場所に存在するということは，建物の存在自体から該建物の所有者が享受する事実上の利益であり，また建物の存在する場所的環境を考慮に入れて該建物の取引を行うことは一般取引における通念であるからである。されば原判決において建物の存在する環境によつて異なる場所的価値はこれを含まず，従つて建物がへんぴな所にあるとまた繁華な所にあるとを問わず，その場所の如何によつて価格を異にしないものと解するのが相当であると判示しているのは，借地法10条にいう建物の「時価」についての解釈を誤つたものといわなければならない。しかし，原判決を熟読玩味すれば，原判決において判定した本件建物の時価は，建物が現存する状態における建物自体の価格を算定しており，本件建物の存在する場所的環境が自ら考慮に入れられていることを看取するに難くないから，原判決における上記瑕疵は結局判決に影響を及ぼすものでないといわなければならない。」

と解しています（最判昭和47・5・23判時673号42頁もこの判例を引用）。

建物賃借人は，その賃借権を保全するために，建物賃貸人に代位して，借地法10条の規定による建物買取請求権を行使することは

できないのであって，最判昭和 38・4・23（建物収去土地明渡請求事件，上告棄却。民集 17 巻 3 号 536 頁*）は，

> 「債権者が民法 423 条により債務者の権利を代位行使するには，その権利の行使により債務者が利益を享受し，その利益によって債権者の権利が保全されるという関係が存在することを要するものと解される。しかるに，本件において，上告人らが債務者である訴外永田文蔵の有する本件建物の買取請求権を代位行使することにより保全しようとする債権は，右建物に関する賃借権であるところ，右代位行使により訴外永田が受けるべき利益は建物の代金債権，すなわち金銭債権に過ぎないのであり（買取請求権行使の結果，建物の所有権を失うことは，訴外永田にとり不利益であつて，利益ではない），右金銭債権により上告人らの賃借権が保全されるものでないことは明らかである。されば，上告人らは本件建物の買取請求権を代位行使することをえないものとした原審の判断は，結局，正当である。」

と判示しています（最判昭和 55・10・28 判時 986 号 36 頁*もこの判例を維持）。

4 生命保険契約書受取人欄の妻

死ぬなどとはよもや思わず，遊びまくり金も使いまくっていたが，結婚をするとなると，妻から生命保険に入るように督促されることがよくあります。もちろん，保険料を支払う保険契約者も被保険者も夫 A で，保険金受取人は妻 Y_3 です。保険契約書の受取人欄には，「妻 Y_3」と記載します。利益を受けるのは契約者自体ではなく，契約当事者以外の者であるゆえに，このような契約を他人のためにする契約とか第三者のためにする契約といっています（商法 675 条・676 条，民法 537 条・538 条）が，その妻が不貞行為を働き，結局は離婚をし，彼女はその不貞行為の相手と婚姻してしまいました。

4 生命保険契約書受取人欄の妻

さて問題は、そのようなことになっても、保険金受取人は、離婚した前妻Y_3なのか、それとも、Aが再婚すれば新妻なのか、再婚していなければ受取人の指定がない（自己のためにする契約）と解してAの法定相続人なのか、です。

(1) ここに紹介するのは、そのような生命保険の受取人に関する最判昭和58・9・8（損害賠償請求事件、上告棄却。民集37巻7号918頁*）です。事案はこうです。

団体保険で、保険契約者は異なりますが、Aの属する医師会は、被保険者をA、保険金受取人を「妻Y_3」とする団体定期保険契約をY_1とは1973年（昭和48年）7月1日、Y_2保険会社とは1976年（昭和51年）10月1日に締結しました。

　　1978年（昭和53年）5月23日　Y_3の不貞を原因として、AとY_3が離婚

　　1978年（昭和53年）11月24日　Y_3は不貞行為の相手と再婚

　　1980年（昭和55年）1月20日　Aが死亡

そこで、Aの相続人である子供たちX_1、X_2が、Y_1、Y_2に対しては保険金支払請求を、Y_3に対しては保険金請求権を有しないことの確認を求める訴訟を提起したのです。

最高裁判決は、A死亡時にY_3が妻でなくなっていたからには「保険金受取人が指定されていなかった」場合に相当するとしてX_1、X_2の請求を認めた第一審判決を取り消した控訴審判決を是認し、

> 「生命保険契約において保険金受取人の指定につき単に被保険者の「妻何某」と表示されているにとどまる場合には、右指定は、当該氏名をもつて特定された者を保険金受取人として指定した趣旨であり、それに付加されている「妻」という表示は、それだけでは、右の特定のほかに、その者が被保険者の妻である限りにおいてこれを保険金受取人として指定する意思を表示したもの等の特段の趣旨

第17話　正妻の悩み——生命保険

を有するものではないと解するのが相当である。けだし、保険金受取人の指定は保険契約者が保険者を相手方としてする意思表示であるから、これによつて保険契約者が何びとを保険金受取人として指定したかは、保険契約者の保険者に対する表示を合理的かつ客観的に解釈して定めるべきものであつて、この見地に立つてみるときは、保険契約者が契約の締結に際して右のような表示をもつて保険金受取人を指定したときは、客観的にみて、右「妻」という表示は、前記のように、単に氏名による保険金受取人の指定におけるその受取人の特定を補助する意味を有するにすぎないと理解するのが合理的であり、それを超えて、保険契約者が、将来における被保険者と保険金受取人との離婚の可能性に備えて、あらかじめ妻の身分を有する限りにおいてその者を保険金受取人として指定する趣旨を表示したものと解しうるためには、単に氏名のほかにその者が被保険者の妻であることを表示しただけでは足りず、他に右の趣旨を窺知させるに足りる特段の表示がされなければならないと考えるのが相当だからである。それゆえ、保険契約者が、保険契約において保険金受取人を被保険者の「妻何某」と表示して指定したのち、「何某」において被保険者の妻たる地位を失つたために、主観的には当然に保険金受取人の地位を失つたものと考えていても、右の地位を失わせる意思を保険契約に定めるところに従い保険金受取人の変更手続によつて保険者に対して表示しない限り、右「何某」は被保険者との離婚によつて保険金受取人の地位を失うものではないといわざるをえない。そして、以上の理は、会社、事務所、官公庁、組合等の団体を対象とし、被保険者が死亡し又は所定の廃疾状態になつた場合に死亡保険金又は廃疾保険金を支払う趣旨の団体定期保険契約についても妥当するものというべきである。

　これを本件についてみるのに、原審が適法に確定したところによれば、(1)上告人野村美奈子、同野村久美子の父である野村弘記（以下「弘記」という。）の所属する大分県医師会は、昭和48年7月1日、被上告人安田生命保険相互会社との間で、被保険者を弘記、保険金受取人を「妻、野村洋子」、保険金額を400万円とする団体定

4 生命保険契約書受取人欄の妻

期保険契約を，また，昭和51年10月1日，被上告人第1生命保険相互会社との間で，被保険者を弘記，保険金受取人を「妻，野村洋子」，保険金額を500万円とする団体定期保険契約をそれぞれ締結し（以下これらを「本件各契約」という。)，本件各契約はその後弘記が死亡するまで毎年更新された，(2)被上告人高森洋子は，本件各契約締結当時弘記の妻であつたが，訴外高森紀郎との不貞行為が原因で昭和53年5月23日弘記と離婚することを余儀なくされ，同年11月24日右訴外人と婚姻した，(3)本件各契約が依拠する被上告人安田生命保険相互会社，同第一生命保険相互会社の各団体定期保険普通保険約款34条には，保険契約者は，被保険者の同意を得て死亡保険金受取人を指定し又は変更することができ，併せて右指定又は変更はその旨を保険者に書面で通知してからでなければ保険者に対抗することができない旨が定められているが，本件各契約において右約款所定の保険金受取人の変更手続がとられないまま，弘記は昭和55年1月20日に死亡した，というのである。右事実関係のもとにおいては，本件各契約の保険金受取人は保険金受取人として表示された「野村洋子」すなわち被上告人高森洋子であり，同人は自己の不貞行為が原因で弘記と離婚することを余儀なくされてその妻である地位を失い，高森紀郎と婚姻したからといつて，本件各契約の保険金受取人の地位を喪失したものとはいえないというべきであつて，これと同旨の原審の判断は正当として是認することができる。」

と判示して，A死亡時の妻ではなく，「Y_3」であると解しています。「妻」という表示を重視するのではなく，「妻」という表示は，同姓同名のY_3がいるかもしれず，その区別をするためのもので，「妻」という表示の意味はそれ以上のものではない，ということになるのでしょう。

どこの誰が不貞をした妻とその相手との婚姻後にもその女性に対して保険金を与えるつもりで，妻Y_3と書くでしょうか。あくまで妻でいる前提でのY_3という趣旨ではないかと思われるのですが。

第17話　正妻の悩み――生命保険

みなさんはいかがでしょうか。第一審の結論に賛成したいですね。

このような判例もあります。保険契約者兼被保険者が婚約中の女性を入籍予定後の姓名により保険金受取人として指定していましたが、その後は女性には婚姻する意思がなく、そうこうしているうちに被保険者が死亡した場合の判例です。結婚式もし、婚姻届を出す直前に死亡した場合には、その女性に保険金がおりたとしても、死亡した被保険者としては満足でしょう。しかし、いったい女性に婚姻意思がなくなっていた場合にまで、その女性に生命保険金受取人の資格を与える意思があるといえるでしょうか。東京高判昭和62・4・27（保険金請求控訴事件、控訴棄却・上告。金判775号35頁）は、原則として資格があると解し、

> 「本件保険金の指定受取人「松本恵子」は、二郎が被控訴人と保険契約を締結した当時同人と婚約中であった実在の大川恵子（成立に争いのない甲第4号証の2によると、同人の本籍地は○○県△△市ララ町167番地の3、生年月日は昭和37年6月23日であることが認められる。）を指すものであることは、引用に係る原判決理由中の認定事実より明らかであり、右以上に大川が2郎と婚姻し「松本」の姓を称する限りにおいて保険金受取人とする旨の指定をしたものと解し得る特段の表示がされたことは証拠上認められないから、たとえ大川が保険事故発生時に二郎と婚姻し「松本恵子」という氏名になっていなくても、大川が保険金受取人であることには変りはないものというべきであって、保険金受取人が不存在であるとは到底解し得ないところである。」

と判示しています。しかし、このような場合には、要素の錯誤（民法95条）を理由に無効であるとか、信義則（民法1条2項）違反あるいは権利濫用（民法1条3項）として、女性の請求を認めない、ということはできないのでしょうかね。

(2)　ついでに、関連判例を紹介しておきましょう。単に「相続人」と記載した場合には、保険事故の発生時（被保険者の死亡時）

4　生命保険契約書受取人欄の妻

の相続人のことであり、最判昭和 40・2・2（保険金請求事件，上告棄却。民集 19 巻 1 号 1 頁*）は、そのように解しています。この判例は、「当会社は、被保険者が第 1 条の傷害を被り、その直接の結果として、被害の日から 180 日以内に死亡したときは、保険金額の全額を保険金受取人、もしくは保険金受取人の指定のないときは被保険者の相続人に支払います。」と規定する交通事故傷害保険普通保険約款第 4 条についても、同趣旨のものとして解する最判昭和 48・6・29（売掛代金請求事件，上告棄却。民集 27 巻 6 号 737 頁*）によっても引用されています。

また、「相続人」を受取人に指定した場合に、正式の婚姻届を出していない状態での内縁の妻は、含まれるでしょうか。含まれないと解した大阪地判昭和 53・3・27（損害賠償請求事件，請求棄却・控訴。判時 904 号 104 頁*）があります。

では、不倫相手を受取人とする保険契約は公序良俗に反して無効でしょうか（民法 90 条）。夫が不倫関係にあった女性を保険金受取人として指定し自己を被保険者とする生命保険契約を締結していたが、夫婦関係が元の鞘におさまったので保険金受取人の指定変更をしようとしていたが変更届を出す前に被保険者が死亡した場合において、保険契約の保険金受取人を不倫相手の女性と指定した部分は公序良俗に反し無効であり、保険金受取人は保険契約者である被保険者の夫自身であったとして、その相続人である妻らが夫の不倫相手の女性を被告として提起した保険金請求権が法定相続人（妻と 2 人の子供）に帰属することの確認の訴えを認容した東京地判平成 8・7・30（保険金請求権確認請求事件，請求認容・確定。金法 1468 号 45 頁*）は、

> 「認定事実によれば、本件保険契約の受取人を被告としたことは、被告と弘との不倫関係の維持継続を目的としていたものであることは明らかである。また、右保険契約時において、確かに弘は被

第17話　正妻の悩み――生命保険

告との共同生活の継続を願い，弘の死後の被告の生活の安定を目的として締結されたという面も存するが，右保険契約締結そのものが直ちにその当時の被告の生活を保全するものであったとはいえないし，また，被告が小川慶應のもとへ戻るという可能性は本件保険契約締結当時引き続き継続しており，被告が生計を弘に頼るといった状況は永続的な状況であったと認めることはできない。しかも，現実にその後の関係者の努力により不倫関係の解消といった形で解決されているのであるから，本件保険金が被告の生活を保全するという役割を果たすものでもない。

したがって，右のような事実関係のもとでは，本件保険契約中受取人を被告と指定した部分は公序良俗に反し，民法 90 条により無効とすべきであり，したがって受取人は弘本人と解釈するべきであるから，本件保険金の支払請求権は弘の死亡により相続人である原告中山貴美子が 2 分の 1，原告中川深雪及び原告中山勝が各 4 分の 1 の権利を有するものと認めるのが相当である。」

と判示しています（不倫相手への包括遺贈と公序良俗の関係に関しては，「第 8 話」参照）。

(3) また，指定された者が受け取る保険金は，その者の固有財産なのか相続財産なのかも問題となりますが，一般的には，受取人の固有財産となります。したがって，生命保険金は相続財産として相続人間で分配の対象となる財産ではないのです。そのことを，大判昭和 11・5・13（不当利得金返還請求事件，上告棄却。民集 15 巻 11 号 877 頁*）は，

「生命保険契約ニ於テ保険契約者カ自己ヲ被保険者兼保険金受取人ト定ムルト同時ニ被保険者死亡ノ時ハ被保険者ノ相続人ヲ保険金受取人タラシムヘキ旨漫然定メタル如キ場合ニ於テ右被保険者死亡シタル時ハ之ニ基ク保険金請求権ハ一旦相続財産中ニ属スヘキヤ否ヤニ付テハ解釈上疑義ナキ能ハサルモ右ト異ナリ上記被保険者死亡ノ時ハ其ノ長男タル相続人某ヲ保険金受取人タラシムヘキ旨特ニ其ノ相続人ノ氏名ヲ表示シテ契約シタル場合ニ在ツテハ被保険者死亡

4 生命保険契約書受取人欄の妻

ト同時ニ前示保険金請求権ハ該保険契約ノ効力トシテ当然右特定相続人ノ固有財産ニ属スヘク其ノ相続財産タル性質ヲ有スヘキモノニ非スト解スルヲ相当トス果シテ然ラハ此ノ場合右相続人ニ於テ家督相続開始ノ後適法ニ限定承認ノ手続ヲ執リタル以上其ノ被相続人ニ対スル債権者ニ於テ該保険金請求権ヲ差押ヘカ転付ヲ受クルコトヲ得サルモノト謂ハサルヲ得ス之ヲ本件ニ付観ルニ被上告人先代小沢高嘉カ明治44年12月28日国光生命保険相互会社ト被保険者及保険契約者ヲ小沢高嘉本人トシ其ノ保険金受取人ヲ被保険者ト定ムルト同時ニ被保険者死亡ノ時ハ被保険者ノ長男タル被上告人ヲ以テ保険金受取人タラシメヘキ旨定メタル保険金額525年満期ノ養老保険契約ヲ締結シタルトコロ昭和4年10月中被上告人先代小沢高嘉死亡シ其ノ家督相続人タル被上告人ニ於テ昭和4年12月中甲府区裁判所ニ対シ右相続ニ付限定承認ノ申述ヲ為シ同月中該申述カ受理セラレタルコト及上告人カ当時被上告人先代高嘉ニ対シ債権ヲ有シ居リ該債権ノ為メ昭和5年5月中右保険金請求権ニ対シ差押命令並転付命令ヲ得因テ右保険会社ヨリ保険金ノ支払ヲ受ケタル事実ハ原判決ノ確定セルトコロナルカ故ニ如上保険金請求権ハ被上告人先代高嘉ノ死亡ト同時ニ前示保険契約ノ効力トシテ当然被上告人ノ固有財産ニ帰シ被上告人家ノ相続財産ニ属スヘキ筋合ニ非スト断セサルヲ得ス然ラハ本件保険金請求権カ被上告人ノ固有財産ニ属シ被上告人家ノ相続財産ニ帰属セス従テ被上告人ニ於テ適法ニ限定承認ヲ為シタル以上上告人カ被上告人先代高嘉ニ対スル債権ノ為メ之ヲ差押ヘ且之カ転付ヲ受ケ得ヘキモノニ非サル旨説示シタル原判決ハ結局正当ニシテ反対ノ見解ニ立脚スル所論ハ到底之ヲ採容スルニ由ナシ」

と判示しています。前述の最判昭和40・2・2もその旨を判示していることは、すでに紹介したとおりです。

 (4) 最高裁の考え方によるかぎり、離婚すれば、いやいや不仲状態になれば直ちに保険金受取人の指定変更をすることですね。仲直りすれば、また指定変更をすればすみますから。ところで、指定変

更の通知を保険会社に郵送して，到達前に死亡したらどうなると思いますか。指定変更は認められないとする大判昭和15・12・13（保険金請求事件，上告棄却。民集19巻24号2381頁*）は，到達主義をとっていますので，発送したからといって安心してはいられないのですよ。さあさあ，「あなたなぁらど～する」。

しかし，それだけで事件は解決しないのです。受取人欄に記載された者は，じつは保険会社との関係だけのことなのですよ。ですから，保険会社と関係なく，私文書ででも，保険金受取人を指定しておけば，その人が受取人となるのです。保険会社は，保険金請求権者が誰であるかの争いに巻き込まれないために受取人変更の手続などを要求しているにすぎないのです。ですから，受取人欄の記載だけでは安心してはいられない，ということです。

5 年金の受取人と妻

(1) 正妻と愛人とどちらが強いか？　妻子をほったらかして，好き勝手をして死亡した男にとっては，死後の争いごとなど痛くも痒くもないでしょう。しかし，残された妻子はたまったものではありません。離婚もせず，未だに婚姻関係にある正妻としても，安心できない事態が生じます。2001年（平成13年）5月29日の朝日新聞東京本社第14版3面総合面に，「夫に女性……遺族年金なし」という見出しの記事がありました。さらに，「戸籍上の妻「同一生計」が壁に」とも記載されていました。

ということは，正妻であっても，遺族年金がもらえないということのように思われます。そこで，社会保険庁のホームページ (http://www.sia.go.jp/) で，「制度の概要」「遺族年金」をみますと，「国民年金（遺族基礎年金）」の対象者は，「死亡した者によって生計を維持されていた，(1)子のある妻，(2)子」なのです〔accessed

5 年金の受取人と妻

on March 1, 2003〕。新聞記事と同じ「生計」という表現があります。つぎに，国民年金法を調べる必要があります。ではこんどは，「法令データ提供システム」(http://law.e-gov.go.jp/cgi-bin/idx-select.cgi/) で「国民年金法」(昭和 34 年 4 月 16 日法律第 141 号）を調べてみましょう。国民年金法 37 条の 2（遺族の範囲）によっても，夫の死亡の当時に夫によって生計を維持していた妻である必要があるわけですが，この点について，記事によれば，社会保険庁は，届出による婚姻が実態を失っているとき，すなわち，「①戸籍上の妻と 10 年程度別居している，②夫からの仕送りがない，③音信や訪問がない」の 3 要件が充足されるとき，正妻ではなく，事実上の妻に遺族年金が支給されるとのことです。さあ，正妻の座に安閑としておられませんよ。

(2) 前述の記事には，「2 人の妻に支給も可能」とありますが，ここの妻とは，戸籍上の妻と事実上の妻の両者を意味することは，もうお分かりでしょう。『女性のライフスタイルの変化等に対応した年金の在り方に関する検討会（略称：女性と年金検討会）』（座長＝袖井孝子：お茶の水女子大学教授）は，2001 年（平成 13 年）12 月 14 日に報告書を取りまとめ，厚生労働大臣に提出しました。これについては，意見募集があり，厚生労働省のホームページ（http://www.mhlw.go.jp/) の「ご意見等の募集（22 件）」「02.02.14 掲載「女性のライフスタイルの変化等に対応した年金の在り方に関する検討会」報告書について」を参照してください〔accessed on April 1, 2002〕。

(3) ところで，さきほど，戸籍上の妻と 10 年程度別居しているという要件がでていましたね。この 10 年程度の別居といいますと，有責配偶者の離婚請求を思い出します。この問題については，判例変更劇があります（なお，主要な民事判例の変更事例については，私のホームページ（http://www1.odn.ne.jp/~cjq24190/) の「3

判例情報」「2　民事判例変更」をみてください）。

　判例変更前の最判昭和 27・2・19（離婚請求事件，上告棄却。民集 6 巻 2 号 110 頁*）は，

>　「論旨では本件は新民法 770 条 1 項 5 号にいう婚姻関係を継続し難い重大な事由ある場合に該当するというけれども，原審の認定した事実によれば，婚姻関係を継続し難いのは上告人が妻たる被上告人を差し置いて他に情婦を有するからである。上告人さえ情婦との関係を解消し，よき夫として被上告人のもとに帰り来るならば，何時でも夫婦関係は円満に継続し得べき筈である。即ち上告人の意思如何にかかることであつて，かくの如きは未だ以て前記法条にいう「婚姻を継続し難い重大な事由」に該当するものということは出来ない。（論旨では被上告人の行き過ぎ行為を云為するけれども，原審の認定によれば，被上告人の行き過ぎは全く嫉妬の為めであるから，嫉妬の原因さえ消滅すればそれも直ちに無くなるものと見ることが出来る）上告人は上告人の感情は既に上告人の意思を以てしても，如何ともすることが出来ないものであるというかも知れないけれども，それも所詮は上告人の我侭である。結局上告人が勝手に情婦を持ち，その為め最早被上告人とは同棲出来ないから，これを追い出すということに帰着するのであつて，もしかかる請求が是認されるならば，被上告人は全く俗にいう踏んだり蹴たりである。法はかくの如き不徳義勝手気侭を許すものではない。道徳を守り，不徳義を許さないことが法の最重要な職分である。総て法はこの趣旨において解釈されなければならない。論旨では上告人の情婦の地位を云為するけれども，同人の不幸は自ら招けるものといわなければならない。妻ある男と通じてその妻を追い出し，自ら取つて代らんとするが如きは始めから間違つて居る，或は男に欺された同情すべきものであるかも知れないけれども少なくとも過失は免れない。その為め正当の妻たる被上告人を犠牲にすることは許されない。戦後に多く見られる男女関係の余りの無軌道は患うべきものがある。本訴の如き請求が法の認める処なりとして当裁判所において是認される

5　年金の受取人と妻

ならば右の無軌道に拍車をかける結果を招致する虞が多分にある。論旨では裁判は実益が無ければならないというが，本訴の如き請求が猥りに許されるならば実益どころか実害あるものといわなければならない。所論上告人と情婦との間に生れた子は全く気の毒である，しかし，その不幸は両親の責任である。両親において十分その責を感じて出来るだけその償を為し，不幸を軽減するに努力しなければならない。子供は気の毒であるけれども，その為め被上告人の犠牲において本訴請求を是認することは出来ない。前記民法の規定は相手方に有責行為のあることを要件とするものでないことは認めるけれども，さりとて前記の様な不徳義，得手勝手の請求を許すものではない。原判決は用語において異る処があるけれども結局本判決と同趣旨に出たもので，その終局の判断は相当であり論旨は総て理由なきに帰する。（本件の如き事案は固より複雑微妙なものがあり，具体的事情を詳細に調べて決すべきもので，固より一概に論ずることは出来ない。しかし上告審は常に原審の認定した事実に基いて判断すべきものであり，本件において原審の認定した事実によれば判断は右以外に出ない。）」

と判示していました。これは，英米法でいうクリーンハンズの原則（clean hands doctrine）というものを採用したものです。英米法には，"He who comes into a court of equity must come with clean hands." という法格言があり，自ら汚いことをして救済を求めるべからず，といったところでしょうか。そして，この判例は，その後も維持され，最判昭和29・11・5（離婚事件，上告棄却。民集8巻11号2023頁*）や，最判昭和29・12・14（離婚請求事件，上告棄却。民集8巻12号2143頁*）などでも，同旨がくりかえされていました。

しかし，最大判昭和62・9・2（離婚請求事件，破棄差戻（補足意見，意見がある）。民集41巻6号1423頁*）によって，これらの判例は変更されました。すなわち，大法廷は，

「11　民法770条は，裁判上の離婚原因を制限的に列挙していた

第17話　正妻の悩み——年金

旧民法（昭和22年法律第222号による改正前の明治31年法律第9号。以下同じ。）813条を全面的に改め，1項1号ないし4号において主な離婚原因を具体的に示すとともに，5号において「その他婚姻を継続し難い重大な事由があるとき」との抽象的な事由を掲げたことにより，同項の規定全体としては，離婚原因を相対化したものということができる。また，右770条は，法定の離婚原因がある場合でも離婚の訴えを提起することができない事由を定めていた旧民法814条ないし817条の規定の趣旨の一部を取り入れて，2項において，1項1号ないし4号に基づく離婚請求については右各号所定の事由が認められる場合であっても2項の要件が充足されるときは右請求を棄却することができるとしているにもかかわらず，1項5号に基づく請求についてはかかる制限は及ばないものとしており，2項のほかには，離婚原因に該当する事由があっても離婚請求を排斥することができる場合を具体的に定める規定はない。以上のような民法770条の立法経緯及び規定の文言からみる限り，同条1項5号は，夫婦が婚姻の目的である共同生活を達成しえなくなり，その回復の見込みがなくなった場合には，夫婦の一方は他方に対し訴えにより離婚を請求することができる旨を定めたものと解されるのであって，同号所定の事由（以下「5号所定の事由」という。）につき責任のある一方の当事者からの離婚請求を許容すべきでないという趣旨までを読みとることはできない。

他方，我が国においては，離婚につき夫婦の意思を尊重する立場から，協議離婚（民法763条），調停離婚（家事審判法17条）及び審判離婚（同法24条1項）の制度を設けるとともに，相手方配偶者が離婚に同意しない場合について裁判上の離婚の制度を設け，前示のように離婚原因を法定し，これが存在すると認められる場合には，夫婦の一方は他方に対して裁判により離婚を求めうることとしている。このような裁判離婚制度の下において5号所定の事由があるときは当該離婚請求が常に許容されるべきものとすれば，自らその原因となるべき事実を作出した者がそれを自己に有利に利用することを裁判所に承認させ，相手方配偶者の離婚についての意思を全

5 年金の受取人と妻

く封ずることとなり、ついには裁判離婚制度を否定するような結果をも招来しかねないのであって、右のような結果をもたらす離婚請求が許容されるべきでないことはいうまでもない。

2 思うに、婚姻の本質は、両性が永続的な精神的及び肉体的結合を目的として真摯な意思をもって共同生活を営むことにあるから、夫婦の一方又は双方が既に右の意思を確定的に喪失するとともに、夫婦としての共同生活の実体を欠くようになり、その回復の見込みが全くない状態に至った場合には、当該婚姻は、もはや社会生活上の実質的基礎を失っているものというべきであり、かかる状態においてなお戸籍上だけの婚姻を存続させることは、かえって不自然であるということができよう。しかしながら、離婚は社会的・法的秩序としての婚姻を廃絶するものであるから、離婚請求は、正義・公平の観念、社会的倫理観に反するものであってはならないことは当然であって、この意味で離婚請求は、身分法をも包含する民法全体の指導理念たる信義誠実の原則に照らしても容認されうるものであることを要するものといわなければならない。

3 そこで、5号所定の事由による離婚請求がその事由につき専ら責任のある一方の当事者（以下「有責配偶者」という。）からされた場合において、当該請求が信義誠実の原則に照らして許されるものであるかどうかを判断するに当たっては、有責配偶者の責任の態様・程度を考慮すべきであるが、相手方配偶者の婚姻継続についての意思及び請求者に対する感情、離婚を認めた場合における相手方配偶者の精神的・社会的・経済的状態及び夫婦間の子、殊に未成熟の子の監護・教育・福祉の状況、別居後に形成された生活関係、たとえば夫婦の一方又は双方が既に内縁関係を形成している場合にはその相手方や子らの状況等が斟酌されなければならず、更には、時の経過とともに、これらの諸事情がそれ自体あるいは相互に影響し合って変容し、また、これらの諸事情のもつ社会的意味ないしは社会的評価も変化することを免れないから、時の経過がこれらの諸事情に与える影響も考慮されなければならないのである。

そうであってみれば、有責配偶者からされた離婚請求であっても、

第17話　正妻の悩み――年金

　夫婦の別居が両当事者の年齢及び同居期間との対比において相当の長期間に及び，その間に未成熟の子が存在しない場合には，相手方配偶者が離婚により精神的・社会的・経済的に極めて苛酷な状態におかれる等離婚請求を認容することが著しく社会正義に反するといえるような特段の事情の認められない限り，当該請求は，有責配偶者からの請求であるとの一事をもって許されないとすることはできないものと解するのが相当である。けだし，右のような場合には，もはや5号所定の事由に係る責任，相手方配偶者の離婚による精神的・社会的状態等は殊更に重視されるべきものでなく，また，相手方配偶者が離婚により被る経済的不利益は，本来，離婚と同時又は離婚後において請求することが認められている財産分与又は慰藉料により解決されるべきものであるからである。

　4　以上説示するところに従い，最高裁昭和24年(オ)第187号同27年2月19日第3小法廷判決・民集6巻2号110頁，昭和29年(オ)第116号同年11月5日第二小法廷判決・民集8巻11号2023頁，昭和27年(オ)第196号同29年12月14日第三小法廷判決・民集8巻12号2143頁その他上記見解と異なる当裁判所の判例は，いずれも変更すべきものである。

　2　ところで，本件について原審が認定した上告人と被上告人との婚姻の経緯等に関する事実の概要は，次のとおりである。
(一)上告人と被上告人とは，昭和12年2月1日婚姻届をして夫婦となったが，子が生まれなかったため，同23年12月8日訴外乙山春子の長女夏子及び二女秋子と養子縁組をした。(二)上告人と被上告人とは，当初は平穏な婚姻関係を続けていたが，被上告人が昭和24年ころ上告人と春子との間に継続していた不貞な関係を知ったのを契機として不和となり，同年8月ころ上告人が春子と同棲するようになり，以来今日まで別居の状態にある。なお，上告人は，同29年9月7日，春子との間にもうけた一郎(同25年1月7日生)及び二郎(同27年12月30日生)の認知をした。(三)被上告人は，上告人との別居後生活に窮したため，昭和25年2月，かねて上告人から生活費を保障する趣旨で処分権が与えられていた上告人

5 年金の受取人と妻

名義の建物を24万円で他に売却し,その代金を生活費に当てたことがあるが,そのほかには上告人から生活費等の交付を一切受けていない。(四)被上告人は,右建物の売却後は実兄の家の一部屋を借りて住み,人形製作等の技術を身につけ,昭和53年ころまで人形店に勤務するなどして生活を立てていたが,現在は無職で資産をもたない。(五)上告人は,精密測定機器の製造等を目的とする2つの会社の代表取締役,不動産の賃貸等を目的とする会社の取締役をしており,経済的には極めて安定した生活を送っている。(六)上告人は,昭和26年ころ東京地方裁判所に対し被上告人との離婚を求める訴えを提起したが,同裁判所は,同29年2月16日,上告人と被上告人との婚姻関係が破綻するに至ったのは上告人が春子と不貞な関係にあったこと及び被上告人を悪意で遺棄して春子と同棲生活を継続していることに原因があるから,右離婚請求は有責配偶者からの請求に該当するとして,これを棄却する旨の判決をし,この判決は同年3月確定した。(七)上告人は,昭和58年12月ころ被上告人を突然訪ね,離婚並びに夏子及び秋子との離縁に同意するよう求めたが,被上告人に拒絶されたので,同59年東京家庭裁判所に対し被上告人との離婚を求める旨の調停の申立をし,これが成立しなかったので,本件訴えを提起した。なお,上告人は,右調停において,被上告人に対し,財産上の給付として現金100万円と油絵一枚を提供することを提案したが,被上告人はこれを受けいれなかった。

3 前記一において説示したところに従い,右二の事実関係の下において,本訴請求につき考えるに,上告人と被上告人との婚姻については5号所定の事由があり,上告人は有責配偶者というべきであるが,上告人と被上告人との別居期間は,原審の口頭弁論の終結時まででも約36年に及び,同居期間や双方の年齢と対比するまでもなく相当の長期間であり,しかも,両者の間には未成熟の子がいないのであるから,本訴請求は,前示のような特段の事情がない限り,これを認容すべきものである。

したがって,右特段の事情の有無について審理判断することなく,上告人の本訴請求を排斥した原判決には民法1条2項,770条1項

第17話　正妻の悩み——年金

5号の解釈適用を誤った違法があるものというべきであり，この違法が判決の結論に影響を及ぼすことは明らかであるから，この趣旨の違法をいうものとして論旨は理由があり，原判決は破棄を免れない。そして，本件については，右特段の事情の有無につき更に審理を尽くす必要があるうえ，被上告人の申立いかんによっては離婚に伴う財産上の給付の点についても審理判断を加え，その解決をも図るのが相当であるから，本件を原審に差し戻すこととする。」

と判示して，判例変更をしたのです。ここでは，別居期間（本件では36年以上），未成熟子の存否（本件では無），離婚された者のその後の状態（金銭的には財産分与または慰謝料で解決）などが考慮事項とされています。この判例後，いくつかの有責配偶者による離婚請求事件が報告されています。男性からの離婚請求事件の概要は，次表のようになっています。

　女性からの離婚請求も含めた判例として気がついたものは，①最判昭和62・11・24（離婚請求事件，上告棄却。判時1256号28頁*），②最判昭和63・2・12（離婚請求事件，破棄差戻。判時1268号33頁*），③最判昭和63・4・7（離婚請求事件，破棄差戻。判時1293号94頁*），④最判昭和63・12・8（離婚請求事件，上告棄却。家月41巻3号145頁*），⑤最判平成元・3・28（離婚請求事件，上告棄却。判時1315号61頁*），⑥最判平成2・11・8（離婚等請求事件，破棄差戻。判時1370号55頁*），⑦最判平成5・11・2（離婚等請求本訴，同反訴上告事件，上告棄却。家月46巻9号40頁），⑧最判平成6・2・8（離婚請求事件，上告棄却。判時1505号59頁*）です。このうち，④と⑦は女性からの離婚請求事件で，いずれも離婚を肯定しています。最判昭和63・12・8は，同居期間1年3か月，別居期間10年3か月，他の男性との同棲期間3年11か月，その後アルコール依存症などで入院・通院，子供なしで，最判平成5・11・2は，同居期間17年2か月，別居期間9年8か月，他の男性と別居前から同棲生

6　訴訟における他人

判例番号・結論	正妻との同居期間	正妻との別居期間	他の女性との同棲生活	子供の有無
① 離婚肯定	4年	30年	29年	24才
② 離婚肯定・破棄差戻	17年・妻自殺未遂2回	22年	22年	38才と32才
③ 離婚肯定・破棄差戻	20年・頻繁な外泊11年	16年	16年	38, 37, 36, 34才
⑤ 離婚否定	17年	8年	6年	32, 29, 23, 21才
⑥ 離婚肯定・破棄差戻	23年	8年	一時期同棲	32才と24才
⑧ 離婚肯定	15年	13年11月	10年	28, 26, 23, 18才

活2年，26歳，24歳の子供があった事例です。

　これらの判例からは，別居期間10年では離婚が認められ，8年では，肯定・否定事例があり，微妙です。より具体的には，それぞれの判例にあたってもらう必要がありますが，期間がでてきましたので，期間が問題となるものを2つ思い出してください。不在者の生死不明で死亡したものとみなす失踪宣告は，通常の場合は7年間の生死不明が要件です（民法30条1項）が，離婚原因としては，3年以上の生死不明でしたね（民法770条1項3号）。

6　訴訟における他人

　(1)　妻は他人も他人，前科者にでもしてしまえ，というような事態も生じえます。第11話で紹介しました最判昭和47・4・28（所有権移転登記手続再審請求事件，上告棄却。判時667号29頁*）は，そのような事案です。

　A株式会社は，Bを被告とする所有権移転登記手続請求訴訟を提起し，B欠席のままに勝訴判決を得ました。Bが欠席したのは，B

の妻Cが，この訴訟の送達されてきた訴状，期日呼出状および判決を破棄したり隠匿したりして夫Bに見せなかったためでした。そこで，夫Bは，訴状および第1回期日呼出状の毀棄行為について昭和42年12月1日妻Cを公文書毀棄容疑で横浜地方検察庁に告訴し，これに対し昭和43年1月18日頃同検察庁検事は，これを起訴猶予処分に付し，さらに，それ以外の期日呼出状の毀棄行為および判決正本の隠匿行為について昭和44年11月1日付けをもって同女を同様に告訴し，これに対しても昭和45年1月12日同検事が起訴猶予処分に付したのでした。これらの起訴猶予処分はいずれも，犯罪の嫌疑あるも情状により起訴を猶予するを相当とする意味での起訴猶予処分でした（刑訴248条）。

そして，夫Bは，当時の民訴420条1項5号（=現行民訴338条1項5号）に基づいて，B名義の敗訴判決を覆すために，再審の訴えを提起したのです。

これに対して，前述の最高裁は，

「原審の適法に確定する事実関係，すなわち，被上告人と上告人間の横浜地方裁判所昭和41年(ワ)第694号所有権移転登記手続請求事件について被上告人欠席のまま上告人勝訴の判決がされたこと，被上告人は，右訴訟の訴状および第1回期日呼出状の毀棄行為について昭和42年12月1日甲野花子を公文書毀棄容疑で横浜地方検察庁に告訴し，これに対し昭和43年1月18日頃同検察庁検事がこれを起訴猶予処分に付したこと，さらに，被上告人は，その余の期日呼出状の毀棄行為および判決正本の隠匿行為について昭和44年11月11日付をもつて同女を同様に告訴し，これに対しても昭和45年1月12日同検事が起訴猶予処分に付したこと，これらの起訴猶予処分はいずれも犯罪の嫌疑あるも情状により起訴を猶予するを相当とする意味での起訴猶予処分であつたこと，被上告人は，甲野花子の右公文書毀棄ないし隠匿行為のため被上告人と上告人間の前記訴訟についてその係属およびその進行についてなんらこれを知るとこ

6 訴訟における他人

ろなく欠席のまま判決を受けるに至つたことなどの事実関係のもとにおいては，被上告人の本件再審の訴には，民訴法420条1項5号〔=現行民訴338条1項5号〕および同条2項後段〔=現行民訴338条2項後段〕に該当する事由があるものというべきであるから，これと同趣旨の原判決の判断は正当である。同居の妻であつても，同条1項5号にいう「他人」にあたると解した原判決になんらの違法は認められない。」

と判示して，夫Bの主張を肯定したのでした。ここでは，妻が他人であったために，夫としては，敗訴判決を覆すことができたのでした。

前述の民訴338条1項5号にいう「他人」は，当事者本人以外の者を意味しており，本人の代理人も含まれます。もちろん，当事者となっていない妻も他人というわけです（三谷・法理298頁以下）。そうです。訴訟においては，当事者本人以外の者はすべて第三者，他人になります。実体的な権利・義務の帰属主体であっても，訴訟担当者がいて，訴訟当事者でなくなると，当該訴訟では他人になります。そのことは，確定判決の効力が及ぶ主観的範囲の規定である民訴115条1項2号をみても理解できるでしょう。たとえば，夫婦が共同原告になって訴訟をして，夫を選定当事者にすれば（民訴30条），妻は「他人」になるのです。

当事者自体を尋問するときは，当事者尋問の手続（民訴207条以下）によります（三谷・民訴講義2版134頁以下）が，当事者でない妻を尋問するときは，証人尋問の手続（民訴190条以下）によることになります（三谷・民訴講義2版132頁以下）。当事者の訴訟代理人を尋問するときも，証人尋問の手続によるのです。また，法人が当事者となっている場合に，その従業員，あるいは，代表者でない他の取締役を尋問するときも，証人として尋問することになるのです。

(2) では，すべて他人扱いかといいますと，必ずしもそうではあ

りません。確定判決の効力が及ぶ主観的範囲の規定がでてきましたが，民事執行法にも，同じような規定（民執23条）があります。

　さあそれでは，夫名義で借地契約を締結し，夫名義の建物を借地上に有しているとして，もし契約が更新されなかった場合に，夫相手の建物収去土地明渡しの確定判決に基づいて，同居している妻や子供に対しても強制執行が可能でしょうか。すべて他人ではないでしょうか。もしそうなら，妻に対しても子供に対しても，建物収去土地明渡しの債務名義が必要となります。妻は他人ですから，当然に妻を相手方（執行債務者）とする債務名義が要求されそうですね。でも，ふつうの場合には，妻を含めて家族やたんなる同居者は債務者と同視して，特別にこれらの者に対する債務名義を獲得するまでの必要はありません（名古屋高決昭和51・1・29判時819号52頁，東京地八王子支決平成11・7・19判時1691号115頁）。しかし，たとえば夫名義で家屋賃貸借契約を締結している借家に妻が居住し夫とは別居している場合には，東京高判昭和32・9・11（第三者異議控訴事件，取消。判時132号14頁*）は，社会通念上妻が夫と独立の占有権を有するときは，夫に対する家屋明渡しの債務名義によって妻に対する明渡しの執行をすることはできないといっています（三谷編・誘い150頁以下，三谷・民執講義173頁）。

〈付　録〉

横山ノック知事わいせつ訴訟にみる民事訴訟法上の論点

1　はじめに

　1つの訴訟でもいろいろの論点がある。今回の話しはみなさんもよく御存じの横山ノック（これ，通称というか，芸名なんですね。本名は「山田勇」です）前大阪府知事の事件を取り上げて，民事訴訟法上のいくつかの論点を検討してみたい。事案を簡略化して紹介すると，大阪府知事選挙運動のさなか，選挙カーの伴走車のなかで横山ノック知事がアルバイトの女子大生にわいせつな行為をしたというので，女子大生が横山ノック知事に対して損害賠償請求訴訟を提起した，というのである。新聞紙上での報道に関連して，以下のような論点を指摘することができよう。

2　訴訟手続の中止

　1999年（平成11年）10月4日が第1回口頭弁論期日であるが，その前の報道によれば，横山ノック知事は訴訟手続の中止を求める可能性があるという。これは

　　「当事者が不定期間の故障により訴訟手続を続行することができないときは，裁判所は，決定で，その中止を命ずることができる。」

と規定する民訴131条1項を前提としてのことと思われる。不定期間の故障というちょっと耳なれない表現が使われている。こういう

〈付　録〉　横山ノック知事わいせつ訴訟にみる民事訴訟法上の論点

ときには，規定の沿革をたどっていくと，なるほどと納得できる場合がある。

　そこで，まず現行法は1998年（平成10年）1月1日から施行されているので，その前の旧民訴221条1項は，

　　「当事者カ不定期間ノ故障ニ因リ訴訟手続ヲ続行スルコト能ハサルトキハ裁判所ハ決定ヲ以テ其ノ中止ヲ命スルコトヲ得」

となっていた。

　しかし，これでは，現行法と同じで具体的なことは分からない。そこでさらに，その前の規定をみてみよう。じつは，旧民事訴訟法は判決手続の部分について1926年（大正15年）に大改正があって，当初の1891年（明治24年）1月1日から施行されていた民事訴訟法とは異なる内容なのであり，大正15年改正前の民事訴訟法（以下，明治民訴ということがある）184条をみてみると，

　　「原告若クハ被告カ戦時兵役ニ服スルトキ又ハ官庁ノ布令，戦争其他ノ事変ニ因リ受訴裁判所ト交通ノ絶エタル地ニ在ルトキハ受訴裁判所ハ申立ニ因リ又ハ職権ヲ以テ障碍ノ消除スルマテ訴訟手続ノ中止ヲ命スルコトヲ得」

と定めていたのである。この規定が，表現をかえつつ，現行法になったのである。現行法でいう不定期間の故障がどのような内容のものを具体的にイメージしていたかは，これではっきりと分かる。明治民訴で明示されていた事由以外では，当事者が伝染病により隔離されたときがあげられている（斎藤ほか編・注解民訴5（2版）347頁）。したがって，知事である場合はもちろん，たとえ横山ノック氏が首相であっても，それだけでは前述の中止事由には該当しない。横山ノック知事が民訴を知らないゆえの，はかなき抵抗である。

3　擬制自白

本件での擬制自白は,「当事者が口頭弁論において相手方の主張した事実を争うことを明らかにしない場合には,その事実を自白したものとみなす。」という民訴159条1項本文によるものである。自白された事実はそのまま判決の基礎にしなければならない,というのが民事事件における弁論主義の帰結である。記事によると,横山ノック知事は,賠償金を払ってもわいせつ行為を認めたわけではないというが,原告の主張した事実を認めることであるから,女子大生にわいせつ行為をした,という事実が原告・被告とも一致した事実ということになるのである。争いのない事実や自白された事実は,もはや証明する必要もないのである(民訴179条)。このような事実を不要証事実といっている(三谷・民訴講義2版150頁以下参照)。

法律用語の常識として,推定(条文では,推定するという表現を使います)と擬制(条文では,みなすという表現を使います)との違いは,みなさんすでに御存じ。擬制自白は,争いあるはずの事実を自白した,すなわち,承認したということを意味しているのである。訴訟上でそのようにみなされてしまえば,そうではない,ということなど認めないのである。推定の場合には,推定された事実を覆すことが可能であるが,肯定あるいは否定されたものとみなされた事実はもはや覆せないのである。横山ノック知事が民訴というか法律常識を知らないゆえの,はかなき抵抗である。

4　請求の拡張

原告の女子大生は,11月1日の第2回口頭弁論期日において,1200万円の請求額を1500万円に増加させた。横山ノック知事のわいせつ行為に対するものではなく,法廷外での横山ノック知事の発

〈付　録〉　横山ノック知事わいせつ訴訟にみる民事訴訟法上の論点

言による名誉毀損を理由とする損害賠償請求額であるが，これは請求の拡張といわれるものである。

　請求の趣旨の変更のうち，請求の原因を変更しないで，請求の趣旨にかかげられた分量を拡張・縮小することを請求の拡張・請求の減縮という。

　つまり，請求の拡張には，請求の原因を変えない場合と変える場合とがあることが分かる。したがって，請求の拡張には，狭義の請求の拡張（請求の原因が同じ場合）と広義の請求の拡張（請求の原因も変更する場合）とがあることになる。

　横山ノック知事わいせつ訴訟では，広義の請求の拡張ということになろう。

(1)　訴えの変更

　民訴143条1項本文は，訴えの変更について，「原告は，請求の基礎に変更がない限り，口頭弁論の終結に至るまで，請求又は請求の原因を変更することができる。」と定めている（三谷・民訴講義2版211頁以下）。ここでの請求の原因は，民訴133条2項2号における請求の原因と同じ意味であり，訴訟物を変更することであって，このように請求を変更する場合または請求の原因を変更する場合を訴えの変更という。請求の変更は請求の趣旨（請求の趣旨は，原告が求める判決の主文に相当するものである）を変えることであるが，訴えの変更には，請求の趣旨のみを変更する場合，請求の原因のみを変更する場合，そして，その両者を変更する場合の3つがありうる。

　そして，横山ノック知事わいせつ訴訟では，さらに法廷外の発言をしたことによって女子学生の名誉を毀損したということで，法廷外の発言の日時は異なるが（数回の発言なので，継続的不法行為と考えられる），被侵害利益は名誉であるから（つまり，訴訟物は1つ），請求の趣旨と原因の拡張であり，追加的変更に該当する。

④ 請求の拡張

　訴えの変更の種類によっては，さらに審理に時間がかかることもあるため，訴えの変更により「著しく訴訟手続を遅延させ」ない場合に許されることになっている（民訴143条1項但書）。そして，控訴審になると，裁判長は，請求または請求の原因の変更をするべき期間を定めることができる（民訴301条）。

　ところで，訴えの変更には追加的変更以外に，交換的変更という種類が認められたりしている。従来の請求を新たな請求に変えるものである。しかし，最判昭和32・2・28（貸金請求事件，破棄自判。民集11巻2号374頁*）は，（相手の同意のいらない当然の）訴えの取下げと新訴の提起とが同時に伴う複合的な形態としての交換的変更を認めない。単に追加的変更と訴えの取下げまたは請求の放棄があるにすぎない，という。そのように解さないと，従前の訴えについて，被告の利害と関係なく，当然に消滅してしまうからである。訴えの取下げは，一定の時期がくれば，被告の同意が必要であるし（民訴261条2項本文参照），請求の放棄の場合には，請求の放棄は被告全面勝訴の判決に相当するものであるから，被告の不利益にはならない，ということである。

(2) 時効中断

　追加された請求は，横山ノック知事の法廷外の発言が女子大生に対する名誉毀損になるというもので，断続的に行われているが，前述のように，継続的不法行為とみることができる。そうすると，名誉を毀損する発言を行った日から，その日の不法行為による損害賠償請求権ごとに消滅時効が進行する（大民聯判昭和15・12・14民集19巻2325頁*）。したがって，前者の請求（1200万円）についての訴えの提起による時効中断の効力は（民法147条1号），後者の請求（300万円）に対して及ばないのである（三谷・民訴講義2版43頁以下参照）。つまり，後者の請求については，裁判所に請求の拡張の書面を提出しているはずであるから，提出した時に時効が中断されて

いる（民訴147条）。なお，書面によらないで，口頭弁論期日において口頭で訴えの変更をすることは認められない，というのが判例（大判昭和17・12・15民集21巻1184頁*）であるが，責問権の喪失（民訴90条）を認めている（最判昭和31・6・19民集10巻6号665頁*）。

(3) 客観的併合

わいせつ行為による不法行為による損害賠償請求と名誉毀損による損害賠償請求という2つの請求が併合審理されることになり，いわゆる客観的併合が生じているのである（民訴136条）。客観的併合には，単純併合，予備的併合および選択的併合があるとされているが，今回の事案は，そのうちの単純併合に該当する（三谷・民訴講義2版205頁以下参照）。

5 当事者尋問

伴走車のなかには，運転席に運転手と私服警察官がおり，うしろには横山ノック知事と女子大生のみが乗っていたとのことである。女子大生の膝のところに毛布をのせて横山ノック知事がわいせつ行為をしていたのであるから，叫び声をあげていたり振動があれば格別，運転席の2人には分からなかったとすると，いきおい証人尋問ではなく，横山ノック知事と女子大生の当事者尋問が中心とならざるをえない（三谷・民訴講義2版134頁以下）。

その当事者尋問について，旧民訴336条は，

> 「裁判所カ証拠調ニ依リテ心証ヲ得ルコト能ハサルトキハ申立ニ因リ又ハ職権ヲ以テ当事者本人ヲ訊問スルコトヲ得此ノ場合ニ於テハ当事者ヲシテ宣誓ヲ為サシムルコトヲ得」

と定めていた。つまり，当事者尋問は，他の証拠調べによっても心証を得ることができないときにのみ可能であった。これを当事者尋問の補充性といっていた。争って訴訟になっているにもかかわらず

当事者尋問をしても，どちらかが真実をどちらかが虚偽を陳述しているのが常識的な予想であり，当事者の証言は信用できない，というあたりが，補充性の認められた理由であろう（新民事訴訟法2基本法コンメンタール180頁〔鈴木重勝〕参照）。なお，日本の民事訴訟法の模範となったドイツの民事訴訟法は，1933年改正前には，英米法系と異なり，当事者本人が自分のために証人（証拠方法）となることを知らなかったのである。

しかし，現在の民訴207条は，

> 「① 裁判所は，申立てにより又は職権で，当事者本人を尋問することができる。この場合においては，その当事者に宣誓をさせることができる。
> ② 証人及び当事者本人の尋問を行うときは，まず証人の尋問をする。ただし，適当と認めるときは，当事者の意見を聴いて，まず当事者本人の尋問をすることができる。」

と定めて，証人尋問との競合の場合を除いて補充性をはずしてしまった。紛争の事実関係をもっともよく知っているのは当事者自身であり，先に尋問すれば事実関係がはやく明確になりうることなどを理由に補充性がはずされたのである。

6 結審と判決言渡し

この問題は今回の事案では問題とされていないが，想像力をはたらかせれば考えられる論点であり，新しい民事訴訟法で新設された規定と関連するので，すこし説明しておこう（三谷・民訴講義2版169頁）。

判決は，第2回口頭弁論期日（11月1日）においてではなく，12月13日（第3回口頭弁論期日）に言い渡された（大阪地判平成11・12・13判時1735号96頁）が，今回の訴訟のように，被告の横山ノッ

〈付　録〉　横山ノック知事わいせつ訴訟にみる民事訴訟法上の論点

ク知事が口頭弁論において原告の主張した事実を争わず，その他なんらの防御の方法も提出しない場合で，擬制自白により原告の請求を認容する判決になるときには，

> 「次に掲げる場合において，原告の請求を認容するときは，判決の言渡しは，第252条の規定にかかわらず，判決書の原本に基づかないですることができる。
> 　一　被告が口頭弁論において原告の主張した事実を争わず，その他何らの防御の方法をも提出しない場合
> 　二　被告が公示送達による呼出しを受けたにもかかわらず口頭弁論の期日に出頭しない場合（被告の提出した準備　書面が口頭弁論において陳述されたものとみなされた場合を除く。）」

と定める民訴254条1項1号により，弁論を終結した第2回口頭弁論期日に判決を言い渡すことが可能だったのである。ただ，おそらく，世間の関心も高い事件であるため，裁判所が慎重を期したのではないかと思われる。それと，慰謝料金額をいくらにするか評価の問題がある。

「原告の請求を認容するとき」というだけで，全部認容の場合だけか，それとも一部認容の場合も許されるのかについては文言上明確でないが，一部認容の場合でもよいと考えられる。

そして，弁論を結審するか，続行するか，はたまた，結審した弁論を再開するかは，裁判所が決定することであり，当事者の要求に応じる必要はない。これは職権進行主義による（三谷・民訴講義2版69頁）。

7　一部認容判決

自白で横山ノック知事全面敗訴のはずであるにもかかわらず，1500万円の請求に対して，1100万円の請求を認めただけ。当初の

請求については，800万円の一部認容で，追加請求については，300万円全部認容である。これはおかしい，と素人目には写るかもしれない。しかし，自白といっても原告の主張しているいわゆる請求原因事実を自白しただけとなるにすぎず，請求そのものを認める請求の認諾ではないことから生じる現象である。口頭弁論の傍聴にいくと，被告が出席している場合に，「訴状記載の請求原因事実は認めるが，請求の棄却を求める。」という被告の答弁が聞かれるが，そのことと同じである。やみくもに，被告が出席しないからといって，慰謝料金額を10億円だと主張しても，それは通用しないということである。

一部認容判決が認められるということは，処分権主義（三谷・民訴講義2版58頁以下）の帰結であり，，原告の一部認容判決であるため，双方ともに，控訴することが可能である。それぞれ，自己に判決正本が送達された日から2週間が控訴期間である（民訴285条）。横山ノック知事が控訴して争うと，第一審での擬制自白はなかったことになる（民訴159条1項但書参照）。控訴するかどうかも当事者の自由であり，やはり処分権主義の帰結である。

双方とも控訴しなければ，判決正本が送達された原告・被告のうち遅く着いたほうの者の控訴期間が満了すると，第一審判決が確定して債務名義となり，強制執行が可能である（民執22条1号）。仮執行宣言がつけられていた場合には，判決確定前でも債務名義となり，強制執行することができる（民執22条2号）。

8 損害額の認定

債務不履行による損害賠償請求であれ，不法行為による損害賠償請求であれ，損害額が証明できなければ，たとえ相手方に過失責任があるとしても，請求棄却判決となる。そこで，損害の立証が困難

な場合について，民事訴訟法248条は，

> 「損害が生じたことが認められる場合において，損害の性質上その額を立証することが極めて困難であるときは，裁判所は，口頭弁論の全趣旨及び証拠調べの結果に基づき，相当な損害額を認定することができる。」

と定めて，裁判所の裁量による損害額認定を認めることにしたのである（新民事訴訟法2基本法コンメンタール234頁以下〔奈良次郎〕参照）。

損害額の立証が困難なときには，横山ノック知事わいせつ訴訟における慰謝料額も含まれる。そのほか，すでに，財産的損害賠償について民訴248条の適用により相当な損害額を認定した最初の事例として，東京高判平成10・4・22（損害賠償請求控訴事件，控訴棄却・控訴審における予備的請求一部認容・一部棄却・上告。判時1646号71頁*）も報告されている。

なお，民訴248条は，「口頭弁論の全趣旨及び証拠調べの結果に基づき」と表現しているのに対して，自由心証主義について規定する前条の民訴247条は，「口頭弁論の全趣旨及び証拠調べの結果をしん酌して」と表現していることにも注意。

9 弁護士費用

不法行為というと，民事訴訟法の関係では，弁護士費用も加害者の負担，すなわち，敗訴者負担にさせることができるか，という問題を想定することができる。報道によると，800万円のうち100万円は弁護士費用のようである。

じつは，弁護士費用は，原則敗訴者負担の訴訟費用に含まれていない（民訴費2条参照）。しかし，横山ノック知事わいせつ訴訟のような不法行為訴訟などの場合には，相当因果関係の範囲内にあるも

のとして，一定の弁護士費用が敗訴者に負担させられている（最判昭和44・2・27民集23巻2号441頁*）。もっとも，金銭債務の不履行による損害賠償（民法419条参照）として弁護士費用を請求することは否定するのが判例（最判昭和48・10・11判時723号44頁*）であることに注意しなければならない。

弁護士費用を敗訴者負担にしている国もあるが，そこでは弁護士強制主義が採用されている。日本では，民事訴訟について常に弁護士代理が強制されるわけではなく，本人訴訟主義であるために，弁護士費用を当然に敗訴者負担とすることができないのである（なお，三谷・民訴講義2版36頁参照）。

10 さいごに

ごく簡単に問題点を指摘したが，ところで，みなさん。以上の文章を読んで，なにか気づかれませんでしたか。あえて私は1つの実験をしたのです。文章の書き方によってというか，内容によっては，名誉毀損になったり，脅迫になったりすることを示したかったのです。頻繁に「横山ノック知事」という表現がでてきたでしょう。見方によれば，横山ノック氏に対する嫌がらせ的な内容となっています。この程度では，ここまで個人名を挙げなくてもよいのではないか，といって名誉毀損あるいはプライヴァシー侵害になる，とまではいえないでしょうが。これからは，みなさんも，人に何かいうときには表現にくれぐれも注意しましょう。刑事告訴されたり，損害賠償請求訴訟を提起されたりしないように。そして，予防法学・実践法学のためには，絶対に民事訴訟法の学習が必要なのです。

なお，強制わいせつ罪に問われた刑事事件の2000年（平成12年）3月21日の大阪地裁における第1回公判（この時点では知事を辞職している）で，横山ノック氏は，わいせつ行為の大筋を認めて

いる。どうやら，実刑判決をさける意図があるとか。この報道をしている同じ朝日新聞 3 月 21 日夕刊では，わいせつ被害者にわいせつ行為をしたとして佐賀県警巡査部長が懲戒免職された記事も報道されている。そして，結局，2000 年 8 月 10 日，大阪地裁は，横山ノック前大阪府知事に対して懲役 1 年 6 月，執行猶予 3 年の判決を言い渡し，これがそのまま確定した。しかも，2000 年 8 月 25 日，大阪府は，横山ノック前知事の 1 期目の退職金のうち所得税などを除いた 4615 万円の返納命令と，支給を停止している 2 期目の退職金 1044 万円の不支給を決めたのである。

事項索引

〈あ行〉

- アカハラ……………………………56
- 遺　贈……………………………83〜87
- 一部認容判決 ……………………232
- 一身専属権 …………………………37
- 慰謝料………………………………46
- 慰謝料請求 ……………12〜19,90〜91
- 遺留分………………………………85
- 遺留分減殺請求権………………85〜87
- 訴えの変更……………………228〜229
- 訴えの利益 …………………………8
- 裏口入学……………………………18

〈か行〉

- 解除条件……………………………46
- 仮差押え……………………………50
- 環境型セクシュアルハラスメント…60
- 監護者………………………………98
- 間接強制……………………………93
- 偽計業務妨害罪…………………91〜92
- 擬制自白………………………227,232
- 偽装結婚…………………………169〜184
- 既判力に準ずる効力 ………………5
- 既判力の遮断効 ……………………4
- 客観的併合 ………………………230
- 給付訴訟………………………4,36,93
- 恐喝罪……………………………64,90
- 狭義の自然債務 ……………………1
- 強制執行のできない場合…………4〜7
- 強制認知……………………………24
- 共同不法行為……………14,19,67〜76

〈さ行〉

- 共同遺言……………………………82
- クリーンハンズの原則 ……………215
- 検察官……………………………26,41
- 限定承認……………………………5
- 権利能力………………………43,46〜54
- 強姦罪……………………………151〜153
- 公序則……………………………159,178〜180
- 公序良俗………………2,83〜86,159,209
- 公正証書遺言 ………………………82
- 交通事故……………………………44
- 国際結婚……………………156,169,175〜178
- 国際私法……………………………177
- 国際離婚………………………156〜168
- 婚姻意思………………………180〜181
- 婚姻予約……………………………7
- 混合契約……………………………3
- 混成契約……………………………3
- 婚　約………………………………7
- 婚約の成立……………………69〜70

〈さ行〉

- 財産分与 ……………16,163,165〜167
- 再　審………24,28〜31,115〜116,221〜223
- 債務名義……………………………5,224
- 在留資格……………………………173
- 在留資格証明書 …………………171,173
- 差止請求……………………………88
- 時機に後れた攻撃防禦方法 ………4
- 時効の中断 ………………………229
- 死後認知………………………23〜33

I

事項索引

地震売買	194
自然債務	1〜10, 137
実質法	159
失踪宣告	155, 221
執行名義	5
自動車損害賠償保障法	44, 186〜193
自筆証書遺言	79〜81
借地	193〜204, 224
借地権	193
重婚	11
消極的確認訴訟	94
証拠保全	50
使用者責任	44〜45, 55〜66
証人尋問	223
将来の給付の訴え	50〜53
職権探知主義	26, 33, 105
自力救済	90
親権者の決定	98
人身保護請求	98〜107
審判前の保全処分	105
ストーカー	93, 95〜96
請求権競合	7, 70
請求の拡張	227〜230
制限能力者	185
性同一性障害	63
生命保険	204〜212
責任財産	5
責任なき債務	1
セクハラ	55〜66
選択的併合	71
贈与契約	2〜4
訴訟手続の中止	225〜226
損害額の認定	233
損害の分け方	46

〈た行〉

対価型セクシュアルハラスメント	59
第三者のためにする契約	54, 204
胎児認知	43
対世効	30
代理母	53〜54
建物買取請求権	197, 202〜204
男女雇用均等法	58〜60
仲裁合意	8
調停前置主義	20, 25, 99
調停の効力	105〜107
ＤＶ法	96〜97
賃借権の譲渡	200
追完	111〜114
停止条件	46
停止条件説	50〜53
貞操義務	14, 142
適時提出主義	4
典型契約	2
当事者尋問	230〜231
同時破産廃止	131
搭乗者傷害保険	192
同性愛	88〜89
督促手続	91
特別代理人	51

〈な行〉

内縁	7, 129, 209
内容証明郵便	64
日常家事債務	117〜129
任意認知	23〜24
認知	23〜33
認知請求権	37〜41
認知請求権の放棄	34〜43

事項索引

認知の訴え……………………25〜27	
年　金……………………212〜221	

〈は行〉

認知の訴え……………………25〜27
年　金……………………212〜221

〈は行〉
配偶者………………………………11
配達証明付き内容証明郵便……63〜65
破産免責……………………8,130〜139
非典型契約…………………………2
秘密証書遺言………………………82
表見代理……………………125〜128
不完全債務…………………………1
不起訴の契約………………………8
父子関係存在確認の訴え…………54
不真正連帯債務……………………19〜20
負担付贈与…………………………16
不定期間の故障……………………226
不法原因給付………………………18
不法行為 ………7,11〜22,44,91,166,
　　　　　　　　　　　225〜236
不　倫……………………11〜22,209
弁護士費用……………………71,189,234
弁論主義……………………………26
包括遺贈……………………………83〜85
補充送達の効力……………109〜113
保証債務 ………………………137

〈ま行〉
マザコン……………………67〜76
身分権………………………………37
身分証明書 ………………………138
無名契約……………………………2
免責許可決定………………131〜132

〈や行〉
遺　言…………………………77〜87
遺言書の検認………………………77
遺言の種類…………………………78
有責配偶者……………………213〜221
有名契約 ………………………2
予備的請求の併合…………………71

〈ら行〉
離婚慰謝料…………………16〜17
離婚原因 ………14〜17,140〜155,221
離婚請求権……………………156〜168

〈わ行〉
和　解…………………………35〜43
和　諧…………………………36

3

判 例 索 引
(付・判例解説)

大民聯判大正4・1・26民録21輯49頁···7
　曄道文芸・京都法学会雑誌12-4，穂積重遠・法学志林19-9，島津一郎・判例百選(ジュリ200)判例百選(第二版)(別冊ジュリ2)，久留都茂子・民法の判例(基本判例解説シリーズ4)(ジュリ増刊)，石川稔・家族法判例百選(新版)(別冊ジュリ40)家族法判例百選(新版・増補)(別冊ジュリ40)

東京地判大正4・12・13新聞1072号15頁··7

大判大正5・9・22民録22輯1732頁···2

大判大正15・10・11民集5巻10号703頁··24
　平野義太郎・法協45-10判例民事法大正15〔93〕

大判大正15・12・20民集5巻12号869頁··24
　穂積重遠・法協46-1判例民事法大正15〔121〕

大決昭和5・9・30民集9巻11号926頁···7
　穂積重遠・法協50-2判例民事法昭和5〔88〕，兼子一＝染野義信・判例全集民事訴訟法下

大判昭和6・2・20新聞3240号4頁··7,70
　唄孝一・家族法判例百選(別冊ジュリ12)家族法判例百選(新版)(別冊ジュリ40)家族法判例百選(新版・増補)(別冊ジュリ40)，神谷遊・新判例マニュアル民法V［親族 相続］

大判昭和7・6・2民集11巻1099頁···5
　喜頭兵一・司法協会雑誌13-1，多田威美・日本法学5-3，穂積重遠・法協51-10判例民事法昭和7〔87〕，霜島甲一・民事訴訟法判例百選(別冊ジュリ5)，福島四郎・家族法判例百選(別冊ジュリ12)家族法判例百選(新版)(別冊ジュリ40)家族法判例百選(新版・増補)(別冊ジュリ40)，石川明編・基本判例双書民事訴訟法

大判昭和7・10・6民集11巻20号2023頁··47
　穂積重遠・法時5-3，片山金章・法学新報43-4民事判例研究録I，中川善之助・法学志林35-5親族相続判例総評I，角田幸吉・法学志林35-9，穂積重遠・法協51-10判例民事法昭和7〔159〕，後藤清・内外研究6-1，鈴木義男・新聞3677，判例演習〔民法総則〕，関弥一郎・セミナー法学全集2，鈴木ハツヨ・民法判例百選I(別冊ジュリ46)民法判例百選I(第二版)(別冊ジュリ77)民法判例百選I(第三版)(別冊ジュリ104)，新田孝二・法セ242

判例索引

大判昭和 10・4・25 新聞 3835 号 5 頁 ·· 8
　広中俊雄・民法の判例(基本判例解説シリーズ 4)(ジュリ増刊)，石田喜久夫・民法判例百選Ⅱ(別冊ジュリ 47)法セ 240，金山直樹・新判例マニュアル民法Ⅲ〔債権総論〕，森山浩江・新判例マニュアル民法Ⅳ〔債権各論〕

大阪地判昭和 11・3・24 新聞 3973 号 5 頁 ·· 9

大判昭和 11・4・14 民集 15 巻 10 号 769 頁 ·· 24
　穂積重遠・法協 54-10 判例民事法昭和 11〔49〕，中川善之助・民商 4-5，和田于一・法学新報 46-12

大判昭和 11・5・13 民集 15 巻 11 号 877 頁 ·· 210
　大森忠夫・法叢 35-4，我妻栄・法協 54-11 判例民事法昭和 11〔58〕，野津務・民商 4-5，浜田一男・保険判例百選(別冊ジュリ 11)

大判昭和 13・3・30 民集 17 巻 6 号 578 頁 ··· 2
　有泉亨・法協 56-9 判例民事法昭和 13〔35〕，平野義太郎・民商 8-3，阿部浩二・セミナー法学全集 2，幾代通・民法判例百選Ⅰ(別冊ジュリ 46)

大判昭和 15・12・13 民集 19 巻 24 号 2381 頁 ·· 212
　石井照久・法協 59-6 判例民事法昭和 15〔131〕，大森忠夫・法叢 44-6，野津務・民商 13-6，加藤勝郎・保険判例百選(別冊ジュリ 11)

大民聯判昭和 15・12・14 民集 19 巻 2325 頁 ·· 229
　野田良之・法協 59-6 判例民事法昭和 15〔127〕，末川博・民商 13-6，岩田新・法学新報 51-9

大判昭和 17・7・21 新聞 4787 号 15 頁 ··· 11

大判昭和 17・12・15 民集 21 巻 1184 頁 ··· 230
　菊井維大・法協 61-6 判例民事法昭和 17〔59〕判例民事手続法，吉川大二郎・民商 18-1，河本喜与之・日本法学 9-11，山田正三・法叢 49-6

大判昭和 18・7・12 民集 22 巻 15 号 620 頁 ·· 188
　穂積重遠・法協 62-4 判例民事法昭和 18〔38〕，中川善之助・民商 19-4，森島昭夫・家族法判例百選(新版・増補)(別冊ジュリ 40)

最判昭和 25・4・28 民集 4 巻 4 号 152 頁 ·· 83
　谷口知平・民商 27-2，小林三衛・法学 17-1，我妻栄＝唄孝一・判例研究 4-1 判例民事法昭和 25〔11〕，判例演習〔親族・相続法〕，中尾英俊・家族法判例百選(別冊ジュリ 12)家族法判例百選(新版)(別冊ジュリ 40)家族法判例百選(新版・増補)(別冊ジュリ 40)，乾昭三・家族法判例百選(第三版)(別冊ジュリ 66)

最判昭和 27・2・19 民集 6 巻 2 号 110 頁 ··· 214

判 例 索 引

沼正也・法学新報 61-8, 尾高都茂子・法協 72-3 判例民事法昭和 27〔10〕, 中川善之助・法セ 1, 福地陽子・民商 33-4, 中川善之助・判例百選(ジュリ 200)判例百選(第二版)(別冊ジュリ 2), 判例演習〔親族・相続法〕, 島津一郎・家族法判例百選(別冊ジュリ 12)家族法判例百選(新版)(別冊ジュリ 40)家族法判例百選(新版・増補)(別冊ジュリ 40), 明山和夫・民法の判例(基本判例解説シリーズ 4)(ジュリ増刊)民法の判例第二版(基本判例解説シリーズ 4)(ジュリ増刊), 上野雅和・セミナー法学全集 14, 久貴忠彦・法セ 249, 石原善幸・松山商大論集 29-6

神戸地判昭和 27・4・25 下民 3 巻 4 号 580 頁 …………149
最判昭和 28・6・26 民集 7 巻 6 号 787 頁 …………24
 谷口安平・民商 29-5, 高野竹三郎・家族法判例百選(新版)(別冊ジュリ 40)家族法判例百選(新版・増補)(別冊ジュリ 40), 坂原正夫・法学研究 62-8
最判昭和 29・11・5 民集 8 巻 11 号 2023 頁 …………215
 三淵乾太郎・法曹時報 7-1, 中川善之助・法セ 32
最判昭和 29・12・14 民集 8 巻 12 号 2143 頁 …………215
 大場茂行・法曹時報 7-2
東京地判昭和 30・6・14 下民 6 巻 6 号 1115 頁 …………8
 中野貞一郎・判評 3(判時 64), 特許判例百選(別冊ジュリ 8), 小野昌延・特許判例百選(第二版)(別冊ジュリ 86)
最判昭和 31・2・21 民集 10 巻 2 号 124 頁 …………163
 青山義武・法曹時報 8-4, 山崎賢一・法律論叢 31-2, 沼辺愛一・家族法判例百選(別冊ジュリ 12)
最判昭和 31・6・19 民集 10 巻 6 号 665 頁 …………230
 長谷部茂吉・法曹時報 8-8, 高島義郎・民商 35-1, 川島武宜・法協 74-4
最判昭和 32・2・28 民集 11 巻 2 号 374 頁 …………229
 長谷部茂吉・法曹時報 9-4, 法セ 14, 染野義信・日本法学 23-4, 中田淳一・民商 36-2 民事訴訟判例研究, 三ケ月章・民事訴訟法判例百選(別冊ジュリ 5), 判例民事訴訟法, 石川明編・基本判例双書民事訴訟法, 佐々木吉男・民事訴訟法判例百選(第二版), 河野正憲・民事訴訟法判例百選Ⅰ(別冊ジュリ 114)民事訴訟法判例百選Ⅰ[新法対応補正版](別冊ジュリ 145)
東京高判昭和 32・9・11 判時 132 号 14 頁 …………224
 富川照雄・民事執行法判例百選(別冊ジュリ 127)
津地判昭和 32・11・29 下民 8 巻 11 号 2245 頁 …………24
最判昭和 33・4・8 民集 12 巻 5 号 689 頁 …………202

判例索引

　　後藤清・民商 38-5，阿部浩二・法学 23-3
名古屋高判昭和 35・6・16 高民 13 巻 4 号 411 頁……………………………………3
東京地判昭和 35・6・23 下民 11 巻 6 号 1359 頁 ……………………………………159
　　烋場準一・ジュリ 221 渉外判例百選(別冊ジュリ 16)渉外判例百選(増補版)
　　(別冊ジュリ 16)
大阪地判昭和 35・6・23 判時 237 号 27 頁……………………………………………154
最判昭和 35・12・20 民集 14 巻 14 号 3130 頁 ………………………………………203
　　北村良一・法曹時報 13-2，法律のひろば 14-4，鈴木祿彌＝阿部徹・民商 45-
　　1，星野英一・法協 80-2
名古屋高判昭 36・11・8 高刑 14 巻 8 号 563 頁 ……………………………………11
　　前田宏・法セ 73
最判昭和 36・12・12 民集 15 巻 11 号 2778 頁 ………………………………………3
　　宮田信夫・法曹時報 14-2，中川淳・民商 46-6，奥村義雄・判タ 188
最大決昭和 36・12・13 民集 15 巻 11 号 2803 頁 ……………………………………135
　　川添利起・法曹時報 14-3，中田淳一・民商 46-6，有紀新・倒産判例百選(別
　　冊ジュリ 52)，栗田隆・新倒産判例百選(別冊ジュリ 106)
最判昭和 37・2・6 民集 16 巻 2 号 206 頁 ……………………………………………143
　　中川哲男・法曹時報 14-4，高橋忠次郎・専修大学論集 31，中川淳・民商 47-
　　3，加藤正男・法時 35-5，山田信彦・法協 81-1，上野雅和・家族法判例百選
　　(別冊ジュリ 12)家族法判例百選(新版)(別冊ジュリ 40)家族法判例百選(新
　　版・増補)(別冊ジュリ 40)
最判昭和 37・4・10 民集 16 巻 4 号 693 頁 ……………………………………………37
　　中川哲男・法曹時報 14-6，中川淳・法時 35-1，木村健助・法時 35-2，太田武
　　男・民商 47-5，泉久雄・専修大学論集 32，小林尋次・自由と正義 14-10，判
　　例演習〔親族・相続法〕〔13〕，嶋岡紀代子・愛知学院大学法学研究 7-1，外岡
　　茂十郎・家族法判例百選(別冊ジュリ 12)家族法判例百選(新版)(別冊ジュリ
　　40)家族法判例百選(新版・増補)(別冊ジュリ 40)，山崎賢一・家族法判例百選
　　(第三版)(別冊ジュリ 66)，米倉明・家族法判例百選(第四版)(別冊ジュリ 99)
　　家族法判例百選(第五版)(別冊ジュリ 132)
最判昭和 37・4・27 民集 16 巻 7 号 1247 頁……………………………………………53
　　真船孝允・法曹時報 15-2，門坂正人・民商 48-3，中川淳・立命館法学 47，泉
　　久雄・専修大学論集 33，判例演習〔親族・相続法〕，川崎秀司・家族法判例百
　　選(別冊ジュリ 12)家族法判例百選(新版)(別冊ジュリ 40)家族法判例百選(新
　　版・増補)(別冊ジュリ 40)，人見康子・民法の判例(基本判例解説シリーズ 4)

判例索引

(ジュリ増刊)民法の判例第二版(基本判例解説シリーズ 4)(ジュリ増刊),松本タミ・法セ 255,沼辺愛一・家族法判例百選(第三版)(別冊ジュリ 66),石井美智子・家族法判例百選(第六版)(別冊ジュリ 162)

最判昭和 37・5・29 家月 14 巻 10 号 111 頁……………………………………84
最判昭和 38・4・23 民集 17 巻 3 号 536 頁………………………………………204
  可部恒雄・法曹時報 15-8,石外克喜・法時 36-1,三宅正男・民商 49-6,板木郁郎・立命館法学 51=52,鈴木禄弥・法学 29-4
横浜地判昭和 38・4・26 家月 15 巻 10 号 149 頁 ………………………………159
青森地弘前支判昭和 38・6・27 家月 16 巻 1 号 117 頁 …………………………42
  谷田貝三郎・法時 36-1
大阪地裁堺支判昭和 38・9・16 家月 16 巻 2 号 70 頁 …………………………159
  田村精一・ジュリ 337
最判昭和 38・12・20 民集 17 巻 12 号 1708 頁…………………………………69
  岩井康倶・法曹時報 16-3,太田武男・民商 51-3,泉久雄・専修法学論集 1
最判昭和 39・6・26 民集 18 巻 5 号 910 頁………………………………………202
  瀬戸正二・法曹時報 16-8,金原光蔵・法時 37-2,後藤清・民商 52-2,石川利夫・日本法学 30-4,中嶋士元也・法協 90-2
最判昭和 40・2・2 民集 19 巻 1 号 1 頁 ……………………………………209,211
  中島恒・法曹時報 17-5 金法 408,畔上英治・金法 417,中西正明・民商 53-3,時の法令 559,青谷和夫・駒沢大学法学部研究紀要 24,星野英一・法協 82-5,上田宏・保険判例百選(別冊ジュリ 11)〔63〕商法判例百選(保険・海商)(別冊ジュリ 55),中川淳・法セ 199,山崎賢一・家族法判例百選(新版)(別冊ジュリ 40)家族法判例百選(新版・増補)(別冊ジュリ 40),服部栄三・家族法判例百選(第三版)(別冊ジュリ 66),山下孝之・生命保険判例百選(別冊ジュリ 67)生命保険判例百選(増補版)(別冊ジュリ 97),洲嵜博史・商法(保険・海商)判例百選(第二版)(別冊ジュリ 121)
最大判昭和 41・4・27 民集 20 巻 4 号 870 頁……………………………………194
  広中俊雄・ジュリ 348,判評 92(判時 447),高津環・法曹時報 18-7,谷口知平・民商 55-6,我妻栄・法協 84-4,高梨公之・ジュリスト年鑑 1967 年版(ジュリ 373)昭和 41・42 年度重要判例解説(ジュリ増刊),水本浩・民法の判例(基本判例解説シリーズ 4)(ジュリ増刊)民法の判例第二版(基本判例解説シリーズ 4)(ジュリ増刊)法セ 211 民法の判例第三版(基本判例解説シリーズ 4)(ジュリ増刊),稲本洋之助・法教〈第二期〉2(別冊ジュリ)
東京高判昭和 42・4・12 高民 20 巻 2 号 191 頁 …………………………………19

判例索引

　　人見康子・判評 108(判時 498)
最判昭和 42・7・6 民集 21 巻 6 号 1543 頁 ……………………………………203
　　瀬戸正二・法曹時報 19-10, 鈴木祿彌・民商 58-2, 長岡敏満・法協 85-6
大阪地判昭和 42・7・14 下民 18 巻 7＝8 号 817 頁 ……………………………160
　　炏場準一・判評 114(判時 519), 林脇トシ子・ジュリ 403
最判昭和 42・7・20 民集 21 巻 6 号 1601 頁 ……………………………………203
　　森綱郎・法曹時報 19-10 ジュリ 380, 西原道雄・民商 58-2, 山田卓生・判評 113(判時 516), 川島武宜・法協 85-7
東京地判昭和 42・9・1 判時 504 号 73 頁 ……………………………………160
東京地判昭和 42・11・27 下民 18 巻 11＝12 号 1126 頁 ……………………187
　　松本暉男・交通事故判例百選(別冊ジュリ 18), 西島梅治・判評 111(判時 510), 石田満・ジュリ 436
最判昭和 42・11・30 民集 21 巻 9 号 2477 頁 ……………………………………71
　　鈴木重信・法曹時報 20-4, 山中康雄・民商 59-1, 石田穣・法協 86-1, 篠原弘志・民法判例百選 II(別冊ジュリ 47)
最判昭和 43・5・28 判時 522 号 32 頁 ……………………………………………200
最判昭和 43・7・19 判時 528 号 35 頁 ……………………………………………120
最判昭和 43・8・27 民集 22 巻 8 号 1733 頁 ……………………………………42
　　野田宏・法曹時報 20-12, 沢井種雄・民商 60-4, 星野英一・法協 86-9, 佐藤良雄・昭和 43 年度重要判例解説(ジュリ 433), 大原誠三郎・法学研究 43-4, 中川淳・法セ 188, 須永醇・家族法判例百選(新版)(別冊ジュリ 40)家族法判例百選(新版・増補)(別冊ジュリ 40), 遠田新一・家族法判例百選(第三版)(別冊ジュリ 66)
最判昭和 43・12・24 民集 22 巻 13 号 3454 頁 …………………………………71
　　豊水道祐・法曹時報 21-3, 村松俊夫・判評 128(判時 566), 谷口知平・民商 62-2, 上田徹一郎・昭和 44 年度重要判例解説(ジュリ 456), 倉田卓次・続民事訴訟法判例百選(別冊ジュリ 36), 椿寿夫＝山崎寛・法セ 199, 谷口安平・法セ 225, 石川明編・基本判例双書民事訴訟法, 右田尭雄・民事訴訟法判例百選(第二版)(別冊ジュリ 76), 戸根住夫・民事訴訟法判例百選 I(別冊ジュリ 114)民事訴訟法判例百選 I [新法対応補正版] (別冊ジュリ 145)
最判昭和 44・2・27 民集 23 巻 2 号 441 頁 ………………………………71,235
　　小倉顕・ジュリ 424, 法曹時報 21-9, 篠原弘志・判評 126(判時 560), 霜島甲一・判タ 238, 石外克喜・民商 62-1, 萩澤清彦・続民事訴訟法判例百選(別冊ジュリ 36), 石川明編・基本判例双書民事訴訟法, 小島武司・民事訴訟法判例

判 例 索 引

　　百選(第二版)(別冊ジュリ76)
東京高判昭和44・4・5高民22巻2号263頁 ……………………………………187
　　高梨公之・日本法学35-2
最判昭和44・6・24判時569号48頁…………………………………………………6
　　住吉博・判タ242，座談会・判時586判時588判時589判時591判時592，中田真之助・判時598，小山昇・続民事訴訟法判例百選(別冊ジュリ36)，井上治典・法教〈第二期〉5(別冊ジュリ)，石川明編・基本判例双書民事訴訟法，青山善充・民事訴訟法判例百選(第二版)(別冊ジュリ76)，富樫貞夫・民事訴訟法判例百選II(別冊ジュリ115)民事訴訟法判例百選II［新法対応補正版］(別冊ジュリ146)
東京地判昭和44・7・16判時561号20頁……………………………………………192
　　望月礼二郎・昭和44年度重要判例解説(ジュリ456)，宮原守男・交通民集2索引・解説号
最判昭和44・9・26民集23巻9号1727頁…………………………………………18
　　小倉顕・法曹時報22-1，中川淳・判タ243，有地亨・昭和44年度重要判例解説(ジュリ456)，谷口知平・法時42-4，久貴忠彦・民商62-6，加藤雅信・法協88-7=8，椿寿夫＝山崎寛・法セ190，中川淳・法セ194，沢井裕・家族法判例百選(新版)(別冊ジュリ40)家族法判例百選(新版・増補)(別冊ジュリ40)，飯島紀昭・家族法判例百選(第三版)(別冊ジュリ66)
東京地判昭和44・10・6判時580号68頁 …………………………………………76
東京地判昭和44・11・8判時573号26頁 …………………………………………49
　　宮崎繁樹・法セ167，高野雄一・ジュリ471，東寿太郎・昭和46年度重要判例解説(ジュリ509)
最判昭和44・12・18民集23巻12号2476頁 …………………………………117,125
　　三島宗彦・判評140(判時602)，中川淳・判タ252，遠田新一・民商63-3，人見康子・昭和45年度重要判例解説(ジュリ482)，中川淳・法セ186，佐藤聿代・法協88-7=8，遠藤浩・民法の判例第二版(基本判例解説シリーズ4)(ジュリ増刊)，奥田昌道・家族法判例百選(新版)(別冊ジュリ40)家族法判例百選(新版・増補)(別冊ジュリ40)，山畠正男・民法判例百選I総則・物権(別冊ジュリ46)民法判例百選I総則・物権(第二版)(別冊ジュリ77)，有地亨・法セ243，浜上則雄・家族法判例百選(第三版)(別冊ジュリ66)
青森地判昭和45・2・12判時587号14頁……………………………………………192
　　森島昭夫・判評139(判時599)，小野幸二・日本法学36-3
東京高決昭和45・2・27高民23巻1号24頁 ………………………………………133

判 例 索 引

東京地判昭和 45・4・11 判時 606 号 54 頁 …………………………………………160
　石黒一憲・ジュリ 597

東京高判昭和 46・1・29 高民 24 巻 1 号 13 頁 ………………………………………192
　吉岡進・判評 149(判時 630)，金沢理・判タ 263，鍛冶良堅・民法の判例第二版(基本判例解説シリーズ 3)(ジュリ増刊)，西島梅治・ジュリ 564，山本直勝・損害保険判例百選(別冊ジュリ 70)

東京高判昭和 46・3・30 判時 624 号 3 頁 ……………………………………………50
　阿部泰隆・判評 150(判時 634)，S・H・E・時の法令 768，高野雄一・ジュリ 501，東寿太郎・昭和 46 年度重要判例解説(ジュリ 509)，福家俊朗・自治研究 48-8

最判昭和 46・4・9 民集 25 巻 3 号 264 頁 ……………………………………………2
　横山長・ジュリ 486 法曹時報 24-9，阿部徹・判評 153(判時 643)，三宅正男・民商 66-2，堀口亘・昭和 46 年度重要判例解説(ジュリ 509)，竹内昭夫・法協 90-3，伊沢和平・手形小切手判例百選(新版・増補)(別冊ジュリ 24)手形小切手判例百選(第三版)(別冊ジュリ 72)，柴田和史・手形小切手判例百選(第四版)(別冊ジュリ 108)手形小切手判例百選(第五版)(別冊ジュリ 144)

東京地判昭和 46・5・31 判時 643 号 68 頁……………………………………………129

最判昭和 46・7・23 民集 25 巻 5 号 805 頁 …………………………………………16,164
　野田宏・ジュリ 490，法曹時報 24-9，時の法令 767，兵頭厚子・民事研修 177，中川淳・判タ 270，山畠正男・判評 159(判時 661)，坂本圭石・昭和 46 年度重要判例解説(ジュリ 509)，右近健男・法時 44-10，佐藤義彦・民商 66-5，岩本軍平・法政理論 5-1，石原善幸・松山商大論集 23-4，中川淳・法セ 207，淡路剛久・家族法判例百選(新版)(別冊ジュリ 40)家族法判例百選(新版・増補)(別冊ジュリ 40)，瀬川信久・法協 91-1，島津一郎・セミナー法学全集 14 家族法判例百選(第三版)(別冊ジュリ 66)，宮井忠夫・法セ 250，中川淳・民法の判例第三版(基本判例解説シリーズ 4)(ジュリ増刊)，水野紀子・民法の基本判例(基本判例シリーズ 2)民法の基本判例(第二版)(基本判例シリーズ 2)(法教増刊)，吉本俊雄・家族法判例百選(第四版)(別冊ジュリ 99)家族法判例百選(第五版)(別冊ジュリ 132)家族法判例百選(第六版)(別冊ジュリ 162)

名古屋地判昭和 47・2・29 判時 670 号 77 頁…………………………………………154

最判昭和 47・4・25 判時 669 号 60 頁…………………………………………………2

最判昭和 47・4・28 判時 667 号 29 頁…………………………………………115,221
　三谷忠之・判タ 283 民事再審の法理

判例索引

最判昭和 47・5・23 判時 673 号 42 頁················203
最判昭和 47・5・30 民集 26 巻 4 号 898 頁···············186
 菅原謙吾・ジュリ 512，青谷和夫・民商 67-1，柴田保幸・ジュリ 519，法曹時報 25-9，S・H・E・時の法令 804，金沢理・判タ 283，交通事故判例百選(第二版)(別冊ジュリ 48)，石田満・民商 68-1，川井健・昭和 47 年度重要判例解説(ジュリ 535)，加藤雅信・交通民集第 5 巻索引・解説号，藤倉皓一郎・法時 45-14，石田穣・法協 90-12，山崎寬・法セ 230，西島梅治・民法判例百選Ⅱ(別冊ジュリ 47)商法(海商・保険)判例百選(別冊ジュリ 55)民法判例百選Ⅱ債権(第二版)(別冊ジュリ 78)商法(保険・海商)判例百選(第二版)(別冊ジュリ 121)，米津昭子・損害保険判例百選(別冊ジュリ 70)，水野紀子・損害保険判例百選(第二版)(別冊ジュリ 138)

最判昭和 47・6・22 民集 26 巻 5 号 1051 頁··············197
 岡本詔次・法時 45-5，小倉顕・法曹時報 25-4，椿寿夫＝山崎寬・法セ 210，篠塚昭次・民商 68-2，星野英一・法協 90-12，野口宏・民法判例百選Ⅱ(別冊ジュリ 47)民法判例百選Ⅱ債権(第二版)(別冊ジュリ 78)民法判例百選Ⅱ(第三版)(別冊ジュリ 105)，内田勝一・民法判例百選Ⅱ(第四版)(別冊ジュリ 137)，小林英樹・研修 590

仙台高判昭和 47・6・29 判タ 280 号 246 頁··············192
 加藤雅信・交通民集第 5 巻索引・解説号

東京地判昭和 47・11・21 下民 23 巻 9～12 号 631 頁··········120,127
 遠藤きみ・民事研修 198

横浜地判昭和 48・1・18 判タ 297 号 315 頁···············160
 池原季雄・ジュリ 557

東京高判昭和 48・3・9 判時 703 号 37 頁················21
東京高判昭和 48・4・26 判時 706 号 29 頁···············76
最判昭和 48・6・29 民集 27 巻 6 号 737 頁···············209
 田尾桃二・金法 697 法曹時報 25-12，青谷和夫・民商 70-2，金沢理・判タ 306，江頭憲治郎・法協 92-6，山下丈・政経論叢 26-4 商法(保険・海商)判例百選(別冊ジュリ 55)，中西正明・損害保険判例百選(別冊ジュリ 70)家族法判例百選(第四版)(別冊ジュリ 99)家族法判例百選(第五版)(別冊ジュリ 132)家族法判例百選(第六版)(別冊ジュリ 162)，石田清彦・損害保険判例百選(第二版)(別冊ジュリ 138)

東京高判昭和 48・8・7 高刑 26 巻 3 号 322 頁·············91
 S・H・E・時の法令 851，木村栄作・警察学論集 27-6

判 例 索 引

最判昭和 48・10・11 判時 723 号 44 頁 ···71, 235
　堀内仁・手形研究 213, 太田勝造・民事訴訟法判例百選 I (別冊ジュリ 114) 民事訴訟法判例百選 I [新法対応補正版] (別冊ジュリ 145)
最判昭和 49・2・21 金法 713 号 40 頁 ···202
最判昭和 49・4・26 民集 28 巻 3 号 503 頁 ··5
　田尾桃二・ジュリ 570, 法曹時報 28-9, 上野泰男・法学雑誌 21-3, 小山昇・判タ 314, 谷口安平・法セ 236, 判評 193 (判時 765), 池田粂男・北海学園大学法学研究 10-2, 早川登・名城 25-1, 水谷暢・昭和 49 年度重要判例解説 (ジュリ 590), 吉村徳重・民商 72-4, 白井久明・法学研究 48-7, 稲田龍樹・判タ 391, 石川明編・基本判例双書民事訴訟法, 柏木邦良・民事訴訟法判例百選 (第二版) (別冊ジュリ 76), 東松文雄・民事訴訟法判例百選 II (別冊ジュリ 115) 民事訴訟法判例百選 II [新法対応補正版] (別冊ジュリ 146)
最判昭和 49・6・28 民集 28 巻 5 号 666 頁 ··71
　井田友吉・ジュリ 570 法曹時報 27-5, 前田達明・昭和 49 年度重要判例解説 (ジュリ 590), 中井美雄・民商 72-5, 能見善久・法協 93-7, 篠原弘志・法セ 260, 森孝三・法セ 280
最判昭和 50・2・13 民集 29 巻 2 号 83 頁 ···201
　東条敬・金法 753 ジュリ 591 法曹時報 30-1, 判決速報・NBL 87, PQR・時の法令 910, 石神兼文・民商 73-5, 石田喜久夫・判タ 329, 堀内仁・金法 792, 吉田真澄・昭和 50 年度重要判例解説 (ジュリ 615), 東法子・手形研究 245, 水辺芳郎＝冨岡保夫・日本法学 44-2
仙台地判昭和 50・2・26 判時 801 号 82 頁 ···20
最判昭和 50・11・28 判時 803 号 63 頁 ···196
　S・H・E・時の法令 927
名古屋高決昭和 51・1・29 判時 819 号 52 頁 ···224
武蔵野簡判昭和 51・9・17 判時 852 号 105 頁 ···118
東京高判昭和 51・10・19 判タ 350 号 308 頁 ··15, 19
最判昭和 52・4・19 家月 29 巻 10 号 132 頁 ··80
　中川淳・法セ 278, 稲田龍樹＝山本博・昭和 52 年度民事主要判例解説 (判タ 367)
東京高判昭和 52・7・13 下民 28 巻 5〜8 号 826 頁 ···································16, 36
　右近健男・昭和 52 年度民事主要判例解説 (判タ 367)
最判昭和 52・11・29 金判 539 号 16 頁 ···79
最判昭和 53・2・17 判タ 360 号 143 頁 ···16

判例索引

中川淳・昭和53年度重要判例解説(ジュリ693)，法時50-10，平井一雄＝岸上晴志・判タ363

大阪地判昭和53・3・27判時904号104頁 …………………………………209
石田満・判評243(判時919)，古瀬村邦夫・生命保険判例百選(別冊ジュリ67)生命保険判例百選(増補版)(別冊ジュリ97)

横浜地判昭和53・4・19判時905号87頁 ………………………………………92
最判昭和53・9・7判時911号112頁……………………………………………202
東京地判昭和53・11・1判時931号78頁………………………………120,128
最判昭和54・3・30民集33巻2号303頁 …………………………………………13
人見康子・LawSchool 8，中川淳・法セ292判タ383，榎本恭博・ジュリ694法曹時報34-12，泉久雄・ジュリ694昭和54年度重要判例解説(ジュリ718)法教105，はやし・しうぞう・時の法令1039，島津一郎・判タ385，津田賛平・法律のひろば32-7，前田達明・判タ397，民商82-4，沢井裕・家族法判例百選(第三版)(別冊ジュリ66)，阿部徹・昭和54年度民事主要判例解説(判タ411)，水野紀子・法協98-2，民法判例百選Ⅱ(第三版)(別冊ジュリ105)民法判例百選Ⅱ(第四版)(別冊ジュリ137)，小野義美・法政研究50-3＝4，潮海一雄・民法の基本判例(基本判例シリーズ2)

最判昭和54・5・31民集33巻4号445頁 …………………………………………79
中川淳・昭和54年度民事主要判例解説(判タ411)

最判昭和54・9・21判時945号43頁 ……………………………………………203
東京地判昭和55・3・4判タ415号124頁 ………………………………………21
東京地判昭和55・3・10判時980号83頁………………………………………120
最判昭和55・6・26判時979号53頁………………………………………………8
住吉博・法セ313，小山昇・判評266(判時992)，高橋弘・民商84-2，内山尚三・昭和55年度民事主要判例解説(判タ439)，青山善充・民事訴訟法判例百選(第二版)(別冊ジュリ76)，堤龍弥・民事訴訟法判例百選Ⅰ(別冊ジュリ114)民事訴訟法判例百選Ⅰ〔新法対応補正版〕(別冊ジュリ145)

横浜地判昭和55・8・1判時1001号94頁 ………………………………………17
最判昭和55・10・28判時986号36頁 …………………………………………204
天野弘・民商84-5

名古屋地判昭和55・11・11判時1015号107頁 ………………………………125
原田純孝・ジュリ772

最判昭和56・9・11民集35巻6号1013頁………………………………………82
浅生重機・ジュリ759法曹時報36-7，東法子・手形研究328，小山昇・判評

判例索引

　282(判時 1043)，山田恒久・法学研究 55-9，米倉明＝高橋宏志・法協 100-1，牧山市治・昭和 57 年度民事主要判例解説(判タ 505)，叶和夫・家族法判例百選(第四版)(別冊ジュリ 99)家族法判例百選(第五版)(別冊ジュリ 132)家族法判例百選(第六版)(別冊ジュリ 162)

東京地判昭和 56・12・10 判時 1028 号 67 頁 ……………………………………18
　土田哲也・昭和 57 年度民事主要判例解説(判タ 505)

最大判昭和 56・12・16 民集 35 巻 10 号 1369 頁…………………………………51
　特集・法時 54-2，野村二郎・法と政策 9，特集・判時 1025，伊藤進・法と政策 10，特集・法セ 325，綿貫芳源・Law School 42，臨時増刊・ジュリ 761，判例タイムズ編集部・最近の重要判例から(判タ 458)，阿部泰隆・自治研究 58-3，特集・法律のひろば 35-3，園部逸夫・民事訴訟法判例百選(第二版)(別冊ジュリ 76)，沢井裕・昭和 56 年度重要判例解説(ジュリ 768)，近藤昭三・昭和 56 年度重要判例解説(ジュリ 768)，シンポジウム・判タ 469，はやし・しうぞう・時の法令 1139 時の法令 1140 時の法令 1141 時の法令 1143，杉村敏正・龍谷法学 15-2，田原睦男・民商 87-4，加茂紀久男・法曹時報 37-1，潮海一雄・環境法研究 18(人間環境問題研究会編集・最近の重要環境・公害判例)，阿部泰隆・民事訴訟法判例百選Ⅰ(別冊ジュリ 114)民事訴訟法判例百選Ⅰ〔新法対応補正版〕(別冊ジュリ 145)，松浦馨・民事訴訟法判例百選Ⅰ(別冊ジュリ 114)民事訴訟法判例百選Ⅰ〔新法対応補正版〕(別冊ジュリ 145)，内山衛次・民事訴訟法判例百選Ⅱ(別冊ジュリ 115)民事訴訟法判例百選Ⅱ〔新法対応補正版〕(別冊ジュリ 146)

高松高判昭和 56・12・22 金判 639 号 14 頁………………………………119, 128
　峯崎二郎・銀行実務 12-15，右近健男・法時 55-3

最判昭和 57・3・4 民集 36 巻 3 号 241 頁…………………………………………86
　中川淳・判評 293(判時 1076)，半田吉信・昭和 57 年度民事主要判例解説(判タ 505)

最判昭和 57・3・19 民集 36 巻 3 号 432 頁 ………………………………………39
　人見康子・Law School 44，島津一郎・判評 285(判時 1052)，谷口知平・民商 88-2，中川良延・昭和 57 年度重要判例解説(ジュリ 792)，梶村太市・昭和 57 年度民事主要判例解説(判タ 505)

徳島地判昭和 57・6・21 判時 1065 号 170 頁 ……………………………………67
東京高判昭和 57・6・30 判タ 478 号 119 頁………………………………………27
　窪田もとむ・家族法判例百選(第四版)(別冊ジュリ 99)家族法判例百選(第五版)(別冊ジュリ 132)

判例索引

名古屋高判昭和58・8・10下民34巻5〜8号606頁 …………………………121
　　伊藤進＝橋本真・法時56-10, 右近健男・判タ536(季刊・民事法研究8), 野村泰弘・西南学院大学法学論集20-2

最判昭和58・9・8民集37巻7号918頁 ………………………………………205
　　倉澤康一郎・法セ351, 青谷和夫・判評299(判時1094), 野口恵三・NBL 297, 遠藤賢治・ジュリ808, 季刊実務民事法6, 法曹時報39-12, 坂口光男・昭和58年度重要判例解説(ジュリ815), 東法子・手形研究357, 山本忠弘・名城法学34-2, 新山一範・北海学園大学法学研究20-3, 丹羽重博・日本法学50-4, 竹内昭夫・生命保険判例百選(増補版)(別冊ジュリ97), 坂口光男・商法(保険・海商)判例百選(第二版)(別冊ジュリ121)

札幌地判昭和58・12・5判タ523号181頁 ………………………………………119
名古屋高判昭和59・1・19判時1121号53頁…………………………………………18
大阪地岸和田支判昭和59・2・14下民35巻1〜4号61頁 ……………………24
　　西原諄・判タ536(季刊・民事法研究8), 松本タミ・香川法学5-1, 中尾英俊・西南学院大学法学論集21-2

最判昭和59・3・29家月37巻2号141頁…………………………………………105
　　犬伏由子・民商91-3, 長谷部由起子・昭和60年度重要判例解説(ジュリ862), 山口純夫・判タ551(季刊・民事法研究10)

横浜地判例昭和59・7・30判時1141号114頁…………………………………142
大阪地判昭和59・12・24家月37巻10号104頁…………………………………180
東京地判昭和60・6・13判時1206号44頁 ……………………………………160
　　佐藤やよひ・ジュリ976

大阪高判昭和60・7・25判タ569号66頁……………………………………150
浦和地判昭和60・9・10判タ614号104頁 ……………………………………154
門司簡判昭和61・3・28判タ612号57頁 ……………………………………121
大阪簡判昭和61・8・26判タ626号173頁 ……………………………………121
　　右近健男・判タ635(季刊・民事法研究18)

最判昭和61・9・4判時1215号47頁…………………………………………2
　　磯村保・法セ384, 新井誠・判例セレクト'86(法教77付録), 塚原朋一・ジュリ878, 山本克己・ジュリ879, 須藤純正・法律のひろば40-3, 鎌田薫・法セ388最新判例演習室1987(法セ増刊), 右田尭雄・判評340(判時1227), 住吉博・昭和61年度重要判例解説(ジュリ887), 小林秀之・法セ392最新判例演習室1988(法セ増刊), 曽野裕夫・北大法学論集39-3, 花村治郎・民事訴訟法判例百選II(別冊ジュリ115), 続・民事上訴制度の研究〔2〕, 民事訴訟法判

判例索引

例百選II［新法対応補正版］（別冊ジュリ146）

東京高判昭和61・9・9家月39巻7号26頁 …………………………………27
 佐藤義彦・法セ390最新判例演習室1988（法セ増刊），判評340（判時1227），西原諄・判タ635（季刊・民事法研究18），村重慶一・昭和62年度主要民事判例解説（判タ677）

横浜地判昭和61・10・6判時1238号116頁……………………………………145

最判昭和61・11・20民集40巻7号1167頁 ……………………………………84
 瀬戸正義・ジュリ882，石外克喜・民商97-1，松山恒昭・昭和62年度主要民事判例解説（判タ677），松本恒雄・民法の基本判例（基本判例シリーズ2）（第二版）（法教増刊）

鳥取地判昭和61・12・17判タ624号250頁……………………………………152
東京高判昭和62・4・27金判775号35頁………………………………………208
京都地判昭和62・5・12判時1259号92頁 ……………………………………147
広島高松江支判昭和62・6・18判時1234号154頁……………………………152
徳島地判昭和62・6・23判タ653号156頁………………………………………15
 岩木宰・昭和63年度主要民事判例解説（判タ706号）

最大判昭和62・9・2民集41巻6号1423頁……………………………………215
 はやし・しうぞう・時の法令1317，中川淳・判タ645，久貴忠彦・ジュリ897，門口正人・ジュリ897，法曹時報40・11，星野英一・右近健男・法教88，鍛冶良堅・判タ652，利谷信義・判評349（判時1260），佐藤義彦・法セ399最新判例演習室1988（法セ増刊），泉久雄・昭和62年度重要判例解説（ジュリ910），鈴木祿彌＝鈴木ハツヨ・家月40-2，右近健男・民商98-6，家族法判例百選（第六版）（別冊ジュリ162），村重慶一・昭和62年度主要民事判例解説（判タ677），阿部徹・民法の基本判例（第二版）（基本判例シリーズ2）（法教増刊）

最判昭和62・10・8民集41巻7号1471頁………………………………………79
 山口純夫・法セ401最新判例演習室1989（法セ増刊），魚住康夫・昭和62年度主要民事判例解説（判タ677）

大阪地判昭和62・11・16判タ664号193頁 ……………………………………15
 山口純夫・法セ408最新判例演習室1989（法セ増刊），大津千明・昭和63年度主要民事判例解説（判タ706）

名古屋地決昭和62・11・16判時1273号87頁…………………………………109
 福永政彦・昭和63年度主要民事判例解説（判タ706）

静岡地浜松支決昭和62・11・20判時1259号107頁……………………………94

判例索引

最判昭和 62・11・24 判時 1256 号 28 頁 ……………………………………………215
 最新判例研究会・捜査研究 37-5
最判昭和 63・2・12 判時 1268 号 33 頁 ……………………………………………215
 村重慶一・昭和 63 年度主要民事判例解説(判タ 706)
横浜地判昭和 63・2・29 判時 1280 号 151 頁 ………………………………………137
 太田剛彦・昭和 63 年度主要民事判例解説(判タ 706)
最判昭和 63・4・7 判時 1293 号 94 頁 ………………………………………………215
 村重慶一・昭和 63 年度主要民事判例解説(判タ 706)
新潟地判昭和 63・5・20 判時 1292 号 136 頁……………………………………160, 162
 山内惟介・平成元年度重要判例解説(ジュリ 957),織田有基子・ジュリ 964
東京地判昭和 63・5・27 判時 1279 号 151 頁 ………………………………………20
 新谷眞人・季刊労働法 149,遠山広直・昭和 63 年度主要民事判例解説(判タ 706)
横浜地判昭和 63・6・20 判時 1304 号 104 頁 ………………………………………8
 吉本敏雄・平成元年度主要民事判例解説(判タ 735)
東京地判昭和 63・11・14 判時 1318 号 78 頁 ………………………………………83
 都築弘・平成元年度主要民事判例解説(判タ 735)
最判昭和 63・12・8 家月 41 巻 3 号 145 頁…………………………………………215
 村重慶一・平成元年度主要民事判例解説(判タ 735)
東京地判平成元・2・6 判時 1336 号 112 頁 …………………………………………90
 岩田好二・平成 2 年度主要民事判例解説(判タ 762)
最判平成元・2・7 判時 1319 号 102 頁 ………………………………………………197
 大淵武男・平成元年度主要民事判例解説(判タ 735)
最判平成元・2・16 民集 43 巻 2 号 45 頁 ……………………………………………80
 山崎勉・平成元年度主要民事判例解説(判タ 735)
最判平成元・3・28 判時 1315 号 61 頁 ………………………………………………215
 村重慶一・平成元年度主要民事判例解説(判タ 735)
大阪地判平成元・4・20 判時 1326 号 139 頁 ………………………………………16
 横田勝年・平成元年度主要民事判例解説(判タ 735 号)
最判平成元・6・20 判時 1318 号 47 頁 ………………………………………………81
 山崎勉・平成元年度主要民事判例解説(判タ 735)
最判平成元・6・23 判時 1318 号 47 頁 ………………………………………………81
 山崎勉・平成元年度主要民事判例解説(判タ 735)
大阪高決平成元・8・2 判タ 714 号 249 頁 …………………………………………133

判例索引

佐村浩之・平成元年度主要民事判例解説(判タ735)
東京高決平成元・8・22判時1324号36頁 ……………………………………133
最判平成元・11・10民集43巻10号1085頁 ………………………………………28
　富越和厚・ジュリ951,法曹時報42-12,三谷忠之・判タ722,原強・平成元
　年度重要判例解説(ジュリ957),本間靖規・民商102-6,吉村徳重・平成元年
　度主要民事判例解説(判タ735),岡野谷知広・法研63-10,鈴木正裕・私法判
　例リマークス2,林屋礼二・民事訴訟法判例百選Ⅱ(別冊ジュリ115)民事訴訟
　法判例百選Ⅱ［新法対応補正版］(別冊ジュリ146),高田裕成・家族法判例
　百選(第六版)(別冊ジュリ162)
最判平成元・12・11民集43巻12号1763頁 ………………………………………150
　塩月秀平・ジュリ953,法曹時報43-4,豊田博昭・平成元年度重要判例解説
　(ジュリ957),佐藤義彦・判タ727私法判例リマークス2,床谷文雄・法セ
　428,右田堯雄・判評379(判時1352),佐上善和・民商103-2,水野紀子・判
　例セレクト'90(法教126付録),井上繁規・平成2年度主要民事判例解説(判
　タ762),吉田邦彦・家族法判例百選(第5版)(別冊ジュリ132)
大阪地判平成元・12・22判時1357号102頁 …………………………………………8
　林圭介・平成2年度主要民事判例解説(判タ762)
最判平成2・3・20民集44巻2号416頁 …………………………………………133
　富越和厚・ジュリ959,法曹時報43-12,松下淳一・法律のひろば43-8,加藤
　哲夫・判タ733,ジュリ974,笠原毅彦・法学研究63-11,青山善充・私法判
　例リマークス2,宮川知法・民商104-1,山本弘・平成2年度重要判例解説(ジ
　ュリ980),酒井一・阪大法学41-1,安藤一郎・平成2年度民事主要判例解説
　(判タ762)
最判平成2・3・20判時1345号68頁② ……………………………………………133
　安藤一郎・平成2年度民事主要判例解説(判タ762)
京都地判平成2・6・14判時1372号123頁 ………………………………………149
最判平成2・7・19家月43巻4号33頁 ……………………………………………54
　北野俊光・平成2年度主要民事判例解説(判タ762),小田島眞千枝・家族法判
　例百選(第六版)(別冊ジュリ162)
大阪地判平成2・8・3判時1365号88頁 …………………………………………101
東京地判平成2・8・21判時1362号34頁 …………………………………………10
　松本久・平成2年度主要民事判例解説(判タ762)
最判平成2・11・8判時1370号55頁…………………………………………………215
　村重慶一・平成3年度主要民事判例解説(判タ790)

判例索引

東京地判平成 2・12・7 判時 1424 号 84 頁 ……………………………………165
　信濃孝一・平成 4 年度主要民事判例解説(判タ 821)
水戸家審平成 3・3・4 家月 45 巻 12 号 57 頁…………………………………165
東京地裁平成 3・3・29 判時 1424 号 84 頁② ……………………………………179
　信濃孝一・平成 4 年度主要民事判例解説(判タ 821)
岡山地津山支判平成 3・3・29 判時 1410 号 100 頁 ……………………………150
大阪地判平成 3・8・29 判時 1415 号 118 頁……………………………………12
　二宮周平・判タ 794,宗宮英俊・平成 4 年度主要民事判例解説(判タ 821)
横浜地判平成 3・10・31 家月 44 巻 12 号 105 頁 …………………………165,166
　島田充子＝前田昌宏・平成 4 年度主要民事判例解説(判タ 821)
大阪高判平成 4・2・27 判タ 793 号 268 頁………………………………………110
　住吉博・平成 4 年度重要判例解説(ジュリ 1024),井田宏・平成 4 年度主要民
　事判例解説(判タ 821),西川佳代・民事訴訟法判例百選Ⅱ［新法対応補正
　版］(別冊ジュリ 146)
福岡地判平成 4・4・16 判時 1426 号 49 頁 ………………………………………61
　永田秀樹・法セ 451,山之内紀行・平成 4 年度主要民事判例解説(判タ 821)
仙台高判平成 4・9・11 判タ 813 号 257 頁 ………………………………………84
　原島克己・平成 5 年度主要民事判例解説(判タ 852)
京都地判平成 4・12・9 判タ 831 号 122 頁………………………………………181
　近藤宏子・平成 6 年度主要民事判例解説(判タ 882)
福岡高判平成 5・3・18 判タ 827 号 270 頁………………………………………154
　山野井勇作・平成 5 年度主要民事判例解説(判タ 852)
東京地判平成 5・7・27 判時 1495 号 109 頁 ……………………………………8
東京高判平成 5・8・30 判タ 845 号 302 頁 ………………………………………81
　山崎勉・平成 6 年度主要民事判例解説(判タ 882)
最判平成 5・10・19 民集 47 巻 8 号 5099 頁 ……………………………………105
　大内俊身・ジュリ 1040,法曹時報 47-2,村重慶一・戸籍時報 434,本沢巳代
　子・法律のひろば 47-5,私法判例リマークス 10,水野紀子・平成 5 年度重要
　判例解説(ジュリ 1046),山口純夫・判タ 846,野田愛子・判評 426(判時
　1494),判例セレクト '94(法教 174 付録),吉田欣子・平成 5 年度主要民事判
　例解説(判タ 852),棚村政行・家族法判例百選(第五版)(別冊ジュリ 132),大
　村敦志・法協 112-8,三宅利昌・創価法学 26-2＝3
最判平成 5・10・19 判時 1447 号 52 頁 …………………………………………79,82
　辻朗・平成 6 年度主要民事判例解説(判タ 882),家族法判例百選(第六版)

判例索引

(別冊ジュリ162)
最判平成5・11・2家月46巻9号40頁……………………………215
名古屋高金沢支判平成5・11・29判タ855号267頁 ……………192
　　石原直樹・平成6年度主要民事判例解説(判タ882)
最判平成6・2・8判時1505号59頁 ………………………………215
　　村重慶一・平成6年度主要民事判例解説(判タ882)
神戸地判平成6・2・22家月47巻4号60頁………………………166
　　北野俊光・平成6年度主要民事判例解説(判タ882),小野寺規夫・平成7年度主要民事判例解説(判タ913)
東京高判平成6・3・15判タ876号204頁 …………………………18
　　立石健二・平成7年度主要民事判例解説(判タ913)
佐賀地判平成6・3・25判タ860号207頁 …………………………45
盛岡地宮古支決平成6・3・24判タ855号282頁…………………133
　　清水信雄・平成6年度主要民事判例解説(判タ882)
東京高判平成6・5・30判時1504号93頁…………………………111
　　井田宏・平成6年度主要民事判例解説(判タ882)
最判平成6・6・24家月47巻3号60頁 ……………………………81
　　村重慶一・平成7年度主要民事判例解説(判タ913),松原正明・家族法判例百選(第六版)(別冊ジュリ162)
最判平成7・1・30民集49巻1号211頁 …………………………192
　　落合誠一・損害保険判例百選(第二版)(別冊ジュリ138),出口正義・平成7年度重要判例解説(ジュリ1091),松村弓彦・ＮＢＬ601,中本敏嗣・平成7年度主要民事判例解説(判タ913)
東京高判平成7・1・30判時1551号73頁② …………………………15
　　梶村太市・平成8年度主要民事判例解説(判タ945)
名古屋地判平成7・2・17判時1562号98頁………………………183
　　横田勝年・平成8年度主要民事判例解説(判タ945)
東京高判平成7・2・28判タ890号226頁 …………………………71
最判平成7・3・24判時1525号55頁 ………………………………11
　　野島香苗・平成7年度主要民事判例解説(判タ913),高橋滋・判評453(判時1576)
最判平成7・5・30民集49巻5号1406頁…………………………192
　　出口正義・ＮＢＬ600,弥永真生・判評452(判時1573),小西義博・平成8年度主要民事判例解説(判タ945)

判例索引

最大決平成 7・7・5 民集 49 巻 7 号 1789 頁 …………………………………27
　中川淳・法律のひろば 48-10, 久保田浩史・民事研修 462, 米倉明・法セ 490, 吉岡睦子・法教 184, 内野正幸・憲法の基本判例(第二版)(基本判例シリーズ 1)(法教増刊)〔11〕, 右近健男・平成 7 年度重要判例解説(ジュリ 1091), 村重慶一・平成 7 年度主要民事判例解説(判タ 913), 吉田克己・家族法判例百選(第六版)(別冊ジュリ 162)

宇都宮地栃木支判平成 8・1・23 判時 1569 号 91 頁 …………………………45

最判平成 8・3・8 家月 48 巻 10 号 145 頁 ………………………………………181
　神谷遊・判評 457(判時 1588), 水野紀子・私法判例リマークス 15, 北野俊光・平成 8 年度主要民事判例解説(判タ 945)

福岡地判平成 8・3・12 判タ 940 号 250 頁 ……………………………………183

最判平成 8・3・26 民集 50 巻 4 号 993 頁 ………………………………………21
　田中豊・ジュリ 1095, 法曹時報 50-10, 潮海一雄・法教 192, 岩城謙二・法令ニュース 31-9, 菅原万里子・法律のひろば 49-9, 山口純夫・判タ 924, 西原道雄・私法判例リマークス 14, 國井和郎・判例セレクト '96(法教 198 付録), 水野紀子・平成 8 年度重要判例解説(ジュリ 1113), 民商 116-6, 小林元二・平成 8 年度主要民事判例解説(判タ 945), 小林英樹・研修 592, 永井尚子・判タ 996(家庭裁判所家事・少年実務の現状と課題〔家事編〔夫婦関係をめぐる諸問題(2)〕4〕), 樫見由美子・民法の基本判例(第二版)(基本判例シリーズ 2)(法教増刊), 國井和郎・家族法判例百選(第六版)(別冊ジュリ 162)

最判平成 8・6・18 家月 48 巻 12 号 39 頁 ………………………………………13
　水野有子・平成 8 年度主要民事判例解説(判タ 945)

東京地判平成 8・7・30 金法 1468 号 45 頁 ……………………………………209
　山下典孝・金判 1020, 森田果・ジュリ 1148

那覇地判平成 8・10・23 判時 1605 号 114 頁 …………………………………45

京都地判平成 8・10・31 判時 1601 号 141 頁 …………………………………38
　澤田省三・戸籍 669

最判平成 9・1・28 民集 51 巻 1 号 184 頁 ………………………………………77
　野山宏・ジュリ 1116, 北野俊光・平成 9 年度主要民事判例解説(判タ 978), 阿部徹・家族法判例百選(第六版)(別冊ジュリ 162)

東京高決平成 9・9・29 判時 1633 号 90 頁 ……………………………………7

千葉地判平成 9・9・30 判時 1659 号 77 頁 ……………………………………45

東京地判平成 9・10・13 判タ 967 号 271 頁 …………………………………132

最判平成 9・11・11 民集 51 巻 10 号 4077 頁 …………………………………2

判 例 索 引

　野山宏・ジュリ 1132，法曹時報 51-8，難波譲治・法教 213，滝沢昌彦・平成 9 年度重要判例解説(ジュリ 1135)，池田真朗・判タ 973，判例セレクト '98 (法教 222 付録)，近江幸治・判評 474(判時 1640)，加藤昭・研修 602，芝田俊文・平成 10 年度主要民事判例解説(判タ 1005)
福岡高那覇支判平成 9・12・9 判時 1636 号 68 頁 …………………………………45
　佐々木宗啓・平成 11 年度主要民事判例解説(判タ 1036)
東京高判平成 10・2・25 金判 1043 号 42 頁 …………………………………………132
東京高判平成 10・4・22 判時 1646 号 71 頁 …………………………………………234
　瀬川信久・判タ 982
横浜地判平成 10・5・29 判タ 1002 号 249 頁…………………………………………164
　織田有基子・ジュリ 1190
大阪地判平成 10・6・29 判時 1651 号 120 頁 …………………………………………93
東京高決平成 10・9・16 家月 51 巻 3 号 165 頁 ………………………………………98
　棚村政行・平成 11 年度主要民事判例解説(判タ 1036)
最判平成 10・9・10 判時 1661 号 81 頁① ……………………………………………115
　高木茂樹・九大法学 78，山本和彦・私法判例リマークス 20，村田渉・平成 11 年度主要民事判例解説(判タ 1036)
最判平成 10・9・10 判時 1661 号 81 頁② ……………………………………………115
　小西義博・平成 11 年度主要民事判例解説(判タ 1036)
最判平成 11・4・26 判時 1679 号 33 頁 ………………………………………………104
　島田充子＝丹羽敦子・平成 11 年度主要民事判例解説(判タ 1036)
東京地八王子支決平成 11・7・19 判時 1691 号 115 頁………………………………224
最判平成 11・11・9 民集 53 巻 8 号 1403 頁 …………………………………………137
　上原敏夫・平成 11 年度重要判例解説(ジュリ 1179)
大阪地判平成 11・12・13 判時 1735 号 96 頁 …………………………………………231
東京地判平成 12・3・10 …………………………………………………………………135
八女簡判平成 12・10・12 判タ 1073 号 192 頁 ………………………………………122
　右近健男・判タ 1091
最判平成 12・12・19 ………………………………………………………………………45
さいたま地判平成 13・12・21 判時 1774 号 17 頁 ……………………………………45
最判平成 14・10・17 判タ 1109 号 113 頁 ……………………………………………172
金沢地判平成 14・11・11 …………………………………………………………………193
神戸地判平成 15・1・20 …………………………………………………………………181

〈著者紹介〉

三谷忠之（みたに・ただゆき）
　法学博士（神戸大学）
　東洋大学法科大学院教授（民事訴訟法専攻）
　弁護士（東京弁護士会）

佐藤優希（さとう・ゆうき）
　志學館大学法学部専任講師（民事訴訟法専攻）〔第14話担当〕

佐々木彩（ささき・さい）
　東洋大学法学部非常勤講師（国際私法専攻）〔第15話担当〕

関口晃治（せきぐち・こうじ）
　東洋大学大学院法学研究科私法学専攻博士後期課程（国際私法専攻）
　〔第16話担当〕

両性平等時代の法律常識
2005年（平成17年）4月3日　初版第1刷発行

編著者	三　谷　忠　之	
発行者	今　井　　　貴	
	渡　辺　左　近	
発行所	信山社出版株式会社	

〒113-0033　東京都文京区本郷6-2-9-102
電　話　03（3818）1019
ＦＡＸ　03（3818）0344

Printed in Japan　　印刷・製本／東洋印刷・和田製本

Ⓒ三谷忠之，2005
ISBN4-7972-2424-X　C3332